总承包模式下
轨道交通建设项目
造价管理与风险防范

吴 敏 袁亮亮 孙凌志 著

中国建筑工业出版社

图书在版编目（CIP）数据

总承包模式下轨道交通建设项目造价管理与风险防范 / 吴敏，袁亮亮，孙凌志著．—北京：中国建筑工业出版社，2021.9

ISBN 978-7-112-26495-7

Ⅰ.①总… Ⅱ.①吴… ②袁… ③孙… Ⅲ.①城市铁路—铁路工程—工程造价—造价管理 Ⅳ.①U239.5

中国版本图书馆 CIP 数据核字（2021）第 172164 号

责任编辑：张智芊
责任校对：党 蕾

总承包模式下轨道交通建设项目造价管理与风险防范
吴 敏 袁亮亮 孙凌志 著

*

中国建筑工业出版社出版、发行（北京海淀三里河路 9 号）
各地新华书店、建筑书店经销
逸品书装设计制版
北京建筑工业印刷厂印刷

*

开本：787 毫米×1092 毫米 1/16 印张：20 字数：354 千字
2021 年 9 月第一版 2021 年 9 月第一次印刷
定价：**69.00** 元

ISBN 978-7-112-26495-7
（38042）

本书编委会

·序·

轨道交通建设是一项社会关注度高、施工环境复杂、建设规模大、周期长、投资大、专业技术含量高的系统工程，科学、合理及有效的造价管理与风险防范是其项目管理能否成功的重要前提和保障。伴随《关于促进建筑业持续健康发展的意见》(国办发〔2017〕19号)、《政府投资条例》(国务院令第712号)、《保障农民工工资支付条例》(国务院令第724号)、《行政事业性国有资产管理条例》(国务院令第738号)和《关于印发工程造价改革工作方案的通知》(建办标〔2020〕38号)等一批深刻影响建筑业发展、投资管控和造价管理的法规政策的施行，轨道交通建设项目面临着投资方式、发承包模式、政府监管等方面的深刻变革。

本书内容丰富翔实，理论研究较为系统、深刻，解决问题对策具有很强的实践性。在阐述新时期总承包模式下轨道交通项目造价管理的特点和面临环境的基础上，提出轨道交通项目投资管理应对《政府投资条例》影响的建议，深度分析了施工过程结算行为的性质和施工过程结算管理的关键问题；系统论述了工程发承包模式的选择、标段划分、合同形式与计价方式等影响工程造价管理的重要因素，为总承包项目发包策划提供了实务对策；从八个方面并结合典型案例对施工总承包项目的造价管理进行了深度理论分析并提出了争议风险防范策略；在系统分析工程总承包项目不同发包阶段及对应造价形式、发包阶段及招标方式选择的基础上，着重《发包人要求》和最高投标限价编审方法与实务，探讨隐性造价风险的产生原因和形成机理，提出了造价风险管控策略；较详细地列举了轨道交通项目工程变更的情形、施工总承包模式和工程总承包模式下工程变更的范围，提出了工程变更风险防范策略；针对工程价款调整和工期索赔等热点难点问题进行了深入分析。

本课题研究侧重理论与实践的深度融合、有机互动，成员既有来自企业管理实践的中高层人员，也有相关高校的学者，是一本理论与实践结合的参考书。相信本书的出版会给我国轨道交通建设项目的科学化、精细化造价管理带来有益的启示，有力地促进行业的高质量发展。

2021年9月

·前言·

轨道交通项目作为城市可持续发展的重要基础设施，是国家"新基建"战略的重要组成部分和稳经济的重要载体，是一项投资巨大、专业复杂且技术含量又颇高的系统工程。伴随新时期建筑业改革发展的顶层设计文件《关于促进建筑业持续健康发展的意见》(国办发〔2017〕19号）的深入贯彻，轨道交通项目面临着投资方式、发承包模式、财税政策、政府监管和审计政策的深刻变化。我国轨道交通项目造价管理面临大标段和工程总承包等管理模式的深刻变革，《政府投资条例》(国务院令第712号）和《保障农民工工资支付条例》(国务院令第724号）等一批影响投资管控和造价管理的法规政策开始施行，加之目前建筑市场的诚信度有待进一步提高，亟须从总承包项目造价风险管控的视角对轨道交通项目进行理论思考与实践探索。

轨道交通项目的投资管控与造价管理相对于房屋建筑和其他市政基础设施工程而言具有较大的独特性。国内现有的各种合同文本几乎都脱胎于FIDIC合同文件，对我国现行的造价管理体系和市场主体的计价惯例体现不够充分，市场主体在合同签订及履约过程中容易产生大量的计价争议，从而导致造价管控风险。本书在写作过程中，立足弥补现有各种合同文本中有关造价条款的瑕疵和缺陷、提高合同完备性和可操作性的角度进行。为确保理论探索的可靠性、实用性和一定的成熟度，本书融合了课题组成员近三年在《建筑经济》《工程管理学报》等国内工程管理领域顶级期刊上发表的部分论文成果，并将其融入轨道交通项目造价管理的实务问题，以期为同业提供有益的启发。

纵观全书，主要特点体现在以下几个方面：

1.立足行业前沿，回应热点问题。《政府投资条例》(国务院令第712号)、《保障农民工工资支付条例》(国务院令第724号)、《房屋建筑和市政基础设施项目工程总承包管理办法》(建市规〔2019〕12号)和《住房和城乡建设部办公厅关于印发工程造价改革工作方案的通知》(建办标〔2020〕38号)等法规政策的相继施行，评定分离招标投标方式的探索以及全过程工程咨询和过程结算的推行，给建筑市场主体的造价管控带来了新的问题和挑战，本书深刻剖析有关法规政策对各方关注的问题并提出了对策。借鉴国家和有关省市的政策，针对新冠肺炎疫情事件，从不可抗力持续影响的视角对工期和费用的调整进行论述，并列出具体的计算方法。

2.聚焦疑难问题，系统探索对策。针对施工总承包模式下造价风险分担、措施项目费、暂估价、其他项目费等疑难问题，在进行深刻理论剖析的基础上，提出防范造价争议的对策。对工程总承包模式的合同形式与计价方式、发包人要求编制方法、模拟清单及最高投标限价的编审等关键问题进行了系统分析，并给出了切实可行的实务操作要领。造价与工期、质量、安全等要素密不可分，同期延误下的工期索赔问题和赶工费的计算均是困扰市场主体的疑难问题，本书匀有提出可行的观点及对策。

3.理论融合实践，侧重风险防范。鉴于市场主体对工程总承包项目造价风险的认知不够充分，本书从隐性造价风险防范的视角，构建了工程总承包项目隐性造价风险结构表，阐述了隐性造价风险的产生原因和形成机理，并结合国内现状提出了隐性造价风险管控策略。同时，本书还运用三角模糊数故障树法等理论方法对总承包模式下轨道交通项目的造价风险因素进行重要程度排序与分析评估，构建博弈双方主体为总承包商与业主的风险分担模型，并针对设计变更及优化等方面提出了针对性的风险管控对策。对工程变更、物价波动、工程签证及索赔管理等影响合同价款调整的关键因素进行了系统分析，提出了一些建设性的应对策略。

本书在写作过程中得到了有关单位和人员的大力支持，借鉴了部分业内专家学者的成果和资料，在此一并表示感谢。由于作者水平和精力所限，不足之处在所难免，敬请社会各界朋友们的批评指正。

本书编委会

2021年9月

·目 录·

第一章

新时期轨道交通项目造价管理概述

轨道交通项目是一项投资巨大、专业复杂且技术含量高的系统工程，面临着投资方式、发承包模式、财税政策、政府监管和审计政策的深刻变化，需进行深入系统地探讨造价管理与风险管控的策略。在《政府投资条例》《保障农民工工资支付条例》和《行政事业性国有资产管理条例》的颁布实施下，建设领域过程结算方式的全面推行，对市场主体造价的管控能力提出了新的要求。

第一节　轨道交通项目造价管理特点

一、轨道交通项目的特点

我国城市和城际轨道交通覆盖面积和组网规模不断扩大，其建设周期长、建设规模大，涉及的技术和工艺要求较为严格，施工环境复杂，有相当的综合性和复杂性。具体来说，具有以下特点：

1.工程规模大、周期长、风险高

项目线路长、同步实施及改造项目量大。施工周期长，单线建设工期一般在4～5年，跨越前期筹备、设计、施工、运维等阶段。涉及不同地质单元，土质情况复杂多变，车站基坑开挖深度很大，周边环境极为复杂，沉降影响因素复杂，工程风险高。

2.专业综合性强、参与方众多，协调难度大

涵盖土建工程、轨道工程和通信、信号、供电、综合监控等系统，机电设备安装及装饰装修工程，配合综合联调等。涉及专业多、综合性强、交叉复杂，施工管理接口多，协调难度大，工期紧、任务重。项目内部包含业主、勘察、设计、监理、施工和第三方等多方主体，管理要求高，且各单位都具有不同业务能力和团队文化，难以统一进行标准化管理。征地拆迁等对外协调难度较大，同时涉及与多条线路之间的连接，往往需要综合多方主体共同参与，相互制约因素多，协调工作极其复杂。

3.施工方法种类多，技术要求严格

项目线路布设、现场勘探、结构设计等工作量巨大，涉及交通运输工程、土木工程、机电设备工程等不同学科领域，需要全面结合不同的技术和标准。不良地质普遍存在，施工风险高，不同地层的地下工程施工技术不同。例如，某市为岩层与软弱地层交变的地层，施工工法几乎涵盖轨道交通所有工法，车站有明挖、盖挖、半盖挖、铺盖以及CRD法等暗挖工法，围护结构采用连续墙支撑、桩间支撑、土钉墙等形式；区间涉及盾构、明挖、暗挖、顶管等先进施工工法。

4.安全、质量、环保要求高

城市轨道交通包括地铁系统、轻轨系统、有轨电车等多种形式，属于绿色交通体系，在建设中将工程质量、安全放在首位，精益求精，设计满足运营、建筑、抗震、人防、防火、防水、防雷、防杂散电流等要求，无论对各种施工措施还是机电设备，都有很高的要求；设计应保证结构具有足够的强度、刚度、耐久性、稳定性、抗浮和裂缝宽度的要求；施工时应符合城市规划、城市交通规划、环境保护、文物保护和城市景观的要求。

二、轨道交通项目总承包模式造价管理的特点

（一）采用大标段发包模式的特点

大标段是发包人将整个轨道交通项目整体或划分为少数几个大标段后发包给总承包人，而总承包人根据招标文件要求，将项目划分为若干个工区进行建设管理的模式。大标段发包模式的特点：

1.有利于工程项目的组织管理

小标段模式下，一个项目划分为多个甚至十多个标段，发包人直接招标进行建设管理，发包人需要直接管理多个合同主体；而大标段模式下，整个项目只有一个或少数几个承包人，合同数量少，使得建设单位的组织管理和协调工作量小，对发包人管理压力大大减小。

2.减少界面管理，加大总承包单位责任

小标段模式下，各个标段由于承包人不一致，标段与标段之间的界面管理成为项目管理的重点与难点。而在大标段模式下，由于标段划分更加趋于整体化，接口减少，界面管理工作量也随之减少。对建设单位而言，选择总承包单位的范围小；对总承包单位而言，责任重、风险大、需要具有较高的管理水平和丰富的实践经

验，获得高额利润的潜力也较大。

3.发挥规模优势，提高项目管理效益

大标段模式下，轨道交通项目的合同金额往往上百亿，建设规模大、资金大，有利于选取更加有实力的总承包人，有利于对材料、设备等大批量集中采购，确保采购品质和降低采购价格；可发挥总承包单位多层次协调的积极性，提高项目管理效益。

（二）总承包模式造价管理的特点

1.造价控制难度大

采用总承包模式，虽然组织协调工作量小，理论上有利于工程造价和建设工期的控制，但是由于轨道交通项目建设规模大、技术难度高、建设周期长，地下工程实施过程中不可预见因素较多，本身风险较高，项目常涉及新技术、新材料、新工艺与新设备，造价管理仍具有较大的不确定性，造价控制难度大。

2.价款调整因素多

有些轨道交通项目不能严格遵守基建程序进行，致使“三边工程”大量的出现，设计时没有很好地从全寿命周期的角度考虑建设成本与运营成本之间的平衡，实施过程中设计变更较多，甚至施工过程中发包人要求频繁变化，给工程造价管理造成了很大的困难。通常情况下，总承包项目周期长，材料设备价格波动往往较大，不可预见的地质条件也是引起合同价款调整的重要因素。

3.总承包人合同风险高

不同时期建设、不同线路采用的建设标准不同，导致不同项目的合同造价之间不具有直接可比性，合同标准化程度降低。同时，采用工程总承包模式后，项目在初步设计完成后或更早的建设阶段开始发包，发包人要求总承包人在有限的时间内根据前期比较粗略的资料进行报价，总承包人要完成项目的设计、采购、施工、试运行等全过程的任务，项目的整体风险都由总承包人来承担，要求总承包人去采购专业分包和各专业的劳务分包，风险较高。

（三）轨道交通项目造价管理的难点

1.图纸设计深度不够

由于轨道交通工程的特殊性，受工程进度影响，可能存在采用招标图纸编制工程量清单和控制价的现象，而招标图设计深度不够，经常有相互矛盾之处或设计不明确的地方，可能会造成清单漏项或项目特征描述不够清晰、全面、准确，有时也会给设备与材料的选型与定价带来麻烦。

2.现行定额不完善

轨道交通项目包括的专业很多，有些并无专业的定额可套，某些专业定额已是多年前修编的，明显不能适用当前的技术水平，现有的造价资料、积累的经验数据等不能满足造价管理的需要。

3.调试费、措施费多

城市轨道交通安装工程包括的专业众多，涉及大量的措施费用和调试费用的确定，如成品二次保护费、独立系统调试费、系统大联动调试费、防火报警调试费、设备监控调试费、自动售票系统调试费等，极易引起混淆。

4.专业设备询价定价困难

城市轨道交通安装工程专业性强，系统复杂，涉及大量专业设备，专业的设备询价渠道少，而且价格变化快，功能相同但品牌不同的设备相差价格较大，专业设备的定价合理性较难保证。

三、轨道交通项目面临的新机遇与新挑战

优先发展以轨道交通为骨干的城市公共交通系统来解决城市交通问题已成为各国的共识。通过轨道交通项目带动城市发展、合理优化城市资源、调整城市发展方向和布局，以中心城市带动城市群发展，以城市群带动中国区域协调发展已上升为国家的重大战略。近年来，我国出现了城市轨道建设的热潮，截至2020年底，全国（不含港澳台）共有44个城市开通运营城市轨道交通线路233条，运营里程7545.5公里，2020年全年新增城市轨道交通线路较2019年增长20.1%。同时，我国已迈入城市群发展时期，“十四五”规划纲要在提到京津冀、长三角、粤港澳大湾区三大城市群时，分别明确提出了轨道交通要“基本建成轨道上的京津冀，加快粤港澳大湾区城际铁路建设，实现长三角地级及以上城市高铁全覆盖”。交通是一体化发展的基础，在新的历史时期，需要把城市群、都市圈建立在轨道之上，轨道交通的重要性也愈发凸显。作为我国综合实力最强、开放程度最高、经济最具活力的区域之一，粤港澳大湾区具备成为世界一流湾区的条件。目前，粤港澳大湾区城市群内部城市间交通出行早已打破城市行政界线，形成多维度、多层次、常态化、通勤化的特点，其需求已超越常规公交能力；粤港澳内部之间的交通与国际一流湾

区的定位还不匹配，突出表现在广州、深圳等中心城市与周边城市的公路交通已经基本饱和；构筑世界一流的粤港澳大湾区的交通系统，需要加强城际轨道交通建设，通过城际轨道交通建设，快速连接周边区域、强化枢纽对外连接以及强化重要区域之间的连接，形成城际轨道服务中心城市、重要枢纽与周边80～100km范围内城镇与功能区的联系，兼顾中心集核化、高端环湾化、网络均衡化的多重需求。

当前投融资模式和建设组织模式发生深刻变化。轨道交通项目需要大量资金支持，国家发展改革委于2017年批复的广州与深圳两市的近期建设规划造价分别已达到9.03亿元/公里和8.51亿元/公里，2015～2017年间批复的各城市建设规划情况统计，平均造价也接近7亿元/公里。国家发展改革委《关于加强城市轨道交通规划建设管理的通知》(发改基础〔2015〕49号)对城市投入城市轨道交通建设的资金进行了严格限制，要求项目资本金比例不低于40%，政府资本金占当年城市公共财政预算收入的比例一般不超过5%。在此情况下，各地政府可用于城市轨道交通建设的资金非常有限，为满足日益增长的建设需求与有限资金之间的矛盾，必须进行投融资模式方面的研究创新，增大资本金的非政府来源渠道。随着跨市建设线路的大量增加，与城市轨道交通相关的各类行政审批也将由单一城市负责变为两个或多个城市联合审批。项目设计、建设管理、竣工验收等均需要有关政府高度协同，对传统的建设组织模式提出了很大的挑战。

四、新时期轨道交通项目造价管理面临的环境

从建筑产业环境视角来看，面临大标段和工程总承包等管理模式的深刻变革，相关税收政策不断变化，“四新技术”层出不穷，而现有计价依据缺失或适用性不强，定额计价缺失或与市场价格差异过大；工程总承包项目最高投标限价的编审方法不够明确，往往简单采用设计概算下浮的方式，忽视了发包人要求等对造价具有实质影响的因素。

从建筑市场环境的视角来看，市场主体的契约意识增强和合同管理手段提高，但市场环境诚信度较差；建设单位项目招标、施工过程管理与竣工结算三方面管理行为不统一；招标代理机构往往仅注重程序合法，其提供服务的科学性、专业化水平不高；咨询服务机构从事咨询服务的专业性、独立性与公正性有待提高，对咨询服务人员的职业操守和专业水平缺少有力约束。

从政府监管环境的视角来看，政府投资项目具有受国家计价政策、计价依据

约束的特点，随着《政府投资条例》的出台，政府监管重视事前事中事后的全过程管理，约束趋紧，建设单位投资管理主体责任强化；随着《保障农民工工资支付条例》的出台，对建设单位的工程款支付和人工费用支付提出了明确要求，建设单位的投资管控要求更加细化；《行政事业性国有资产管理条例》的施行，要求建设项目竣工验收合格后及时办理资产交付手续，必须在规定期限内办理竣工财务决算，期限最长不得超过1年。

从市场主体能力视角来看，各方市场主体的造价管理活动过多受定额等反映社会平均水平的计价依据的限制，工程价款的确定缺少对项目个性化特征的考虑，工期、质量、环境保护等诸多要素对造价的影响不予考虑或考虑并不充分，全要素造价管理在形成造价时没有市场各方认可的合理依据和方法；不同项目特殊要求下的造价也按照正常条件下的定额水平形成，造成价格扭曲、发承包双方利益明显失衡，严重影响了正常的市场秩序。

第二节 《政府投资条例》对轨道交通项目投资管理的影响及应对

一、对轨道交通项目投资管理的影响

《政府投资条例》(国令第712号)（以下简称“条件”）是我国首部以法规的形式对政府投资项目（仅指采取直接投资方式、资本金注入方式投资的项目）进行造价管理的文件，势必会影响各方的造价管理行为，该条例自2019年7月1日起施行，有关条款对轨道交通项目的影响分析如表1.1所示。

条例重要条文对轨道交通项目的影响分析　　表1.1

序号	条文号	核心内容	影响分析
1	第九条	政府采取直接投资方式、资本金注入方式投资的项目（以下统称“政府投资项目”），项目单位应当编制项目建议书、可行性研究报告、初步设计，按照政府投资管理权限和规定的程序，报投资主管部门或者其他有关部门审批	政府投资按投资方式分为直接投资、资本金注入、补助、贷款贴息，采取前两种方式的项目称为政府投资项目，对于采取后两种方式的项目，仅规定“项目单位应当按照国家有关规定办理手续”。 采用工程总承包方式进行发包的，应该在完成初步设计后进行，而不能在方案设计及其之前进行

续表

序号	条文号	核心内容	影响分析
2	第十二条	初步设计提出的投资概算超过经批准的可行性研究报告提出的投资估算10%的，项目单位应当向投资主管部门或者其他有关部门报告，投资主管部门或者其他有关部门可以要求项目单位重新报送可行性研究报告	明确设计概算超投资估算10%的，可要求重新报送可行性研究报告，这与《中央预算内直接投资项目概算管理暂行办法》(发改投资〔2015〕482号)第二十七条规定不同，对于概算超估算10%的无需商请审计
3	第十五条	国务院投资主管部门对其负责安排的政府投资编制政府投资年度计划，国务院其他有关部门对其负责安排的本行业、本领域的政府投资编制政府投资年度计划。 县级以上地方人民政府有关部门按照本级人民政府的规定，编制政府投资年度计划	由于很多项目跨年度进行，有些项目存在由于开工条件不能按期具备等不能按期开工，项目的实际进度投资与年度计划的不一致。由于政府投资年度计划应当和本级预算相衔接，从而导致与财政预算的不匹配，政府投资年度计划要受到各级人大财政预算的约束，要提高投资年度计划编制的科学性，必须确保项目进度，注重项目总投资与项目进度的匹配性
4	第二十三条	政府投资项目建设投资原则上不得超过经核定的投资概算。 因国家政策调整、价格上涨、地质条件发生重大变化等原因确需增加投资概算的，项目单位应当提出调整方案及资金来源，按照规定的程序报原初步设计审批部门或者投资概算核定部门核定	以法规形式明确投资原则上不得“超概”，但因三项客观原因超概的，《条例》简化了概算调整程序，一定程度上允许概算调整，但是对于发包人要求变化、发包人工作失误等导致的投资概算调整并不在准许范围之内，要求有关单位务必提高投资概算的编制水平
5	第二十二条	政府投资项目不得由施工单位垫资建设	对于“垫资”缺乏明确的标准概念，理论上除了质量保证金，其他工程价款都应在施工过程中支付，但实际上业内没有对不属于“垫资”的进度款支付比例达成共识。变相垫资的情形较多
6	第二十一条	政府投资项目应当按照投资主管部门或者其他有关部门批准的建设地点、建设规模和建设内容实施；拟变更建设地点或者拟对建设规模、建设内容等作较大变更的，应当按照规定的程序报原审批部门审批	严格建设规模、建设内容的变更程序，要求建设单位提高项目前期策划深度和质量
7	第二十五条	政府投资项目建成后，应当按照国家有关规定进行竣工验收，并在竣工验收合格后及时办理竣工财务决算	工程价款结算是财务决算的前置条件，及时办理竣工财务决算有利于工程结算价款的及时办理，一定程度上遏制项目已投入使用尚未办理价款结算问题

二、新时期轨道交通项目投资管理的应对

1.强化项目全寿命周期统筹管理

由于轨道交通项目普遍的复杂性、专业性以及多资源协调，客观决定了基本建设程序存在严格的内在时序规定。前期研究阶段是项目技术方案不断深化论证、不断优化完善的过程，需要有相适应的程序确保科学性。《条例》明确了政府投资项目执行项目建议书、可研报告、初步设计三阶段决策程序，在投资决策中需要回答的三个问题：项目建议书解决“要不要干”问题；可行性研究解决“能不能干”问题；初步设计及概算解决“怎么干及花多少钱”问题。

轨道交通项目应着实解决决策与运营脱节、建设与运营脱节的弊端，加强轨道交通项目全生命周期的统筹管理：①提升项目决策阶段对运营方案的考量。决策阶段充分考虑运营的目标、任务和功能需求，统筹明确运营的要求、标准和方案，充分论证运营方案的经济性及可行性，确保实现运营效益最大化；②强化投资项目全寿命周期成本测算。建立轨道交通项目全寿命周期成本评价体系，不局限于建设投资，更要科学合理测算运营维护成本，并将其作为投资决策的重要依据，建立项目建设、运营的绩效评价机制，定期开展综合绩效评价。

2.强化全过程工程咨询的作用

轨道交通建设投资是一项专业性、技术性较强且需要多方统筹协调的活动，仅靠建设单位自有的管理力量和专业水平往往不能满足高质量管理的需要。2017年2月21日，《国务院办公厅关于促进建筑业持续健康发展的意见》(国办发〔2017〕19号)在完善工程建设组织模式中提出了培育全过程工程咨询。全过程工程咨询涉及策划咨询、前期可研、工程设计、招标代理、造价咨询、工程监理、施工前期准备、施工过程管理、竣工验收及运营保修等各个阶段的管理服务。实行全过程工程咨询，可通过全过程数据和资源的开放共享辅助完成全过程工程咨询的基础性工作；通过数据全过程获取，消除数据孤岛；通过支持对工程不同阶段现实场景中各业务间动态交互的刻画，缩短信息获取、处理和共享周期，实现数据融合；通过工程信息的实时捕捉和及时反馈，实时处理非线性、非单向的状态变化，帮助优化工程咨询管理决策并及时实施、动态调整和长效评价，实现对工程项目的多维度全局性策划。轨道交通项目运用全过程工程咨询有助于实现以下内容：

(1)对工程咨询服务进行集成化管理，提高发包人管理效率。将项目策划、工

程设计、招标代理、造价咨询、工程监理、项目管理等咨询服务作为整体统一管理，形成具有连续性、系统性、集成化的全过程工程咨询管理系统。通过多种咨询服务的组合，提高发包人的管理效率。

（2）促进轨道交通工程全寿命价值的实现。不同的工程咨询服务都要立足于工程的全寿命期。以工程全寿命期的整体最优作为目标，注重工程全寿命期的可靠、安全和高效率运行，资源节约、费用优化，反映工程全寿命期的整体效率和效益。

在总承包的模式下，采用全过程工程咨询的组织模式主要有两种：①发包人可以将专业化的工作全部委托，由一家具有综合能力的全过程工程咨询企业和发包人签订一份全过程工程咨询合同，全过程工程咨询企业全权负责全过程工程咨询的全部工作；②全过程工程咨询可参考德国做法，按照主要任务的属性分为工程项目设计类和工程项目控制与管理类，分别与发包人签订工程项目设计合同和工程项目控制与管理合同。发包人应提出全过程工程咨询总计划及其管理计划，打通融合各个业务，在此基础上制订整合范围、进度、成本、质量、资源、沟通、风险、采购、相关方等工程咨询配套计划及管理计划，要求咨询方从项目建设参与各方、建设过程、业务内容、项目各子系统不同方面实现有机融合，其中全过程资源一体化和信息一体化管理尤其重要，应提出一体化整合要求。“资源”包括人力智力资源、经验技术资源、设备工具资源、信息数据资源等，重在体现资源整合配置、资源全过程充分利用和效率提升。“信息”则包括信息收集传递和处理、数字化档案的构建、信息共享、协同工作平台等，重在实现横向和纵向的信息无缝传递和分享，并破除业务间互为“黑箱”问题、提高透明度和过程可参与度。

第三节　施工过程结算管理

一、施工过程结算的内涵及意义

施工过程结算是指工程项目实施过程中，发承包双方依据施工合同，对结算周期内完成的工程内容（包括现场签证、工程变更、索赔等）开展工程价款计算、调整、确认及支付等的活动。其结算文件经发承包双方签署认可后，作为竣工结算文件的组成部分，未经对方同意，另一方不得就已生效的结算文件进行重复审核。

在建设领域推行施工过程结算，是深化工程建设项目管理体制改革的重要举措，有利于提高工程建设投资管理水平和效益。推行施工过程结算是建筑业结算方式的重大转变，是实现工程造价动态控制，有效解决“结算难”、平衡发承包双方利益和缩短竣工结算时间的有效措施，是加强造价行为监管、优化市场环境、实现建筑业高质量发展的重要保障。近年来，国家陆续出台了系列过程结算政策。人力资源和社会保障部在2018年度《保障农民工工资支付工作考核细则》中，在整顿规范建筑市场秩序部分加入“全面推行施工过程结算”考核指标；2020年1月8日，国务院召开常务会议，明确提出“在工程建设领域全面推行过程结算”，这对落实《政府投资条例》新要求、发挥《保障农民工工资支付条例》保障作用具有重要的“风向标”意义；2020年7月，住房和城乡建设部办公厅《关于印发工程造价改革工作方案的通知》(建办标〔2020〕38号）中提出要全面推行施工过程价款结算和支付。截至2020年底，已有浙江、重庆、贵州、北京、山西、广东、海南、四川等十余个省、市陆续出台了推行施工过程结算的指导意见，明确建设工期一年或两年以上的房屋建筑和市政基础设施工程，推行施工过程结算。

二、施工过程结算存在的主要问题

通过对推行施工过程结算的地区和项目进行问卷调查、专家访谈等，总结出目前实行施工过程结算存在的问题主要集中在以下四个方面：

（1）市场主体对过程结算行为的性质认知不统一。过程结算文件双方签署后在相应结算节点以前如果存在计算错误、遗漏、不符合合同约定等现象能否在后续过程结算中或最终竣工结算时进行修改，存在较大分歧，对过程结算行为的性质并未达成共识。

（2）政府有关部门对过程结算文件的认可度差异较大。财政、审计等部门对投资的监管仍依赖竣工结算，较普遍地存在财政、审计等部门并不认可过程结算文件的现象出现。从2019年1月到2020年12月十余省市过程结算政策性文件的发布来看，山西省、浙江省和山东省三个省份由住房和城乡建设厅、省发展和改革委员会、财政厅三部门联合发布，湖南省和福建省两个省份由住房和城乡建设厅联合省发展和改革委员会（或财政厅）等两部门联合发布，重庆市、广东省、海南省、四川省、河南省和江西省六个省份仅由住房和城乡建设厅发布，反映出不同政府管理部门对过程结算的重视程度存在较大差异，不同部门的协同管理水平较低。

（3）市场主体对过程结算的履约意识及能力不足。为避免项目过程结算结果偏差造成的造价失控，发包人（特别是使用国有资金项目）往往选择经政府审计（或财政评审）的竣工结算作为最终支付依据，对施工过程结算方式存在抵触情绪；市场主体对施工现场造价管控能力不高，对项目结算界面的节点计划安排经验不足、节点划分不够科学。

（4）合同条款对过程结算没有做出专门性约定或者约定不明。现有各类合同示范文本均缺少对过程结算的相应条款，双方签署的具体合同中也缺少对过程结算的针对性条款，对过程结算的节点划分、价款范围、结算文件提交及审批时间、签署人的资格等重要问题均没有做出明确约定，合同的完备性不足。

三、施工过程结算行为的性质探讨

对于结算行为的性质，理论界和实务界存在事实行为与法律行为之争。明确过程结算行为的性质及效力是过程结算管理政策文件出台的重要前提和理论基础，更是影响过程结算管理能否顺利推行的关键问题。

1.竣工（中止）结算行为的性质

竣工（中止）结算行为是事实行为的观点认为，结算文件仅仅是对事实的确认，如果有证据证明结算金额与事实不符，则可推翻结算金额、并据实计算工程款，当事人无须通过诉讼否定结算文件的效力。竣工（中止）结算行为是法律行为的观点认为，符合合同约定的结算文件是当事人之间达成的新协议，实质上是当事人之间形成的债权债务关系，只能通过无效、可撤销等诉讼否认协议效力，之后才能重新结算。对上述不同观点，《建设工程施工合同纠纷案件适用法律问题的解释（一）》（法释〔2020〕25号）已作出规定："当事人在诉讼前已经对建设工程价款结算达成协议，诉讼中一方当事人申请对工程造价进行鉴定的，人民法院不予准许"，此处建设工程价款包含了竣工结算和中止结算的内涵。无论合同是否有效，竣工（中止）结算双方已达成协议的，不能再允许其中一方申请重新计算，体现出竣工（中止）结算具有法律行为的性质。

2.过程结算行为性质的政策分析

截至2020年底，已有十余省、市出台相关文件推行、指导施工过程结算，对结算行为性质认定及发文单位汇总对比如表1.2所示。

有关省市过程结算管理文件对比　　表 1.2

序号	省/市	文件名称及文号	施行时间	结算行为性质认定	发文单位
1	重庆市	《关于在建筑领域推行施工过程结算的通知》(渝建〔2018〕707号)	2019年1月1日	结算文件经发承包双方签署认可后，作为竣工结算文件的组成部分，不再重复审核	市住房和城乡建设委员会
2	山西省	《关于在房屋建筑和市政基础设施工程中推行施工过程结算的通知》(晋建标字〔2019〕57号)	2019年5月1日	经发承包双方签字确认的施工过程结算文件，应当作为竣工结算文件的组成部分，未经对方同意，另一方不得就已生效的结算文件进行重复审核	省住房和城乡建设厅、发展和改革委员会、财政厅
3	广东省	《关于房屋建筑和市政基础设施工程施工过程结算的若干指导意见》(粤建市〔2019〕116号)	2019年6月13日	已签发的施工过程结算支付证书有错漏或重复的，发承包双方应配合予以修正；经发承包双方复核并同意修正的，应在当期的过程结算或竣工结算中补充修正内容	省住房和城乡建设厅
4	海南省	《关于在建筑领域推行施工过程结算的通知》(琼建管函〔2019〕501号)	2019年11月5日	结算文件经发承包双方签署认可后，作为竣工结算文件的组成部分，不再重复审核	省住房和城乡建设厅
5	四川省	《关于房屋建筑和市政基础设施工程推行施工过程结算的通知》(川建行规〔2020〕1号)	2020年3月1日	施工过程结算文件经发承包双方签署认可后，作为竣工结算文件的组成部分。未经对方同意，另一方不得就已生效的结算文件进行重复审核	省住房和城乡建设厅
6	湖南省	《关于在房屋建筑和市政基础设施工程中推行施工过程结算的实施意见》(湘建价〔2020〕87号)	2020年6月9日	施工过程结算文件经发承包双方签字认可后，作为竣工结算文件的组成部分及支付工程进度款的依据	省住房和城乡建设厅、财政厅
7	浙江省	《关于在房屋建筑和市政基础设施工程中推行施工过程结算的实施意见》(浙建〔2020〕5号)	2020年6月20日	经双方确认的施工过程结算文件是竣工结算文件组成部分，对已完过程结算部分原则上不再重复审核	省住房和城乡建设厅、发展和改革委员会、财政厅
8	河南省	《关于实施工程施工过程结算的指导意见》(豫建行规〔2020〕4号)	2020年7月16日	过程结算成果文件经发承包双方签字盖章后生效，未经对方同意，另一方不得就已生效的施工过程结算成果文件进行重复审核	省住房和城乡建设厅
9	山东省	《关于在房屋建筑和市政工程中推行施工过程结算的指导意见(试行)》(鲁建标字〔2020〕19号)	2020年9月17日	经双方确认的过程结算文件作为竣工结算文件的组成部分，竣工后不再重复审核	省住房和城乡建设厅、发展和改革委员会、财政厅
10	福建省	《房屋建筑和市政基础设施工程施工过程结算办法(试行)》(闽建〔2020〕5号)	2020年10月1日	施工过程结算文件经发包人和承包人签署认可后，作为竣工结算文件的组成部分。在竣工结算环节，原则上不再对已生效的过程结算文件重复提交或审核，确有存在违反法律法规除外	省住房和城乡建设厅、发展和改革委员会

续表

序号	省/市	文件名称及文号	施行时间	结算行为性质认定	发文单位
11	江西省	《在房屋建筑和市政基础设施工程中推行施工过程结算的实施意见》(赣建字〔2020〕9号)	2020年12月8日	施工过程结算文件经发承包双方签字认可后，作为竣工结算文件的组成部分及支付工程进度款的依据，对已完过程结算部分原则上不再重复审核	省住房和城乡建设厅

通过对过程结算政策性文件内容的深度对比分析，发现政府主管部门、市场主体对过程结算行为的性质、效力、约束范围等存在较大争议。对过程结算行为性质认定归纳为如下三种情形：①经双方确认的过程结算文件竣工结算时不再重复审核，重庆市、山西省、海南省、四川省、湖南省、河南省、山东省七省市的文件做出该规定；②经双方确认的过程结算文件竣工结算时原则上不再重复审核，浙江省、福建省、江西省三省市的文件做出该规定；③已签发的施工过程结算支付证书有错漏或重复的，应在当期的过程结算或竣工结算中补充修正内容，仅有广东省的文件做出该规定。另外，福建省在文件中有“此前节点工程中的价款调整、设计变更、现场签证等，属于非承包人原因新增的，归入当期过程结算；属于承包人隐瞒真实情况损害发包人的，发包人有权予以扣回”的表述；河南省在文件中有“已签发的施工过程结算支付依据有错、漏、重复、虚假记载、误导性陈述的，发承包双方应予以修正”的表述。综合上述内容来看，有七个省市的政策认为施工过程结算行为的性质是法律行为，仅有广东省的政策体现出事实行为的性质，有三个省市的政策倾向法律行为的性质，但在特定情形下又尊重适用事实行为的观点。

造价是质量合格项目实体的经济体现，过程结算应以质量合格为前提，结算节点以前或节点之间完成的部分工程质量合格能否确保工程整体质量合格具有不确定性，有观点认为过程结算行为的性质应属于事实行为。但是按照诚实信用原则，价款结算达成合意形成协议后，双方当事人理应恪守承诺，在过程结算协议没有无效或被撤销情形时，应具有法律拘束力，双方应依据过程结算协议的约定履行，过程结算应具有法律行为的性质。

四、施工过程结算的要求及程序

1. 施工过程结算的要求

施工过程结算资料包括施工合同、补充协议、招标文件、投标文件、中标通知书、施工图纸、施工方案以及经确认的工程变更、现场签证、工程索赔、材料和设备价格确认单等。过程结算要求发承包双方授权的现场代表签字的签证以及发承包双方协商确定的索赔等费用，应在过程结算中如实办理，不得因发承包双方现场代表的中途变更而改变其有效性。经发承包双方签字确认的施工过程结算文件，应当作为竣工结算文件的组成部分，未经对方同意，另一方不得就已生效的结算文件进行重复审核。签订固定总价合同的，因发包人原因增减工程量和设计变更的部分应纳入当期施工过程结算。

2.施工过程结算的程序

（1）承包人按照合同约定的施工过程结算周期，计算当期工程量及价款，并向发包人提交施工过程结算报告。

（2）发包人按照合同约定对承包人提交的施工过程结算报告进行审查核对。

（3）因发包人原因逾期未完成审核的，可按合同约定视同发包人认可承包人报送的施工过程结算报告。

（4）因承包人原因未在约定期限内提交施工过程结算报告，发包人可以依据合同约定根据已有资料自行开展施工过程结算活动。

五、施工过程结算的原则及周期

1.施工过程结算计量计价原则

施工过程结算应依据合同约定，对质量合格工程进行计量计价；质量不合格的工程经整改合格后可在当期施工过程结算中补充计量计价。经整改不合格或不整改的，发包人可依据合同约定，要求承包人支付违约金或者赔偿修理、返工、改建的合理费用。安全文明施工费暂按基本费率计算，竣工结算时，按该工程应计费率调整。对质量不合格的，可在整改合格后纳入当期施工过程结算；对计量计价有争议的，争议部分按合同约定的争议方式处理，无争议部分应按期办理施工过程结算。

2.过程结算应加强界面管理

清单计价模式下的分部分项工程列项是基于项目特征描述的工作结构分解，没有体现项目进度，与过程结算不相吻合；在工程量清单中是一个分部分项工程，过程结算时则需要按照进度划分成多个部分计算。为避免重复和遗漏工程量，各个部分之间需要清晰界定界面。实践中可以按照实际进度，运用WBS分解结构这一工具，提前清晰界定、描述过程结算的界面，力求做到不重不漏。

3.施工过程结算周期

可根据建设工程的主要特征、施工工期及分部（工程）验收要求等，在招标文件中明确或经发承包双方同意后，按工程主要结构、分部工程或施工周期（月、季、年等）进行划分，例如：①房屋建筑工程，可以分桩基础完成、地下室结构封顶、主体结构封顶、外墙装饰完成、竣工验收等多个施工节点；②道路工程，可以分管线工程、路基工程、路面工程等多个施工节点；③桥梁工程，可以分桩基础工程、桥涵结构工程、路面工程等施工节点。人工费用拨付周期应按照《保障农民工工资支付条例》（国务院令第724号）有关要求，在招标文件和施工合同中进行单独约定。

过程结算的周期设定应强化工程结算的时效性，比如山西省要求结算周期应按月或分段划分，但分段划分结算周期最长不得超过三个月。施工过程结算则赋予发包人结算权利以贯彻施工过程结算的强制性，如山西和广东都明确承包人未在约定期限内提交施工过程结算报告，发包人有权根据已有资料自行开展过程结算。随着市场主体契约意识的增强和合同手段的提高，发承包双方务必重视过程结算，发包人应彻底改变靠竣工结算控制造价的做法，摒弃依赖审计（审价）控制投资的思想。

六、全面过程结算管理体系构建

采用过程结算方式后造价管理的重心必将从事后竣工结算向事前、事中的过程结算转变，要求市场主体更加注重造价管理的时效性、准确性、现场性、集成性及程序性，构建有效协同的管理体系是施工过程结算顺利推行的前提和关键。

1.从招标策划到竣工结算的全过程闭环管理

施工过程结算是项目过程管理在造价上的集中体现，合同管理是造价管理的重要抓手，实行施工过程结算的项目，招标文件、施工合同中应对前文所述的过程结算管理的关键问题进行明确约定。通过过程结算，及时发现合同缺陷与不足，进行补充完善，只要没有改变中标合同的实质性内容，则过程结算行为有效，利于风险合理再分担，实现从招标策划、合同签订、合同履约、竣工结算的全过程闭环管理。

2.影响工程价款的全要素集成管理

目前，造价计算过多依赖于社会平均消耗量定额和造价信息，过程结算不能充分体现进度、质量、安全等全要素集成管理的特征，工程价款调整往往涉及多要素，具有复杂性，过程结算与竣工结算存在一定偏差成为常态，使得过程结算的成效受到质疑。过程结算时应做好全要素过程集成管理工作，尤其要做好进度这一常态性要素对造价的调整工作，安全文明施工费和优质工程费等体现安全、环境和质量要素的费用因其整体性特征，可在竣工结算时一并计算。

3.相关企业和政府的全方位协同管理

过程结算管理需要企业内部不同部门、不同市场主体和相关政府主管部门的多角度全方位高度协同，任何一个环节、任何一个角度、任何一个相关方的不协调均会影响过程结算方式的有效运行和持续推进。

（1）政府主管部门之间的协同。国有资金投资的项目，审计机关和财政评审具有按照国家法律法规对工程造价进行有效审计、评审的权力，其做法对过程结算是刚性约束，与住房和城乡建设部门的协同管理对过程结算是极其重要的，处于全方位协同管理的核心。财政和审计部门应做好跟踪评审或跟踪审计工作，不能在过程结算中缺位，也不能在竣工结算时越位。

（2）企业不同部门之间的协同。造价是项目质量、安全与进度等在经济上的集中体现，造价管理部门应做好与质量、安全、进度等管理部门的协同管理，企业应改进企业管理制度和流程，切实提高项目精细化管理水平，使其符合过程结算的内在管理需要。

（3）不同市场主体之间的协同。过程结算的发包人、承包人、监理人和造价咨询人等单位之间需要有效协同，围绕项目在合同中约定清楚职责、权限、流程等，参与市场主体都要加强施工过程结算的工作力量，及时办理工程变更签证和施工过程结算审核等价款调整工作。

第四节　增值税下轨道交通项目造价风险防范

一、不同计税方法下的工程造价计算

1.增值税对工程计价的影响机理

一般计税方法下工程造价计算方法体现了价税分离、费率调整的演变路径，具体如图1.1所示。

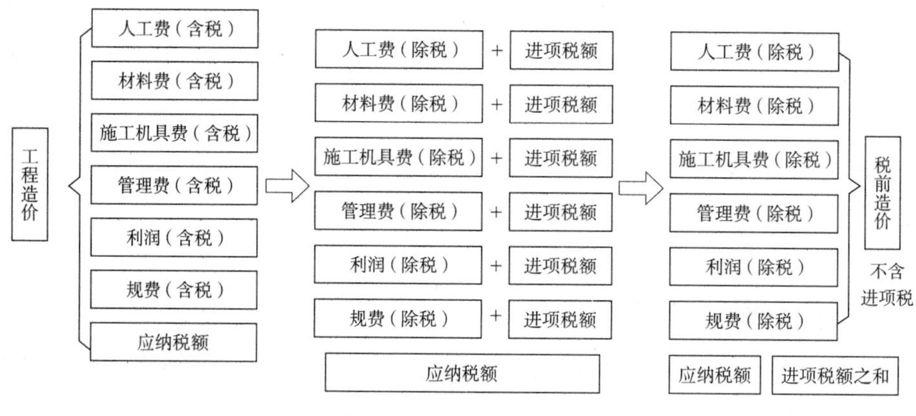

图1.1　价税分离的过程

按照造价构成要素和造价形成过程两种造价计算的思路，一般计税方法下工程造价构成如图1.2所示。

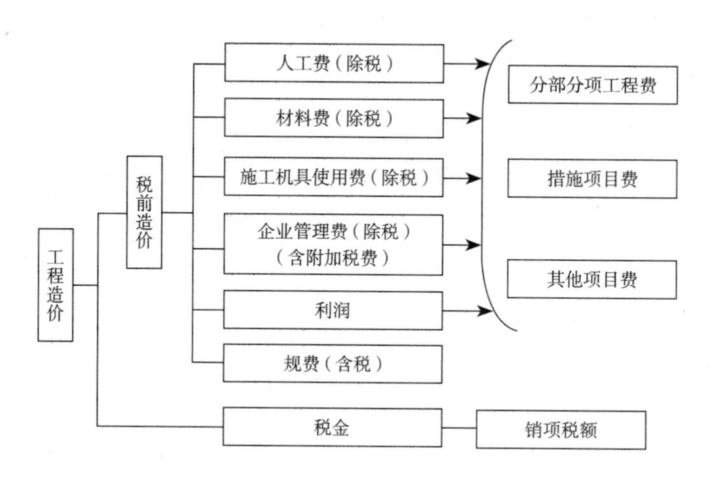

图1.2　一般计税方法下工程造价构成

由于应纳税额=销项税额-进项税额，如果销项税额小于进项税额时会产生“倒挂”现象，对于承包人而言，买来的进项税额不能抵扣就会沉淀为工程成本，一定会侵蚀其利润。发包人应意识到目前的工程造价计算方法给承包人带来的不利之处会影响项目实施。所以，发包人在进行项目发包时应注意特殊类别项目，改变的标段划分范围，将该专业工程进行合并，由承包人内部消化“倒挂”现象。

2.不同计税方法下的工程造价计算

为应对计税方法的变化，建设行政主管部门对工程造价的计算方法（尤其是一般计税方法下的工程造价计算）进行了相应的调整，虽然两种方法均以人工费、材料费、施工机具使用费、企业管理费、利润和规费之和计算，但是该六项费用要素的内涵不同。不同计税方法下的含税工程造价计算方法存在本质的差异，如表1.3所示，在进行工程造价计算时务必首先明确适用的计税方法。

不同计税方法下的工程造价计算方法　　表1.3

序号	计税方法	税率	含税工程造价	计算基数
1	一般计税方法	9%	税前工程造价 ×（1+9%）	人工费、材料费、施工机具使用费、企业管理费、利润和规费之和。各费用项目均以不包含增值税可抵扣进项税额的价格计算（即不含税价）
2	简易计税方法	3%	税前工程造价 ×（1+3%）	人工费、材料费、施工机具使用费、企业管理费、利润和规费之和。各费用项目均以包含增值税可抵扣进项税额的价格计算（即含税价）

3.增值税下的工程造价计算步骤

增值税下工程量清单计价计算步骤如下：

第一步，确定计税方法。根据财税部、税务总局《关于建筑服务等营改增试点政策的通知》(财税〔2017〕58号)，结合工程服务项目的类别及招标文件要求，准确选择适用一般计税方法或简易计税方法。

第二步，组价和取费。根据招标工程量清单的项目特征描述，执行适用的预算定额子目及调整后取费费率标准，进行分部分项工程综合单价、措施项目等的准确组价，并计算汇总得到人工、材料（设备）、施工机具等单位工程汇总表。

第三步，询价和调价。首先将工程信息价格载入，进行第一步换价处理；将第一步换价处理后的汇总表中缺少对应价格信息的材料、机械等要素的预算定额基期价格，通过市场询价以不含可抵扣进项税额的当期市场预算价格替换，进行第二步换价处理。

第四步，计税与计价汇总。税金按9%增值税税率或3%的征收率计算，完成工程造价计算。

适用一般计税方法计税的工程造价中各费用项目计算方法如下：

（1）人工费：工日单价按当地有关部门发布的人工工日单价计算。当前政策环境下，营改增前后计算方法一致。

（2）材料费：材料（设备）单价有除税市场信息价的计入除税市场信息价。信息价中缺项材料通过市场询价计入不含可抵扣增值税进项税的市场价格。若为含税市场价格，根据财税部门规定选择适用的增值税税率（或征收率），并结合供货单位（应税人）的具体身份，所能开具增值税专用发票实际情况，根据“价税分离”

计价规则对其市场价格进行除税处理。

除税价格=含税价格/(1+税率或者征收率)

具体来讲，材料单价的计算公式为：

材料单价=[(材料原价+运杂费)×(1+运输损耗率)]
×(1+采购保管费率)

a.材料原价。即材料市场取得价格。材料的原价可以通过市场调查或查询市场材料价格信息取得。在确定原价时，凡同一种材料因来源地、交货地、供货单位、生产厂家不同，而有几种价格(原价)时，根据不同来源地供货数量比例，采取加权平均的方法确定其原价。

若材料供货价格为含税价格，则材料原价应以购进货物适用的税率或征收率扣减增值税进项税额，得到材料的不含税价格。

b.材料运杂费。材料运杂费是指国内采购材料自来源地、国外采购材料自到岸港运至工地仓库或指定堆放地点发生的费用(不含增值税)。同样，同一品种的材料有若干个来源地，应采用加权平均的方法计算材料运杂费(参照材料原价加权评价确定的方法)。需要注意的是若运输费用为含税价格，则需要按“两票制”和“一票制”两种支付方式分别调整。

“两票制”支付方式。所谓“两票制”材料是指材料供应商就收取的货物销售价款和运杂费向建筑业企业分别提供货物销售和交通运输两张发票的材料。在这种方式下，运杂费以按交通运输与服务适用税率(9%)扣减增值税进项税额。

“一票制”支付方式。所谓“一票制”材料是指材料供应商就收取的货物销售价款和运杂费合计金额向建筑业企业仅提供一张货物销售发票的材料。在这种方式下，运杂费采用与材料原价相同的方式(13%)扣减增值税进项税额。

c.在材料的运输中应考虑一定的场外运输损耗费用。这是指材料在运输装卸过程中不可避免的损耗。运输损耗的计算公式是：

运输损耗=(材料原价+运杂费)×运输损耗率(%)

d.采购及保管费。采购及保管费是指为组织采购、供应和保管材料过程中所需要的各项费用，包含采购费、仓储费、工地保管费和仓储损耗。

采购及保管费一般按照材料到库价格以费率取定。材料采购及保管费计算公式如下：

采购及保管费=(材料原价+运杂费+运输损耗费)×采购及保管费率(%)

由于信息价格经常存在缺项现象和购买材料时往往是含税价格，含税材料价格的除税过程工程造价管理人员应予以掌握，材料单价调整方法及适用税率如表1.4所示。

材料单价调整方法及适用税率简表 表1.4

序号	组成内容	调整方法及适用税率
1	材料原价	以购进货物适用的税率（13%）或征收率（3%）扣减
2	运杂费	以接受交通运输业服务适用税率9%扣减
3	运输损耗费	运输过程所发生损耗增加费，以运输损耗率计算，随着材料原价和运杂费扣减而扣减
4	采购及保管费	主要包括材料的采购、供应和保管部门工作人员工资、办公费、差旅交通费、固定资产使用费、工具用具使用费及材料仓库存储损耗费等。以费用水平（发生额）“营改增”前后无显著变化为前提，由于其计算基数（材料原价、运杂费采购及保管费）降低的影响，费率一般适当调增

二、增值税下轨道交通项目的特殊性

轨道交通项目不同于普通的房地产开发项目，其进项税额能否抵扣由于不同地区对轨道交通建设建团的定位和管理模式的不同，在不同地区存在不同做法，在一般计税方法下，进项税额的取得与否直接与最终纳税额度有关。但是无抵扣需求的轨道交通项目实施过程中没有应税销售行为的产生，故不存在增值税应纳税额，也就没有进项税额的抵扣问题。根据发包人在建设项目上是否有进项税额的抵扣需求，将发包人分为无抵扣需求和有抵扣需求两类，从无抵扣需求和有抵扣需求两种情况分别分析。

（一）无抵扣需求轨道交通项目

1.增值税下无抵扣需求轨道交通项目的特殊性

以采购A万元（不含税价）的商品混凝土为例，对比分析两类不同类别的发包人取得的进项税额对项目总投资的影响，具体分析如表1.5所示。

两类发包人的进项税额对项目总投资的影响 表1.5

发包人类别	增值税税率		对工程造价的影响	对应纳税额的影响	对项目总投资的影响
	3%	13%			
	含税价	含税价			
有进项税额抵扣需求	1.03A	1.13A	造价增加10%A	应纳税额减少10%A	项目总投资不变
无进项税额抵扣需求	1.03A	1.13A	造价增加10%A	无应纳税额	项目总投资增加10%A
备注	为简化计算，此处未考虑增值税附加对投资的影响				

从上表可以看出，两类发包人应关注重点的差异：对于有抵扣需求的发包人而言，其关注点在于不含税价格的高低及进项税额的取得；对于无抵扣需求的发包人而言，其关注的是含税价格的高低，而无须关注进项税额的多少。无抵扣需求的轨道交通项目的特殊性在于其进项税额沉淀为"工程投资"，其投资控制需要关注的是含税工程造价的高低。

同时，由于工程造价中的税金是承包人的销项税额，对于有抵扣需求的发包人而言，固定资产=含税工程造价-可以抵扣的进项税额；对于没有抵扣需求的发包人而言，固定资产=含税工程造价。

2.无抵扣需求的轨道交通项目计税方法的选择

虽然各地造价管理部门在制定计价依据时对材料价格按照价税分离原则进行了调整，施工机械使用费考虑调整系数，对管理费、利润和规费的费率进行相应的调整，基本遵循各造价要素本身的价格不受增值税影响的原则。但由于不同项目构成造价各费用要素的比例不尽相同，故采用不同的计税方法计算出的含税工程造价（工程投资额）是不同的。根据不同计税方法下的造价计算方法，建立两种计税方法下含税工程造价相同时的理论模型，见模型1。

模型1：假设前六项费用要素含税之和为B，除税后降低率为Z，两种计税方法下含税工程造价相同时有下式：

$$B(1+3\%)=B(1-Z)(1+9\%) \tag{1.1}$$

可以得出$Z=5.50\%$

当$Z>5.50\%$时，简易计税方法下的含税工程造价大于一般计税方法下的含税工程造价；当$Z<5.50\%$时，一般计税方法下的含税工程造价大于简易计税方法下的含税工程造价。由于多数材料、设备费的增值税税率是13%，含税与否价格差别较大，一般情况下如果材料、设备费占不含税工程造价比例较大时，会出现$Z>5.50\%$的情形；由于人工费不区分是否为含税价，一般情况下如果人工费占不含税工程造价比例较大时，会出现$Z<5.50\%$的情形。

综上所述，无抵扣需求的轨道交通项目的发包人在确定计税方法时除了应满足国家的财税政策外，还应首先将两种不同计税方法下的含税工程造价（工程投资额）进行对比计算，从而选择及筹划有利于降低建设投资的计税方法。

（二）有抵扣需求轨道交通项目

从表1.5可知，有抵扣需求的轨道交通项目采用不同税率计算时的项目总投资不变，但是由于采用不同计税方法时计算得出的税前工程造价是由差别的（一般计税方法下的税前造价是以前六项不含税价格计算的，简易计税方法下的税前造价是以前六项含税价格计算的），势必导致最终发包人投资额度的不同。假定一般计税方法下的税前工程造价为100万元，则一般计税方法下发包人需要支付给承包人的含税工程价款为100×（1+9%），获得的进项税为100×9%，实际工程投资为100×（1+9%）-100×9%；在简易计税方法下，税前工程造价增加X万元，则税前工程造价为100+X万元，简易计税方法下发包人需要支付给承包人的含税工程价款为（100+X）（1+3%），获得的进项税为（100+X）×3%，实际工程投资为（100+X）（1+3%）-（100+X）×3%，由于含税的前六项之和一定大于不含税的前六项之和，所以X始终大于零，所以采用简易计税方法对发包人是不利的。

三、承包人选择计税方法存在的问题及对策

1.承包人选择计税方法存在的问题

《关于全面推开营业税改征增值税试点的通知》（财税〔2016〕36号）文件规定一般纳税人以清包工方式提供的建筑服务、为老项目提供的建筑服务以及为甲供工程提供的建筑服务可以选择适用简易计税方法。既然是“可以选择”，就意味着国家政策允许承包人自行选择纳税方法。若两种计税方法均适用的建设项目，发包人采用一般计税方法计算最高投标限价（招标控制价），而承包人选择按简易计税方法计算投标报价，或者承包人投标时采用一般计税方法计算总价而项目实施过程中适用简易计税方法交税，出现计算工程造价时采用的计税方法和开具增值税发票时采用的计税方法不一致的现象。存在的问题主要体现在以下两个方面：

（1）承包人会选择有利于己方的计税方法缴纳增值税，从而造成国家税收损失，发包人或许面临政府审计或者财政评审风险。

承包人开具发票时，税务部门关注的仅仅是否符合税务政策，计价形成的过程对税务部门是个“黑洞”。相同含税合同价下采用不同计税方法时，发包人取得进项税额对比，如表1.6所示。

不同计税方法时发包人取得进项税额对比 **表1.6**

情况	开票费率	发包人进项税额计算模型，设C为含税合同造价		
		计算公式	发包人进项税额	两者差额
1	9%	[C÷（1+9%）]×9%	8.256881%C	5.34426C≈5.3%C

续表

情况	开票费率	发包人进项税额计算模型，设C为含税合同造价		
		计算公式	发包人进项税额	两者差额
2	3%	[C÷（1+3%）]×3%	2.912621%C	/

从表1.6可以看出，按照一般计税方法和简易计税方法计算出的承包人的销项税额（即发包人的进项税额）是不同的，承包人会选择应纳税额较低、利润较高的计税方法，即含税总价一定，承包人会估算此项目可以抵扣进项税的比例，见模型2。

模型2：若两种计税方法下利润水平一致，假设：含税造价为D，不含税成本为E，可抵扣进项税额为U。采用简易计税方法下取得的进项税额由于不能再进行抵扣，故成本变为（$E+U$），则可以建立以下等式：

$$D/(1+9\%)-E=D/(1+3\%)-(E+U) \tag{1.2}$$

$$U=5.256881\%D\approx 5.3\%D$$

如果可抵扣进项税占合同含税总价的比例大于5.3%，则承包人选择一般计税方法更有利于增加项目利润；如果可抵扣进项税占合同含税总价的比例小于5.3%，则选择简易计税方法更有利。允许承包人自行选择计税方法会造成国家税收的损失，发包人或许面临政府审计或财政评审风险。

（2）不利于价格评审和工程价款结算。

若不同的投标人投标时，采用不同的计税方法计算工程造价，则计算出的分部分项工程的综合单价会存在较大的“合理性差异”，评标专家不易识别并判定投标人是否采用过度不平衡报价，不利于分部分项工程综合单价合理性的评审。采用不同的计税方法，对项目实施过程中常见的价款调整、现场签证、索赔等事项往往产生争议，易引起工程价款结算纠纷。

2.规避承包人选择计税方法的对策

遵循计税方法与工程造价计算方法严格统一，承包人纳税方法与工程造价计算方法严格统一，即严格遵循“价税统一”原则。“剥夺”承包人对计税方法的自行选择权，在招标文件中明确承包人投标时采用的计税方法以及项目实施时采用的计税方法和开具发票的税率。如果投标时出现计税方法与造价计算方法不一致现象，可在招标文件中明确将其界定为废标。

四、甲供工程对发包人建设投资的影响及对策

1. 甲供工程对发包人建设投资的影响

一般纳税人为甲供工程提供的建筑服务可适用简易计税方法，但是建筑工程总承包人为房屋建筑的地基与基础、主体结构提供工程服务，建设单位自行采购全部或部分钢材、混凝土、砌体材料、预制构件的，只能采用简易计税方法计税。由于轨道交通项目不受上述税收政策的影响，故研究甲供工程对发包人建设投资的影响仍有很强的现实意义。一般计税方法下，甲方供材（设备）和乙方供材（设备）模式的工程造价计算公式分别为：

1）乙方供材（设备）模式

$$\text{工程造价}=\text{税前造价}\times(1+9\%) \tag{1.3}$$

2）甲方供材（设备）模式

$$\begin{aligned}\text{工程造价}&=(\text{税前造价}-\text{甲供不含税价款})\times(1+9\%)+\text{甲供含税价款} \quad (1.4)\\&=(\text{税前造价}-\text{甲供不含税价款})\times(1+9\%)+\text{甲供不含税价款}\\&\quad\times(1+\text{甲供材税率})\\&=\text{税前造价}\times(1+9\%)+\text{甲供不含税价款}\times(\text{甲供材税率}-9\%)\end{aligned}$$

对比1）、2）两个公式可以得出两种模式下工程造价之间的差异为：甲供不含税价款×（甲供材税率−9%）；

（1）当甲供材税率小于9%时，甲方供材（设备）模式导致发包人工程造价（建设投资）减少；

（2）当甲供材税率大于9%时，甲方供材（设备）模式导致发包人工程造价（建设投资）增大。

简易计税方法下，上面公式中除税前造价计算时六项费用要素均为含税价外，还需将9%的税率换成3%的税率，对比1）、2）两个公式可以得出两种模式下工程造价之间的差异为：甲供不含税价款×（甲供材税率−3%），甲供一定会造成工程造价的增加，导致发包人投资增大。

综合上述一般计税方法和简易计税方法两种情况，分析现行的财税政策，甲供时可适用低于9%税率的类别几乎不存在，甲供工程一般会导致工程造价（建设投资）增加，所以应尽量降低甲供材料（设备）的数额以降低其对投资的影响，确需甲供大宗材料（设备）以满足质量、进度需要时，应探讨既能保证甲方要求又不增

加造价的途径。某市轨道交通项目中发包人供应材料设备（部分）如表1.7所示。

发包人供应材料设备一览表　　表1.7

序号	专业	子系统	设备
1	装修	灯箱	车站电子刷屏灯箱
2	通风空调	风系统	隧道风机、车站隧道排热风机、射流风机、推力风机、车站新风机、回排风机、消防排烟风机、风道组合风阀
		水系统	组合式空调机组、柜式空调机组、冷水机组、冷却塔、空调水泵、冷凝器在线清洗装置
3	给水排水及消防	消防	自动灭火系统（管网部分）
			自动灭火系统（控制部分）：集中报警控制盘、气体灭火控制器、24V辅助电源、声光报警器、烟感探测器、温感探测器等
4	低压配电与照明	低压柜	配电柜、环控电控柜、UPS柜、密集母线槽、软铜排、远程智能控制箱、通信缆、集中UPS系统设备、电能计量系统、电气火灾监测系统、消防电源监控系统
		事故照明装置	EPS
		LED灯具	面板灯、筒灯、异型灯、三防灯智能调光系统
		配电箱	照明配电箱、动力配电箱、电源切换箱、维修电源箱、接地端子箱
		低压电缆	低压电缆
5	监控系统	BAS	环境与设备监控系统：维修工作站、冗余PLC控制器、控制柜、温度变送器、温湿度变送器、流量变送器、压力变送器、电动二通调节阀、压差旁通装置、通信线、与各专业的接口模块等
		FAS	火灾自动报警系统：火灾报警控制盘、消防联动控制盘、消防电话主机、消防立柜、工业控制计算机、感烟探测器、感温探测器、模块箱、手动报警按钮、感温电缆、回路线等
		门禁	门禁系统：中央服务器、机柜、中央授权工作站、车站级门禁工作站、主控制器、交换机、就地控制器、读卡器、出门按钮、通信线等
		ISCS	综合监控系统
			电力监控系统PSCADA
6	站台门	站台门	站台门
7	电扶梯	电扶梯	电梯、扶梯、自动人行道、楼梯升降机
8	供电系统	主变电站/牵引变电站/降压变电所	110kV GIS
			110kV交流电力电缆
			110kV/33kV电力变压器（含中性点电阻）
			同相供电装置
			110kV/27.5kV牵引变压器
			27.5kV GIS（含继电保护）

续表

序号	专业	子系统	设备
8	供电系统	主变电站/牵引变电站/降压变电所	27.5kV交流电力电缆
			SVG
			主所保护屏
			可视化接地装置
			36kV GIS（含继电保护）
			33kV交流电力电缆
			33/0.4kV干式变压器
			交直流电源装置
			供电安全生产管理系统
			汇流排

2.导致造价增加但又需要“甲供”时的对策

1）发包人、承包人与供应商签订三方协议

发包人确定供应商后，发包人、承包人与供应商签订三方协议，约定由供应商向承包人销售材料，供应商将材料运送至发承包双方指定的地点，并直接向承包人开具增值税专用发票。到货后，由发承包双方共同验收，材料价款由承包人直接支付给供应商。

2）发包人确定供应商和代为支付货款

（1）发包人确定供应商，但不参与采购合同的谈判、签订，不确定采购价格，采购合同由承包人与供应商签订，通过委托付款方式，货款由发包人代为支付给供应商；

（2）发包人既确定供应商又确定采购价格，但是采购合同由承包人直接与供应商签订，通过委托付款方式，货款由发包人代为支付给供应商。

五、增值税率调整对发包人投资的影响

2018年5月1日起，建筑业、交通运输业增值税税率从11%下降至10%，制造业等行业增值税税率从17%下降至16%，自2019年4月1日起，建筑业、交通运输业增值税税率从10%下降至9%，制造业等行业增值税税率从16%下降至13%。

1.有抵扣需求的发包人

增值税税率调整《财政部 税务总局 海关总署关于深化增值税改革有关政策的公告》(财税〔2019〕39号)文件对投资的影响。

一般计税方法下:

(1)10%时:1000万元(不含税价),进项税额100万元,含税造价1100万元。

(2)9%时:1000万元(不含税价),进项税额90万元,含税造价1090万元。

含税造价减少10万元,投资减少1%。同时进项税额减少10万元,需要增加应纳税额10万元。所以,对于有抵扣需求的发包人而言,投资额的减少平衡了进项税额的减少。

简易计税方法下:

如果适用16%税率的材料比重达到工程造价的40%,税率调整为13%时,投资会降低1.2%。发包人获得的进项税额由于税前造价的降低也相应会降低。所以,含税材料价格会降低,含税造价会降低,投资减少,相应的进项税额也减少,两者也是基本平衡。

2.没有抵扣需求的发包人

增值税税率调整《财政部 税务总局 海关总署关于深化增值税改革有关政策的公告》(财税〔2019〕39号)文件对投资的影响。

一般计税方法下:

(1)10%时:1000万元(不含税价),进项税额100万元,含税造价1100万元。

(2)9%时:1000万元(不含税价),进项税额90万元,含税造价1090万元。

含税造价减少10万元,没有进项税额抵扣问题,总投资减少1%。

简易计税方法下:

含税材料价格会降低,含税造价会降低,投资减少。如果适用16%税率的材料比重达到工程造价的40%,税率调整为13%时,投资会降低1.2%。

六、增值税率调整对未付清项目价款管理的影响

1.在建工程项目价款管理

《财政部 税务总局 海关总署关于深化增值税改革有关政策的公告》(财税〔2019〕39号)文件从2019年4月1日开始执行,与发包人结算开具发票的时点应按纳税义务时间进行划分。凡纳税义务时间在2019年4月1日之前的,应按原税率开具发票;反

之，则应按新税率开具发票。按照这个开具发票的原则进行相应的工程价款调整。

一般而言，采用一般计税法计算工程造价时，工程结算按照承包人实际开具的增值税发票对应的税率进行调整。针对承包人要注意的是，由于发包人对承包人已完工程进度款的确认普遍迟于承包人对实际采购材料、选择专业分包等下游相关单位款项的确认时间，比如承包人采购材料时还是调整前的增值税税率，取得的增值税进项发票仍然是前期较高税率下的，此时会发生建设单位不含税价不变而供应商含税价不变的情况，导致承包人利润的下降。承包人应重视与建设单位进度款的及时确认，尽量缩短进度款的支付周期。

采用简易计税法计算工程造价时，由于材料增值税税率的下降，计算综合单价时的信息价格（或市场）也会随之下降，如果双方对综合单价进行调整，可从2019年4月1日（含）起由甲、乙双方签章确认实际工程量进行综合单价的调整。

2.最终结清价款管理

缺陷责任期终止后，承包人应按照合同约定向发包人提交最终结清支付申请。发包人应在签发最终结清支付证书后的规定时间内，按照最终结清支付证书列明的金额向承包人支付最终结清款。但是最终结清支付证书的金额由于增值税税率的调整应如何处理？如果原合同中的保修金条款明确约定了保修金相关计算基数为不含税的工程价款，则可直接利用应结清的不含税价款乘以相应的增值税税率即可得到增值税，从而得到最终结清价款。如果扣留的保修金是含税的工程价款，则应首先对其进行除税处理，得到不含税价后再乘以相应的增值税税率。所以，应对合同价款进行价税分离，分别列示不含税价款和增值税税额，明确签订合同时适用的税率，明确保修金相关计算基数为不含税的工程价款。

比如，某工程质量保修金为200万元（含税，增值税税率为10%），保修期内未发生质量修复事件，保修金返还时增值税税率已经下调为9%。问：最终结清价款（含税）应为多少？不含税价格为200/（1+10%）=181.818万元，最终结清价款（含税）181.818×（1+9%）=198.18万元，与增值税税率调整前是不一致的，承包人应注意该变化对利润可能的影响。

本章小结

“十四五”规划纲要中提到要建设大湾区、城市群、都市圈，轨道交通的重要性也愈发凸显，轨道交通项目面临的城市和城际轨道交通并存的新机遇。本章简要阐述了轨道交通项目和总承包模式造价管理的特点，分析了新时期轨道交通项目造价管理面临的环境，结合《条例》等最新法规相关条款，着重分析了其对轨道交通项目投资管理的影响，并提出了应对建议。推行施工过程结算是建筑业的一次重大变革，在简述施工过程结算推行缓慢和存在四个主要问题的基础上，结合十余个省市的有关文件，从政策层面深度分析施工过程结算行为的性质应是法律行为而非事实行为，围绕施工过程结算的程序、原则和周期等关键问题，明确管理原则、提出相应措施，构建有效协同的全面过程结算管理体系。增值税对工程造价的影响是全面深刻的，本章分析了增值税下轨道交通项目的特殊性，深入阐述了承包人选择计税方法存在的问题及对策、甲供工程对发包人建设投资的影响及对策，简要分析了增值税率调整对发包人投资管理和对未付清项目价款管理的影响。

第二章

总承包项目发包策划及实务

不同的发承包模式对双方的责权利有本质影响，发承包模式的选择是造价管控的基石。根据项目特点和发包人的需求，科学选择发承包模式、合理划分标段、慎重选择合同形式与计价方式均是发包阶段的核心内容，必须充分预判可能出现的风险，这些工作的成败对于造价的影响举足轻重。

第一节　工程发承包模式的选择

一、总承包模式的特点及适用

发包人采用的发承包模式是选择合同文本及合同形式的前提，对双方确定合同价款具有基础性地位，是发包人投资控制的核心问题。例如，某城市轨道交通项目中基坑工程采用泥浆护壁灌注桩排桩围护结构，2017年9月10日开工，降水工程（备注：建设单位进行的专业发包）开始时间为2017年9月11日，土方开挖开始时间为2017年9月17日，降水和土方开挖时间紧，土壤含水率高，导致土方施工车辆和机械在施工过程中陷入泥潭、无法开挖。监理例会同意采取铺设砖渣等相应措施。由于铺设砖渣量较大，当时施工单位向监理单位提出办理签证的要求，监理单位均以铺设砖渣费用应当属于措施费的范畴为由予以拒绝。竣工后，施工单位多次索要铺设砖渣相关费用。省定额站意见如下：

（1）工程现场使用砖渣属于工程措施，不属于工程量清单措施费的范畴。招标时，如果建设单位没有提前告知投标人相关情况，即在招标时清单中没有列出该项，同时没有向投标人提供地质勘察报告或所提供的勘察报告并未提示这部分的情况，施工单位可呈报建设单位申请该笔费用。

（2）要明确铺设砖渣的原因和哪方要求铺设的，并明确工程现场土壤含水量过高是什么原因导致的，是降水未达到所需要的地质要求（施工方案还是地质勘察报告不符）还是因灌注桩施工导致的。

（3）施工单位是否就此事与建设单位及监理单位进行沟通，建设单位是否因工期等因素不同意采取晾晒等方式进行处理，从而要求铺垫砖渣。如果上述措施是经建设单位同意而采取的，该项费用应由建设单位承担。

（4）该项目的工程量，需由建设单位、施工单位根据当时现场实际发生情况进行确认。

省定额站的回复必然引起相关市场主体思考如下问题：

（1）现场土壤含水量过高责任界定；由于建设单位将降水工程进行了专业分包，一般而言，土壤含水量过高则属于建设单位提供的现场条件不满足施工需要，应由建设单位承担。

（2）专业分包单位降水后土壤的含水率多高为合格？这一般不会在合同中予以明确。

（3）是否存在工期的局部赶工？这需明确在原合同中是否明确了土方开挖等的里程碑计划。

对于上述造价纠纷问题，由于责任交叉，很难界定，若采用总承包模式，可实现界面管理的内部化。本书所称的总承包模式包含施工总承包（DBB）和工程总承包两种方式。施工总承包模式具有以下特点：

（1）使用时间长，应用广泛，管理方法相对成熟，有利于合同管理和风险管理。

（2）有助于依据工程特征或市场情形，合理分标，运用承包人的竞争机制，降低价格，有助于挑出能力强的专业承包商，提高建设单位对项目进度、质量、成本等目标的控制程度。

（3）项目设计—招标—建造的周期较长，对项目的工期不易控制。

（4）管理和协调工作较复杂，建设单位管理费用较高，需要建设单位具备较强的项目管理能力。

（5）不易控制工程总投资，特别在设计过程中对“可施工性”考虑不够时容易产生变更，引起较多的索赔。

（6）项目出现质量问题时，设计和施工双方容易互相推诿责任。

工程总承包区别于传统DBB方式的显著特征：一是设计施工的相对一体化；二是合同关系的单一性。与DBB方式相比，在考虑工程功能、规模和质量等不变的条件下，工程总承包模式具有下列特点：

（1）通过设计施工的搭接，缩短建设工期。工程设计施工的一体化，使设计施工搭接作业成为可能，可促进工程建设工期的缩短，特别是对建设工期紧张的项目。

（2）通过工程优化，降低工程造价。工程设计施工一体化为优化工程设计和改善工程“可建造性”搭建了平台，与此同时，设计施工仅由单一主体（即总承包方）承担，增强了其优化工程的内生动力。

（3）通过减少招标次数和项目协调工作，降低交易成本。工程设计施工的一体化，并交由一个主体完成，不仅减少了工程招标次数，而且责任主体明确、单一。

（4）设计监管要求的提高，将增加发包方的交易成本。在采用工程总承包后，工程设计包括在总承包合同内，优化设计能给承包方带来更多收益，且这种优化工程所产生的增加收益将十分显著，即给予承包方极大的优化工程的驱动力。但是当承包方的这种驱动力得不到有效控制时，发包方必然会面临较大的“道德风险”。因此，发包方有必要考虑提高对工程设计工作的监管力度，并产生比传统DBB方式下更高的交易成本。

从FIDIC系列合同中与投资管控有关的条款来看，施工总承包模式与工程总承包模式的主要区别如表2.1所示。

施工总承包模式与工程总承包模式对比　　表2.1

序号	对比内容	施工总承包模式	工程总承包模式
1	承担责任	承包人承担：施工责任； 设计方承担：以合理的技能和谨慎来进行设计，就可以免除责任，不需要保证设计能够满足工程使用功能的要求	总承包人承担：设计责任+施工责任，FIDIC合同中黄皮书（DB）完工工程必须满足使用功能的要求（按技术标准设计建造，也不一定能免除其责任），如果总承包人将设计任务分包给设计单位，设计方承担的是合理技能和谨慎的过错责任，差额应由总承包商承担
2	合同形式	一般为单价合同	一般为总价合同
3	工程量变化	承包商承担单价变化的风险，业主承担工程量变化的风险，工程量增加是施工总承包商的利润点	总承包商承担单价变化和工程量变化的风险，工程量增加是总承包商的风险点
4	进度款支付	单价合同，重新计量，合同价格以工程量清单中的单价和实际结算的工程量计算，需要重新计算和确定每个支付周期内完成的工程量	总价合同，不重新计量，每期的支付并不完全以合同中的单价和实际完成工程量为基础进行计算，而是需要确定每个支付周期完成的里程碑

尤其需要注意的是，在工程总承包模式下，承包人可能要承担“满足预期目的”的风险，这本是施工总承包模式下发包人必须承担的风险，因为其无法转移给设计方和承包方。站在不同角度，工程总承包招标文件的起草人会对承包人是否承担“满足预期目的”义务的约定有所不同。我国《标准设计施工总承包招标文件》（2012年版）合同条件明确了承包人的义务包括需要满足合同约定目的，而《建设

项目工程总承包合同示范文本》GF—2020—0216和《住房城乡建设部关于进一步推进工程总承包发展的若干意见》(建市〔2016〕93号)，均没有提及承包人“满足预期目的”义务。

工程总承包模式虽然相对于施工总承包项目具有很多的优势，但是并非所有项目均适合采用工程总承包模式。一般而言，不适宜采用工程总承包的建筑物类型有：

(1)纪念性建筑。该类项目优先考虑的往往不是造价和进度等经济因素，而是建筑造型艺术和工程细部处理等因素。

(2)新型建筑。该类项目一般都有较高的建筑要求，同时结构形式选择和处理有许多不确定性因素，无论对设计者还是施工者都可能缺乏这方面的经验。如采用工程总承包方式、风险太大，也不符合发包方的利益。

(3)不确定性较大的项目。工程项目不确定性较大时，仅有一个初步设计一般还不能完全确定工程项目的内容，若采用工程总承包，总承包合同就存在较大的不确定性。

(4)设计工作量较少、技术简单的项目。如零星工程或单一的土石方工程。

二、EPC和DB合同模式的选择

(一)EPC合同的特点及适用条件

1. EPC合同的特点

(1)工程范围。FIDIC“银皮书”(EPC合同，下同)适用于工程总承包方负责实施所有的设计、采购和建造工作，即在“交钥匙”时，要提供一个设施完整、可以投产成交付使用的工程项目。

(2)发包方管理方式。FIDIC“银皮书”未设立工程师制度，由发包方代表管理，发包方代表监管力度和决策权力较小，有关工期延长和费用追加均由发包方来决定，这与我国强制监理制度并不适配。

(3)合同计价。FIDIC“银皮书”采用固定总价合同，一般不允许调整。采用该合同方式后，总承包方在投标报价时会根据工程风险大小考虑适当风险费用，故EPC项目固定合同价往往会高于DBB模式的合同价格。

(4)风险分配。FIDIC“银皮书”要求承包方承担较大的风险，业主仅承担例外事件(特别事件)的风险，除合同规定的业主负责的数据和信息外，业主不对信息的不准确性承担任何责任；承包商承担设计风险、工程量变化风险、“业主要求中的错误”“现场数据及参考项目”“放线”“现场数据的使用”“不利的或不可预见的物质条件”等方面，除另有约定外由承包商承担，以及“满足合同规定的工程预期目的”的风险。

（5）工程质量控制。在FIDIC“银皮书”中，工程质量主要通过对工程产品质量检测（工程实体的质量检验），包括施工期间质量检验、竣工检验和竣工后的检验，特别是工程建成后的试车或加荷载试运行的检测结果决定是否接收工程，体现为“事后控制”。为证实工程总承包人提供的工程设备和仪器的性能及其可靠性，竣工检验通常会持续相当长的时间，只有竣工检验的各项内容均顺利通过后，发包方才会接收工程。竣工后的检验是FIDIC“银皮书”的特殊要求。

2. EPC合同适用条件

（1）项目的最终价格和工期要求有更大的确定性，并由总承包人承担项目的设计和实施全部职责的项目。这需要建设任务、功能目标、建设规模、建设标准等比较确定，不能随便变化。

（2）建设工程现场数据较为确定。工程地质条件、工程建设环境等方面均要求较为确定，否则，合同双方均可能面临较大的由于工程量的变化、施工方案改变等引起的风险。

（3）发包方希望尽量减少甚至基本不参与具体项目管理。

（4）工程建成后质量可观察、可试车或试运行的场合。这要求工程具有良好的非隐蔽性、可观察性和可检测性。

（5）建设市场能提供讲诚信、能力强的工程总承包企业。未设立“监理工程师”对工程合同进行全方位的严格监管，仅设立发包方代表对工程实施结果进行检验，是以假设工程总承包方具有良好信用为前提的。

综上所述，FIDIC“银皮书”并不适用于所有建设工程及各种建设环境，当遇到工程特点和建设环境与FIDIC“银皮书”所明确要求或隐含要求不一致时，必须对发包方的管理方式、总承包合同条件进行调整。

FIDIC在《设计—采购—施工（EPC）/交钥匙工程合同条件》序中指出，该合同条件不适用的情况有：

（1）如果工程项目招标过程中投标人没有足够时间或资料，以仔细研究和核查发包方要求，或进行项目风险评估。

（2）如果建设工程的内容涉及相当数量的地下工程，或是投标人未能对工程内容进行调查的情况。

(3) 如果工程发包方要求严密监督或控制承包商的建设活动，或要审核大部分施工图纸。

(4) 如果每次期中付款的款额要经发包方或其他中间人确定。

(二) DB合同的特点及适用条件

1. DB合同的特点

(1) 合同范围。工程总承包方负责实施设计、建造工作。设计工作属于承包商任务的一部分，承包商对设计负全责，设计工作是各项工作的“龙头”和贯穿项目整个实施过程的“灵魂”。

(2) 合同计价。采用可调总价合同，承包商根据合同规定的总合同金额，在业主提供的设计规范和施工规范框架内，自行进行设计和施工。对物价波动引起的价格变化允许调整，DB项目固定合同价往往会高于DBB模式的合同价格。

(3) 发包方管理方式。FIDIC“黄皮书”(DB合同，下同) 设立了工程师制度，与我国建筑业相匹配。

(4) 风险分配。业主对业主要求的准确性、充分性和完备性负责，业主承担不可预见的风险和例外事件 (特别事件) 的风险；承包商需要以应有的谨慎仔细检查业主要求，承包商承担设计风险、工程量变化的风险以及“满足合同规定的工程预期目的”的风险。

(5) 工程质量控制。在DB合同中，承包商对项目的质量控制变“事后”为“事中”。施工中需要严格按照技术规范标准和施工操作程序，加强项目内部报检、检验程序，现场做好施工记录/日志。

2. DB合同适用条件

(1) 需求明确、功能标准容易界定、最终价格和要求工期具有更大程度的确定性、交付标准比较明确，有关技术标准通常由国家或行业标准来规范的工程。

(2) 建设项目的性质比较简单，类似项目较多，业主不需要对设计和施工过程过多的参与和干涉。

(3) 业主需要对承包人的设计进行较为严格的审核和批准，业主并不完全依赖而是部分依赖承包人的设计技能和判断。

(4) 技术含量较高，专业性较强的“高新技术”项目，需依赖承包商的经验与专业特长来完成的项目，尤其是需要发挥专业设计与施工的深度融合方能完成的项目，如智能建筑、5G基站等。

通过上述分析可以得出，对于轨道交通项目，由于“现场数据”具有较大不确定的客观现状普遍存在，影响造价与工期的诸多边界条件不稳定，合同实施过程中会产生非业主主观原因引起的设计或方案变更，从而增加合同管控的不确定性以及合同费用。从风险分担和与我国现有法规的角度而言，EPC模式对于轨道交通项目的适配性较差，DB模式具有较好的适配性。

三、选择工程发承包方式的影响因素

近年来，国内外学者对工程发承包方式选择的影响因素进行了深入研究，其中代表性观点如下：Mohammed将工程发包方式选择的影响因素分为项目特性、发包方的需求和发包方的偏好三类。其中，项目特性包含项目范围的清晰程度、项目的进度要求、项目的复杂程度以及合同计价方式，发包方的需求包含项目的可建造性研究、价值工程运用、合同包的划分以及可行性研究，发包方的偏好包含项目责任人的数量、对设计的控制程度、项目施工阶段的参与程度；张立山等人在研究工程发包方式优化时，将影响因素分为项目属性、项目控制目标、承包人的能力、发包方的能力、监理方的能力、项目资金状况以及项目外部环境7个方面，项目属性包含项目性质和规模，项目控制目标包含项目质量、进度和成本目标，承包人的能力包含承包人的技术力量、工程经验和管理能力，发包方的能力包含发包方的技术力量、工程经验和管理能力，监理方的能力包含监理方的技术力量、工程经验和管理能力，项目资金状况包含项目资本金比例、资金充裕情况和货款约束情况，项目外部环境包含信息发展程度和社会稳定程度；王卓甫等对工程发包方式选择影响因素的研究，认为其影响因素可分为12个，包括：项目复杂程度（含工程技术复杂性和工程不确定性）、项目规模、子项目间施工干扰程度、工程建设条件（含征地拆迁/移民，以及交通、供水供电等施工现场条件）、工程所在地建筑市场发育程度、发包方对工程工期控制要求、发包方对工程质量控制要求、发包方对工程投资控制要求、发包方建设管理能力、发包方对风险的偏好、发包方对发包方式偏好、国家和地方的政策法规。同时认为，上述12个因素中，前6项因素对工程发包方式选择的影响较大。

综合国内外有关学者的研究结论，将主要影响因素做如下具体分析。

1.工程复杂程度的影响

对于发包方来说，工程复杂性包括了工程技术难度、工程的不确定性、工程产品特征值的易观察性等方面。当工程较为复杂时，工程设计与施工联系紧密，实施过程设计施工的协调管理工作会明显增加，实行设计施工一体化对工程设计优化、提高“可建造性”具有明显优势。因此，目前国际大型复杂的工程经常采用DB/EPC方式，对于较为简单的工程，发包方经常采用DBB发包方式。

2.工程规模的影响

对于一些大型工程，若采用DB/EPC，由于采用这些发包方式对承包人施工能力、资金垫付能力要求高，可能会影响到投标竞争，该情况下，发包方有时就选择DBB分项发包方式，以达到提高竞争性、降低工程造价的目标。

3.总承包市场发育程度的影响

在建设工程总承包交易中，发包方根据工程特点等方面在建设市场上选择总承包商，而建设市场能提供什么样的总承包商与建设市场的发育程度相关。

4.发包方对建设工程目标的要求

建设工程目标包括工期、质量和投资等目标。20世纪60年代后期在美国的许多发包方对建设工程的工期要求很高，针对这情况，美国建筑基金会委托美国纽约州立大学汤姆森（Charles B Thomson）等人对工程发包方式开展研究，并于1968年提出了CM方式，CM承包人在发包方的充分授权下进行项目管理、组织协调，在项目的初步设计完成后，使施工图设计与施工搭接进行，从而能有效地缩短建设工期。CM承包人作为发包方委托一个承包人，改变了传统承发包方式使设计和施工相互分离的弊病，在一定程度上有利于设计优化，使设计和施工早期结合，减少了施工期的设计变更。

5.发包方对建设工程项目的管理能力

当发包方建设工程管理能力较强时，可以选择DBB发包方式，其他条件适当的话也可以采用分项发包方式；反之，当发包方建设工程管理能力较弱时，可以采用工程项目总承包，或施工总承包的方式，因不论是工程总承包还是施工总承包，都可以减少发包方的管理工作量。

6.国家和工程所在地的政策法规的影响

有些政府投资项目，为提高项目实施的透明度，就不能采用工程总承包方式；采用工程总承包模式后政府审计的做法以及发包人质量控制的手段等均会产生实质性影响。

7.工程总承包方的影响

建设市场上具有工程总承包能力的总承包人很少或供应不足时，采用DB/EPC

方式可能不太理想。原因有两方面：在市场经济条件下，总承包商很少时，一方面，应用并不普遍，说明工程总承包条件还不成熟；另一方面，参与工程投标竞争的对手就少，工程承包合同价就较高。

第二节　总承包项目的标段划分

一、标段划分的必要性

标段是根据实际需要，依据一定的约束条件及标准，对招标项目构成内容进行合理划分，成为交易管理单元。标段有广义和狭义之分，广义的标段是在工程项目整体招标采购的基础上，将所有的采购项目按照标的的类别、招标的时间等因素划分的招标项目；狭义的标段是指在同一个招标项目内将标的划分出若干的合同项。对应工程、服务和物资的标段，业界通常称之为工程标段、服务标段和物资标段。工程标段是将投入建设的某一整体工程或某一期工程项目，按照工程分类、工程所在区域等特定条件或因素，划分为若干个实施的单元。

标段划分不仅影响建设单位管理人员及相关资源的投入，还决定着标段市场竞争力的强弱，对竞争结果具有重要影响。标段的划分是否合理，直接影响到合同数量的多少、工程管理协调工作量大小、施工交接界面的复杂程度，最终影响到工程造价管理的难易程度和造价成本的高低。

二、划分标段的影响因素

好的标段划分方案能使工程的组织顺利进行，达到更好地进行工程投资控制、质量控制、进度控制的目的，其划分应考虑工作难度、工作量大小、标段接口管理、合格承包人的数量和资源满足情况。标段划分既要满足工程项目的本身特征、管理和投资等方面的需要，又要遵守相关法律法规的规定，并受各种客观及主观因素的影响。

（1）投资规模。对于投资规模较大的项目，在建筑结构条件允许的情况下，分析市场潜在投标单位的施工及经济的承接能力，进行划分标段。

（2）建设规模。对于占地面积、建筑面积较小的单体建筑物，或者较为集中的建筑单体规模小的建筑群体，可以不分标段；对于建筑规模较大的建筑物，则需要按照建筑结构的独立性进行分割划分标段；对于较为分散的建筑群体，可以按照建筑规模大小组合而定标段。

（3）建筑专业性。对于专业性较强的专业，且工作界面可以明晰划分的，应单独设立标段，例如：智能化、消防、精装修工程。

（4）协调与管理能力。主要是建设单位的自身管理能力，人员配备数量。每一个标段将对应一个施工单位，将来也会分散一定的管理力量，如建设单位人员不多的情况下，尽量扩大标段，由施工单位自行处理施工问题，减少工作界面。

（5）法律法规。《合同法》规定，发包人不得将应当由一个承包人完成的建设工程肢解成若干部分发包给几个承包人。

在考虑以上因素对工程划分标段的同时，还要注意应在合理的范围内尽量减少标段的划分，标段数量过多，增加实施招标、评标、合同管理、工程实施管理的工作量，增加工作界面的交叉干扰数量，进而影响到整体进度、质量、投资管控。另外，又要避免标段规模过大，使符合资格能力条件的竞争单位数量过少而不能进行充分竞争，或者具有资格能力条件的潜在投标单位因受自身施工能力及经济承受能力的限制，而无法保质保量按期完成项目，增加合同履行的风险。

三、标段划分的基本原则

通过合理的、科学的划分标段，使标段具有合理适度的规模，在保证足够数量的竞争单位满足投标资格能力条件，又能满足经济合理性要求，可以有效节省管理资源，也有效避免后期管理出现的协调问题。标段划分应遵循下列原则：

（1）系统性原则。建设工程是一个综合而复杂的系统工程，故其标段划分应着重从工程建设的全局考虑，某个或几个标段划分就局部而言可能不是最优的，但一定要符合总体最优的要求。

（2）便于项目管理原则。所划定的每个标段都是整体项目的一个子项目，故标段划分要符合项目管理特点，综合考虑工程布置、工期安排、实施区域和专业分工等各种情况，要有利于统一管理，有利于相互的衔接，有利于项目的整体建设。

（3）经济性原则。工程项目建设是一项经济活动，经济效益是其追求的重要目标，合理的标段划分能充分地利用社会资源，提高项目抗风险的能力，降低工程造价。应以方便施工、简化施工临时设施、尽可能少地占用土地等资源、节约工程投资为原则。

（4）保证施工质量和工期原则。发包人应深入地分析研究工程项目的施工组织设计，避免将标段过度细化，尽可能减少标段间的衔接环节，剔除标段划分中的不合理因素，以利于施工企业的正常施工，保证工程建设的顺利完成。

（5）适度竞争原则。标段招标在考虑获得更低的最优投标价格（以最优投标价作为标段合同价）时，就需要吸引更多的投标人参与投标竞价。从划分标段来看，如果标段数量少，则每个标段工程规模大，需要集成多种技术，同时可能需要大量专业机械，内部技术难度较大，则对投标人资质要求会提高，因此潜在投标人将会减少，不利于吸收更多的投标人参与竞争，故投标价格普遍升高，但优点在于有利于吸引实力雄厚的承包人参与竞争；反之，标段越多，其每个标段工程规模减小，则内部技术难度相对降低，对投标人资质条件的要求也有一定降低（专业分包除外），将会吸引更多的投标人参与竞争，从而降低了投标价格。

第三节　工程总承包项目合同形式与计价方式

《房屋建筑和市政基础设施项目工程总承包管理办法》（建市规〔2019〕12号）对工程总承包模式采用的合同价格形式作了企业投资项目和政府投资项目的区分，企业投资项目的工程总承包宜采用总价合同，政府投资项目的工程总承包应当合理确定合同价格形式。究其原因在于工程总承包模式的实质为设计施工的一体化，只有采用总价合同才能激发承包人设计优化的动力，对于企业投资项目借鉴国际上通行做法，宜采用总价合同；但是由于政府投资项目受财政预算的约束，财政预算的透明化要求项目投资具有“可解释性”，即能够较准确说明合同价格的具体组成，所以未直接推荐采用总价合同，而是结合项目具体特点和发包人实际合理确定合同价格形式。

一、工程总承包项目合同形式选择

（一）有关政策文件对比

《建设项目工程总承包合同（示范文本）》GF—2020—0216中明确，合同为总价合同，除变更与调整因素，以及合同中其他相关增减金额的约定进行调整外，合同价格不做调整。

上海市《建设项目工程总承包管理办法》(沪住建规范〔2021〕3号)中规定，企业投资的工程总承包项目宜采用总价合同，政府投资的工程总承包项目应当合理确定合同价格形式。采用总价合同的工程总承包项目，合同价格应当在充分竞争的基础上合理确定，除招标文件或者工程总承包合同中约定的调价原则外，合同价款一般不予调整。建设单位和工程总承包单位在合同中约定费用使用情况管理条款，可以包括费用使用计划、工程进度报告、工程变更核准等内容。采用固定总价合同的工程总承包项目在计价结算和竣工决算审核时，仅对符合工程总承包合同约定的变更调整部分进行审核，对工程总承包合同中的固定总价包干部分不再另行审核。

浙江省《关于进一步推进房屋建筑和市政基础设施项目工程总承包发展的实施意见》(浙建〔2021〕2号)中规定，工程总承包合同宜采用总价合同，除合同约定可以调整的情形外，合同总价一般不予调整。确因工程项目特殊、条件复杂等因素难以确定项目总价的，可采用单价合同、成本加酬金合同。建设单位和工程总承包单位应当在合同中约定工程总承包的计量规则和计价方法，并严格履行合同约定的责任和义务。采用工程总承包的政府投资项目，除国家政策调整、价格上涨、地质条件发生重大变化等原因外，合同总价不予调整，调整后的合同总价原则上不得超过经核定的投资概算。

江苏省《房屋建筑和市政基础设施项目工程总承包招标投标导则》(苏建招办〔2018〕3号)中规定，工程总承包项目应当采用固定总价合同。除发生应当由招标人承担的风险，以及地下工程(水下工程)等可以另行约定调价原则和方法外，在招标人需求不变的情况下，工程总承包合同价格不予调整。

(二)工程总承包合同形式选择

合同价格形式有总价合同、单价合同和成本加酬金合同，总价合同与单价合同的根本区别就在于工程量变化的风险由哪方承担。工程总承包模式的显著特点即设计施工的一体化，工程量变化的风险如果仍由发包人承担，与施工总承包模式相比便没有实质区别，就在一定程度上背离了总价合同的性质，削弱了工程总承包的积极意义，无法发挥设计深化与协同施工的优势。因此，工程总承包项目应以总价合同形式为主。调研发现，采用工程总承包模式的轨道交通建设项目，会根据项目情况和发包阶段的计价依据深度，选用不同的项目合同形式，具体如表2.2所示：

合同形式及适用情形　　表2.2

序号	合同形式	适用情形
1	固定总价包干	项目“需求”明确目标标准化、周期不长的项目
2	固定总价+部分单价	项目“需求”确定的内容固定总价，但风险太大的内容根据实际情况采用单价计价，如项目带复杂地质情况的地下工程
3	固定总价+暂估价	项目“需求”确定的内容固定总价，但项目存在深度不够的专业工程或个性要求较高的材料需再次确认，如精装修
4	最高限价+费率下浮	设置最高限价，根据审定的施工图纸和下浮费率确认价款，实质为单价合同，用于前期深度不够，规模大、赶工期项目
5	施工图预算+优化差额分成	招标阶段签订暂定价、预算审定后签订实际合同价，竣工结算评审后，对优化节约投资确认并约定分成，实质为单价合同

固定总价+部分单价或固定总价+暂估价模式，前者的局部单价对应量暂估，后者的暂估价对应量和价暂估，区别在于前者的单价进行了竞争，两种模式下只要是固定总价占合同价格有相当的比例，就可以较好地实现投资控制；采用最高限价+费率下浮、施工图预算+优化差额分成两种合同计价形式的项目容易演变为发包人按审定的施工图计量计价，承包人则依赖变更或提供质量过剩内容增加利润，项目无法按固定总价合同管控投资，这两种合同计价形式不宜用于工程总承包模式。

轨道交通项目如果通过前期文件可以明确发包人需求，能最大程度实现基于“需求”明确的固定总价包干，以及有限额的暂估，就应坚持推行以总价合同为主合同形式。对于“需求”不明、暂估内容过多、内容对应的投资占比过大的项目，尽量避免采用工程总承包模式。某市轨道交通项目总价包干项目清单和单价包干项目清单如表2.3和表2.4所示。

某市轨道交通项目总价包干项目清单　　表2.3

序号	工程及费用名称工程		备注
一	××号线工程	其中：人工费	
		其中：安全文明施工措施费	非竞争性费用
		其中：增值税销项税额	
第一部分	工程费用	其中：安全文明施工措施费	
（一）	土建车站工程	其中：安全文明施工措施费	
（二）	土建区间工程	其中：安全文明施工措施费	
（三）	机电安装装修	其中：安全文明施工措施费	
（四）	系统工程	其中：安全文明施工措施费	

续表

<table>
<tr><th>序号</th><th colspan="2">工程及费用名称工程</th><th>备注</th></tr>
<tr><td>4.1</td><td>轨道</td><td>其中：安全文明施工措施费</td><td></td></tr>
<tr><td>4.2</td><td>通信</td><td>其中：安全文明施工措施费</td><td></td></tr>
<tr><td>4.3</td><td>信号</td><td>其中：安全文明施工措施费</td><td></td></tr>
<tr><td>4.4</td><td>供电</td><td>其中：安全文明施工措施费</td><td></td></tr>
<tr><td>4.5</td><td>自动售检票</td><td>其中：安全文明施工措施费</td><td></td></tr>
<tr><td>（五）</td><td>车辆段工程</td><td>其中：安全文明施工措施费</td><td></td></tr>
<tr><td>第二部分</td><td>工程建设其他费用</td><td>其中：安全文明施工措施费</td><td></td></tr>
<tr><td>（一）</td><td colspan="2">用地手续费</td><td></td></tr>
<tr><td>（二）</td><td colspan="2">土地复垦</td><td></td></tr>
<tr><td>（三）</td><td colspan="2">道路恢复</td><td></td></tr>
<tr><td>（四）</td><td colspan="2">绿化迁移</td><td></td></tr>
<tr><td>（五）</td><td>场地准备及建设单位临时设施费</td><td>其中：安全文明施工措施费</td><td></td></tr>
<tr><td>（六）</td><td colspan="2">设计费</td><td></td></tr>
<tr><td>（七）</td><td>河涌改移</td><td>其中：安全文明施工措施费</td><td></td></tr>
<tr><td>（八）</td><td>交通疏解费及设施费用</td><td>其中：安全文明施工措施费</td><td></td></tr>
<tr><td>（九）</td><td colspan="2">安全生产保障费</td><td></td></tr>
<tr><td>（十）</td><td>施工配合协调费（某车站）（暂估价）</td><td>其中：安全文明施工措施费</td><td>非竞争性费用</td></tr>
<tr><td>（十一）</td><td colspan="2">专项评估费</td><td></td></tr>
<tr><td>（十二）</td><td>过江段水上钻探作业相关费用（暂估价）</td><td>其中：安全文明施工措施费</td><td>非竞争性费用</td></tr>
<tr><td>（十三）</td><td colspan="2">恢复补偿（暂估价）</td><td></td></tr>
<tr><td>二</td><td>同步实施</td><td>其中：增值税销项税额</td><td></td></tr>
<tr><td rowspan="2">（一）</td><td rowspan="2">××号线分摊</td><td></td><td rowspan="2">非竞争性费用</td></tr>
<tr><td>其中：增值税销项税额</td></tr>
</table>

某市轨道交通项目单价包干项目表 **表2-4**

<table>
<tr><th>序号</th><th colspan="2">项目</th><th>备注</th></tr>
<tr><td rowspan="2">一</td><td rowspan="2">××号线</td><td>其中：安全文明施工措施费（已含规费及税金）</td><td>非竞争性费用</td></tr>
<tr><td>其中：增值税销项税额</td><td></td></tr>
<tr><td>（一）</td><td>第一部分：工程费用</td><td>其中：安全文明施工措施费（已含规费及税金）</td><td>非竞争性费用</td></tr>
<tr><td>1.1</td><td colspan="2">端头加固</td><td></td></tr>
<tr><td>1.1.1</td><td colspan="2">分部分项工程费</td><td></td></tr>
<tr><td>1.1.2</td><td colspan="2">安全文明施工措施费（已含规费及税金）</td><td>非竞争性费用</td></tr>
<tr><td>1.1.3</td><td colspan="2">规费</td><td>非竞争性费用</td></tr>
</table>

续表

序号	项目	备注
1.1.4	增值税销项税额	非竞争性费用
1.1.5	含税造价	
1.2	建筑物加固保护	
1.2.1	分部分项工程费	
1.2.2	安全文明施工措施费（已含规费及税金）	非竞争性费用
1.2.3	规费	
1.2.4	增值税销项税额	非竞争性费用
1.2.5	含税造价	
1.3	番禺广场主体围护结构	
1.3.1	分部分项工程费	
1.3.2	安全文明施工措施费（已含规费及税金）	非竞争性费用
1.3.3	规费	非竞争性费用
1.3.4	增值税销项税额	非竞争性费用
1.3.5	含税造价	
（二）	第二部分：工程建设其他费用 其中：安全文明施工措施费（已含规费及税金）	
2.1	管线迁改	全费用综合单价（含规费、税金、勘察设计费、预备费）
2.1.1	安全文明施工措施费（已含规费及税金）	非竞争性费用
2.2	勘察费	全费用综合单价（含规费、税金）

二、工程总承包项目计价方式

由于我国房屋建筑和基础设施领域的工程总承包市场仍然处于培育的初期阶段，总价合同对于市场主体而言均面临较大的市场风险。实践中，较多采用费率招标和模拟清单的方式进行招标。虽然模拟清单、费率招标等计价方式在招标时不需要深化的设计方案和图纸，可快速启动项目招标定标工作，但若其工程量均按照总承包人提供经发包人审核确认后的施工图计算，不利于设计优化，不具有总价合同的特性，所以需要对该两种计价方式进行深入分析后寻求进一步改进，费率下浮与模拟清单计价方式对比分析如表2.5所示。

通过上述表格对比分析可以发现模拟清单的风险分担更加均衡，不仅可用于单价合同，也可以适用于总价合同，与工程总承包模式具有较好的适配性。除了上述分析以外，采用模拟清单招标的优势还在于：

费率下浮与模拟清单计价方式对比分析表 **表2.5**

名称	概念	特点	风险分担	存在问题	适用条件
费率下浮	以某套定额计价原则为基础，通过竞争获得一个固定的下浮费率来进行工程结算	1.招标时不需要详细的设计方案和图纸，通过下浮率的竞争，确定中标人； 2.有利于项目前期推进、快速实施； 3.投标人基于定额水平进行下浮竞争，由高于社会平均水平的承包商实施项目	1.实质是单价合同； 2.据实结算，承包方不承担任何工程量的风险； 3.按信息价格或者批准的市场价格计算人工费、材料费及设备费，物价上涨风险往往由发包方承担	1.最高投标限价往往采用投资估算或设计概算下浮的方式，下浮率的合理区间难以确定，结果的可靠性不足； 2.承包方缺乏设计优化动力； 3.承包方对任何发包人要求和提供资料的错误没有复核的动力； 4.若发包人要求和技术标准等不够清晰准确到位，容易导致将来项目成果与自身期望的较大偏差，降低最终成果层次； 5.定额不足以涵盖项目时需借用定额，信息价缺失时认价，项目特殊要求与定额不匹配等给按下浮率结算带来障碍； 6.中标人在设计时偏好采用利润率高的材料或无法定价的设备，发包人在监管时存在较大难度和廉政风险	1.定额子目基本上能全覆盖项目列项，不存在大量补充、借用定额的情况； 2.工程中所用材料设备的信息价全面； 3.发包人有很专业的商务团队或咨询公司支持
模拟清单	模拟清单是指列出了项目实施过程中实际要发生和可能要发生的各类项目清单、设备清单、费用清单	1.以方案设计或初步设计为基础，结合发包人要求，依据有关计量计价规范、参照类似工程的清单项目和技术指标进行编制； 2.编制最高限价与投标报价、处理变更与调整、风险与责任的共同基础； 3.可利用模拟工程量清单进行进度款支付，利于成本事前控制	1.总价合同和单价合同均可采用； 2.采用总价合同时，投标人自行计算工程量，深化设计出现工程量较大变化时可适当调整，投标人承担部分工程量变化风险； 3.一定范围内的物价变化风险已包含在综合单价中	1.模拟清单以施工清单为基础，根据项目实际适当综合，项目特征、工作内容均需重新编写，编制技术要求很高，灵活度很大； 2.对编制人员的专业素质有很高的要求，需要商务人员与设计人员的深度配合； 3.模拟清单的准确性和完整性不仅高度依赖前期设计文件和发包人要求，还依赖于大量的类似数据，对市场主体是个很大的挑战； 4.模拟工程量清单需要确定清单项目、项目特点、工程量等，编制过程远比费率计价复杂； 5.采用单价合同时，承包人缺乏设计优化的动力，需要配套使用限额设计或者相应单价约束，尤其注意对不平衡报价的约束	1.以初步设计图纸为基础招标采用总价合同的项目； 2.以方案设计图纸为基础招标采用总价合同（建设标准功能需求明确）或单价合同项目； 3.存在大量类似项目的工程量清单和技术指标，同质性较大项目

（1）通过模拟清单将发包人要求进一步具体化，基于模拟清单编制最高投标限价，提高最高投标限价的合理性和可靠性；

（2）模拟清单是对发包人要求的细化，有利于减少设计审批和实施过程中对要求理解偏差和争议，厘清变更责任同时约束承包人降低品质；

（3）承包人自行完善和深化施工图，并对其负责。超概责任清晰，防超概的积极性提高，有利于控制投资并尽快结算，实现工程总承包的目标。

采用模拟清单招标时，不同项目对应的合同价格形式选择如表2.6所示。

合同形式选择 **表2.6**

序号	合同形式	发包阶段	项目特点
1	总价合同	初步设计	发包人需求明确，技术标准确定
2	单价合同	可研或方案设计	建造做法较固定，具有类似项目可参照
3	按实结算	可研或方案设计	建造做法及材料设备选型难以确定或施工技术较为复杂

关于总价合同下的模拟清单计价，宜使用以下规则：

（1）招标模拟清单中的单价和最高投标限价中的工程量（数量）和价格（费用）仅供投标人参考，工程量（数量）和价格（费用）由投标人在充分认知和预测的基础上自行填报，深化设计后工程量偏差的风险一定范围内由投标人承担，工程量较大变化超过约定部分执行合同另行约定的单价（不再是投标时所报单价），合同中应做出不利于承包人的约定；

（2）投标人认为模拟清单中的清单条目不足、不符合投标人拟定的方案或投标人认为需要的，可增加模拟清单，但必须同时填报投标人的价格和数量。

关于单价合同下的模拟清单计价，宜使用以下规则：

（1）工程量（数量）按照招标人最高投标限价中的工程量（数量）填报，且不做修改；价格（费用）由投标人自行填报。模拟清单中的单价和最高投标限价中的价格（费用）仅供投标人参考；

（2）最高投标限价中的模拟清单不作增加、删除、修改，只能报价；

（3）强化限额设计的使用。

投标人在投标前自行核对模拟清单和最高投标限价，发现与初步设计文件及设计概算（适用于总价合同）或方案设计文件及投资估算（适用于单价合同）、发包人要求等不一致的，应当在招标文件规定时限内向招标人提出。

总承包项目清单设置是工程总承包造价管理的重要环节，清单设置是否完善，直接影响甚至决定了工程建设的顺利与否。总承包项目招标工程量清单的设置主要受合同价格价款方式、进度款支付节点与方式、风险管控等因素制约，有关市场主体应提高清单编制质量以减少计价争议。

对于模拟清单招标项目，评标前招标人可自行或委托专业公司对投标文件进行清标，对投标文件中的细微偏差、重大偏差、不平衡报价及部分投标报价的失误或错误情况进行分析，编制清标报告；同时结合招标文件的要求，提出需要投标人澄清的清单，各投标单位对清标结果做出澄清回复后，评标委员会依据招标文件开始进行评标。清标的主要目的是在保持投标单位投标总价不变的情况下，清理各投标单位的投标综合单价中的不合理报价，做出高低调整，避免投标单位不平衡报价。聘请专业公司进行清标，是招标人发现投标文件中问题的最简单有效的措施。

本章小结

工程发承包模式的选择、标段划分、合同形式与计价方式均是对工程造价管理具有重要影响的因素，理应是项目发包策划的核心工作。本章简明分析了施工总承包模式与工程总承包模式的主要区别，对比分析DB和EPC合同模式的特点和适用条件，借鉴有关学者系统提炼的工程发承包方式选择的影响因素，以其做到科学合理选择发包模式。同时，梳理了划分标段的影响因素和基本原则，对比分析工程总承包项目不同合同形式特点及适用情形、模拟清单和费率下浮两种常见计价模式的优缺点，探讨了总价合同下模拟清单计价的规则。

第三章

施工总承包项目造价管理与争议防范

2013年7月1日起施行的《建设工程工程量清单计价规范》GB 50500—2013中明确政府投资建设项目应采用工程量清单计价，轨道交通项目多数使用财政资金，施工总承包模式下采用工程量清单计价模式成为常态，清单计价模式下仍然存在诸多工程造价疑难问题需要进一步深入系统研究。

第一节　招标工程量清单及最高投标限价的编审

一、招标工程量清单编制存在的问题及对策

（一）招标工程量清单编审存在的问题

在施工总承包模式下，投标人依据工程量清单进行投标报价，对工程量清单不负有核实的义务，更不具有修改和调整的权力。招标工程量清单应该是结合国家标准、规范和技术资料对设计文件的全面描述和精确表达，必须全面、准确地反映图纸和技术规范的内容。同时，应紧密结合招标文件以及施工现场自然情况和社会环境，是体现承包人合同责任和义务的价格表达。招标工程量清单在招标文件中不是孤立的，需要结合其他文件阅读，以确定工作范围（承包范围）。总之，一份理想的招标工程量清单应是对设计图纸、技术标准规范、招标文件以及现场实际情况的全面表达。目前，招标工程量清单的编制与审查主要存在如下问题。

1.招标工程量清单的准确性和完整性不足

招标工程量清单必须作为招标文件的组成部分，是发承包及实施阶段重要的基础文件，其准确性和完整性由招标人负责，编制质量的好坏直接影响项目造价的有效控制。清单项目的特征描述是定额列项的重要依据，如果项目特征描述有问题，则投标人无法准确理解工程量清单项目的构成要素，导致投标报价出现偏差、评标时难以合理的评定中标价，结算时易引起发承包双方争议。最常见的质量问题是清单子目列项存在漏项或重项错误和工程量计算错误，清单项目特征描述不具体，特

征不清、界限不明，达不到综合单价的组价要求。

2.项目特征描述未能与工作内容有机联系

工程量清单应根据附录规定的项目编码、项目名称、项目特征、计量单位和工程量计算规则五大要素进行编制。在附录中，除了含有上述五大基本要素外，还多了一列要素“工作内容”。“工作内容”不是必须描述的，仅是提供了该清单项目所包含的主要操作工序。然而，工作内容虽不是必须描述的，但在清单特征描述时，应将工作内容结合起来，否则会对项目的综合单价造成影响。

例如在某招标工程量清单中，回填方的项目特征被描述为：

（1）密实度要求：按图纸设计要求；

（2）填方材料品种：素土；

（3）填方粒径要求：按图纸设计要求；

（4）填方来源、运距：素土、转运1km。

该工程原场地标高较低，回填土缺方，需要外购土，在结算时发承包双方对已标价工程量清单中的回填方单价是否包含外购土价格而引发了纠纷。发包方认为清单特征中已有“填方来源”的特征描述，且没有其他专门的外购土清单项目，应含外购土价格。承包方认为“填方来源”未描述清楚是场地内原有素土还是外购素土，且计算规范中的工作内容仅包含“运输、回填、压实”，不含外购土方这个重要工序，发承包双方由此产生了争议。

3.措施项目列项不全面

通常是由于编制人未能根据工程的特点并结合现场的实际情况进行编制等原因造成的。由于措施项目的内容不构成工程实体，招标人往往在招标文件中约定将措施费包干使用。如果招标工程量清单中措施项目缺项，而投标人在投标时也未增加，在合同履行过程中，投标人就会想方设法进行索赔，将此部分费用要求在其他方而进行补偿，甚至会停工。对于工期要求紧的投资收益型项目，最终受损失的还是招标人。

4.设计不到位引发暂估价的调整问题

在编制招标工程量清单时，对于在招标阶段不能确定的工程方案和做法，通常可以用暂估价的形式体现。有些地方为招标投标管理的需要，对暂估价的数额进行了限制性规定，本是从保证工程顺利实施的角度出发，督促招标人要在方案确定的情况下再进行招标，杜绝或防止施工过程中变更太多，甚至边设计边施工情况的发生。在设计不到位的情况下，暂估价数字很大，但又不能违反招标投标管理部门的限制性规定，编制人只能根据招标人的要求将本应计入暂估价的专业工程计入分部分项工程项目中，清单特征也无法准确描述。

（二）提高招标工程量清单编审质量的对策

招标工程量清单编审的质量主要体现在两个方面，一是体现在招标投标阶段招标控制价和投标报价造价的确定上；二是体现在施工阶段和竣工结算阶段造价的控制上。编制招标工程量清单除了依据计价规范和计算规范、设计文件、标准规范、招标文件、地勘资料等这些基本的依据外，还应考虑对合同价款调整和竣工结算造价的影响。提高招标工程量清单的编审质量，应重点关注以下几个方面。

1.进行施工工序模拟，确保特征描述完整准确

在完成清单项目划分并对清单特征进行描述后，可以采用施工工序模拟的方法，来检查清单特征描述是否完整准确。首先，要研究各个清单项目中所包含的工作内容，查看每一个清单项目中的特征描述是否按要求描述完整。其次，结合项目的特点和复杂程度来分析已划分清单项目之间的关系，查看每个清单项目之间是否还存在未包含的施工工序，要注意将该清单项目不能反映的主要操作工序，另加项目特征描述加以补充说明，或者将未包含的主要操作工序另列清单项目来反映。最后，再整体分析各清单项目之间是否存在重复的施工工序。这样通过模拟检查施工工序，就可以保证特征描述的完整准确。

2.加强编制流程管理，提高工程量计算的准确率

计算工程量是清单编制过程中最基础性的工作。为保证工程量计算的准确性，应加强编制流程的管理。首先，计算工程量必须严格执行计算规范中的计算规则，对于计算规范中有多个计量单位可以选择时，应考虑工程项目的特点和施工工艺的复杂程度，以及后期阶段计量的方便性进行选择。其次，编制单位应组织有经验的造价咨询人员对编制人进行技术交底，对容易产生计算错误的清单项目加以提醒。最后，编制人应加强复核和检查，按照二级复核流程进行工程量的复核，提高工程量计算的准确率。

3.多角度分析问题，保证清单项目编制完整

为保证清单项目编制的完整性，编制人应根据施工图纸、招标文件并结合现场的实际情况进行统筹划分清单项目，并保证项目的划分能够满足整个招标项目的实施。分析招标工程量清单是否全面，可以通过招标人的视角和投标人的视角两个角度来综合判断。首先，以招标人的视角来分析，在工程量清单编制完成后，再一次认真仔细对照设计图纸和招标文件的要求，不放过图纸中任何一个节点和招标文件中的任何一个细节，查看所列清单项目能否将其全部覆盖。其次，以投标人的视角来分析，根据设计图纸及招标人的要求，查看编制的清单项目能否涵盖施工的全部工序，能否满足实际施工的要求。

4.加强与招标人的沟通，提高设计质量

设计阶段对建设项目造价控制的影响很大，招标人在设计阶段应深化设计图纸，对方案进行充分论证，减少暂估价对价款调整的影响。同时，应提醒招标人清单编制质量的重要性，工程量清单影响着招标投标价格的形成以及实施阶段造价的控制，建议招标人应给编制人合理的时间和空间，减少不合理的要求，以便减少对实施阶段价款调整的影响。

二、最高投标限价编审存在的问题及对策

（一）最高投标限价的内涵分析

最高投标限价是在招标工程量清单的基础上，依据计价依据和办法，围绕招标文件和合同类型，结合市场实际和工程具体情况编制的明示的最高投标总限价，是对工程的进度、质量、安全等各方面在成本上的全面反应。对有效遏制投标人之间的串标、围标、哄抬报价等一系列合谋问题具有积极的限制作用。最高投标限价编审的科学性和合理性对于建筑市场主体的权益影响巨大，理应受到高度重视。

（二）最高投标限价编制中存在的问题

1.与招标文件的关联度和契合度不高

编制最高投标限价时往往不考虑招标文件中有关合同条款对工程造价的影响，存在招标文件与最高投标限价相脱节的现象，合同条件对工程造价的影响并没有很好地体现出来，以至于投标人考虑也不充分，造成项目实施阶段的造价纠纷。比如综合单价中并没有充分考虑一定范围内的风险费用，没有合理的体现工期提前、质量标准、环境保护要求、进度款的支付条件及比例对工程造价的影响等，但是在项目实施过程中，合同条件中的上述内容往往会对工程成本产生重要影响。

2.未充分体现项目环境对造价的影响

施工现场的水文、地质、气候环境资料，以及交通运输条件、资源供应情况等外部社会市场环境都会对工程造价产生重要影响。措施项目费的计算依赖于采用的

施工方案和施工组织设计，而不同的施工方案和施工组织设计之间的所需工程成本又存在较大的差别，比如深基坑工程的支护形式以及降水工程的工期等都会对工程措施费用产生重要影响。只有充分考虑项目环境、采用科学的施工方案和合理的施工组织设计，才能编制出科学合理的最高投标限价。所以，编制最高投标限价时应对采用的施工方案和施工组织设计进行合理化论证。

3.过度依赖消耗量定额和社会信息价格

计量规范中给出的工程量清单项目具有滞后性，项目特征描述也仅仅列出了影响综合单价的常规内容，社会信息价格也存在不完备、价格偏离市场等问题。长期以来，编制工程造价过度依赖消耗量定额和社会信息价格，使最高投标限价不能充分体现市场经济的特征。随着科学技术的不断发展和劳动生产率水平的不断提高，工程建设中“四新技术”的不断涌现，发包方的个性化要求与采用传统定额的矛盾日益突出，新清单计价规范也重视个性化的合同条件对工程造价的影响，比如承包人作为招标人组织给定暂估价的专业工程发包的，组织招标工作有关的费用、甲供材料消耗量竞争等在最高投标限价中应如何体现以及体现的数额是多少均不是套用定额可以解决，更不允许采用直接不予考虑的办法。

（三）编制合理最高投标限价的保障措施

1.管理措施

1）提高招标图纸的设计深度和质量

由于某些项目设计时间太短或者设计方专业水平不高，导致图纸设计深度不足，造成招标工程量清单出现漏项错项，严重影响最高投标限价的准确性，应提高招标图纸的设计深度和质量，使用详细完善的施工图招标。一旦出现设计图纸深度不足的问题，要求造价人员具有丰富的造价咨询经验，可以给出模拟招标工程量清单，以利于投标人的充分竞争。而对于需要承包方完成的专业工程深化设计，采用固定总价更有利于发挥工程总承包企业的技术优势，建议延长投标准备时间，采用固定总价而不采用暂估价的形式，结算时不再据实调整。

2）建立咨询服务的质量评价机制

由于目前普遍存在的招标工程量清单和最高投标限价的编制人往往不提供施工过程的跟踪造价咨询和最后的竣工结算服务，导致招标工程量清单和最高投标限价的质量无法有效评价，比如招标工程量清单的错项、漏项、工程量计算错误、项目特征描述不符等常规问题，均可以通过咨询服务的质量追溯机制和反馈机制来实现对招标工程量清单和最高投标限价的质量评定。虽然新清单计价规范明确了最高投标限价的投诉机制，要求将最高投标限价及有关资料报送工程所在地或有该工程管辖权的行业管理部门工程造价管理机构备查，但是缺乏明确的项目实施全过程的质量评价主体。对于咨询服务的质量评价，应贯穿到项目实施过程直至项目竣工结算，不仅只停留在发承包阶段。行业组织可以依据发包人、承包人、监理人、审计部门等项目的主要利益相关者对咨询人进行长期客观评价，形成社会认可的造价咨询人的信用业绩评价体系，引导咨询人重视服务质量的提高。

2.经济措施

1）建立基于质量和费用的咨询服务选择机制

招标方往往不具备编制最高投标限价的能力，需要委托专业工程造价咨询人来完成，如何选择并激励约束造价咨询人，对最高投标限价的编制质量具有重要意义。目前造价咨询按照工程造价的百分比来取费，没有充分考虑具体项目中影响咨询服务费用的因素，委托方选择咨询人时往往重视企业的资质和业绩，弱化甚至忽视具体造价咨询工程师在业务承接中发挥的作用，过多的关注报价使得咨询公司配备人员的数量、专业素质、投入程度等不能保证，不合理的服务期限要求使得专业人员无法充分考虑对工程造价有影响的所有因素。所以，在选择造价咨询人时应该提高技术建议书，尤其是参与该项目咨询的工程师的职业道德、经验业绩、能力水平等所占的比重，降低企业资质的比重，评审时建议采用“双封制”的办法，先评审技术标，合格后再评审投标报价，提高技术标所占的比重和降低咨询服务报价所占的比重。

2）建立基于质量的咨询服务激励约束机制

目前，咨询人提供咨询服务的质量优劣无法通过咨询服务的取费来体现，最高投标限价的编制质量没有相应的激励约束机制，这不利于咨询服务质量的提高。编制招标工程量清单和最高投标限价过程中的常规问题带来的造价失控风险，应由咨询人承担一定的责任，明确最高投标限价误差大于±3%的，组织复核的费用由编制单位承担。同时，发包人对于高水平的咨询服务应该给予后续项目承接的优先权或者一定的奖励。

3.组织措施

1）组建专业完善的最高投标限价编制团队

编制招标工程量清单和最高投标限价是一项综合性、专业性很强的技术工作，应组织有类似工程的造价经验、施工经验，由目前当地建设市场比较了解的人员参加，相关专业人员应加强对相关政策法规的理解与运用水平，减少或杜绝最高投标限价出现较大偏差的情况。

2）建立最高投标限价的质量控制体系

对招标工程量清单和最高投标限价的编制应遵循严密的工作程序，内容包括：收集完整的编制资料；参与招标、设计交底，了解招标、设计意图；参与招标文件的统稿；踏勘现场、确定施工方案；最高投标限价编制的总结；分析中标单位的施工方案与控制价的方案是否有较大偏差等。同时，还应建立内部审核机制和外部跟踪的反馈机制，强化绩效考核，通过项目实施阶段的造价控制和竣工结算等环节进行质量后评价。审查招标工程量清单中包含项目的完备性和核实清单计价计算的准确性，审查最高投标限价组成中是否充分考虑招标文件合同条件中对工程造价影响有关的因素，以保证最高投标限价的科学性和合理性，一旦发现问题，要及时明确或作出补充说明。

4.技术措施

1）细化结合招标文件，重视完善编制说明

由于合同管理是造价管理的核心，发承包阶段是造价形成的关键环节，也是发包方实施阶段造价控制的最有利时机。招标文件与最高投标限价相互依存、紧密联系，招标文件要尽量细化明确对造价有影响的因素，比如总承包服务的内容在不同的项目中有所不同。最高投标限价的编制应符合招标文件要求、准确完整地反映招标文件中对工程造价有影响的因素，比如综合单价中风险的范围、进度款的支付、项目现场条件（比如挖基础土方时场内外运输的距离）、要素价格信息甚至市场惯例、工期提前对最高投标限价的影响等，都应该在编制说明中明确是怎样考虑的，使得编制说明尽量详细和全面，尤其是规范中并没有确定的计算方法和数值，需要结合项目和市场实际综合考虑确定的内容，以减少双方的理解偏差。

2）紧密结合项目实际，全面描述项目特征

项目特点和项目现场实际决定了项目的施工方法、机械配置、安全措施等，决定了项目措施费用，如施工场地狭窄会影响到塔吊等垂直运输设备的搭设，使得材料、设备的二次搬运等费用就会增加。招标工程量清单中的措施项目清单应科学考虑各种因素，最高投标限价应反映施工方案实际。所以，采用的常规施工方案和施工组织设计必须保证科学合理，重大工程还应进行专门论证。先进的措施方案可以引导施工企业采用先进的施工方案，产生良好的社会效益和经济效益，应适当借鉴先进的措施方案。项目特征描述和工作内容是组价的基础，发包人在招标工程量清单中对项目特征的描述应被认为是准确和全面的，并且与实际施工要求相符合，能够体现项目本质区别的特征和对报价有实质影响的内容都必须描述，不能仅仅局限在描述计量规范中列出的内容。

3）科学确定消耗量，合理确定材料设备价格

对采用"四新技术"在消耗量定额中没有的项目，应在熟悉其特点后合理确定消耗量，可以采用类似定额调整使用或者现场测定等方法。合理地确定材料设备价格对最高投标限价至关重要，根据已有的信息资料，建立科学的询价机制，尽可能了解项目实施期间主要材料价格情况及供求发展趋势，同时还应考虑材料设备用量、采购渠道等多方面因素，从而更加合理地取定材料价格。

第二节　综合单价风险的确定与调整

一、综合单价中约定风险的必要性分析

综合单价是指完成一个规定清单项目所需的人工费、材料和工程设备费、施工机具使用费和企业管理费、利润以及一定范围内的风险费用。在我国目前建筑市场存在过度竞争的情况下，综合单价中未包含规费和税金等不可竞争的费用，即使综合单价中包括了该两项费用，在当前建筑业业态下，我们仍建议规定其作为不可竞争的费用，仅仅实现形式上的全费用单价。

从合同法的角度分析，建设工程合同是一类特殊的承揽合同，其本质是承揽合同，承揽合同的本质是来料加工，决定了材料价格的涨幅与承包人没有关系，目前普遍采用的包工包料方式实质是由承包人代替发包人采购而已。

从风险管理的角度分析，在项目实施过程中，发、承包双方都面临许多风险，成熟的建设市场一定是风险分担相对合理的市场，实行风险共担和合理分摊原则是实现建设市场交易公平性的具体体现。

综上所述，约定一定的风险范围最终的受益人是发包人，发包人应在招标文件中清晰、明确约定由承包人承担一定的风险范围，超出风险范围应由发包人承担，而不应将所有风险通过有利的市场地位过度转移给承包人。

具体而言，单价合同风险分担可以参照以下原则：

（1）投标人应完全承担的风险是技术风险和管理风险，如管理费和利润；

（2）投标人应有限承担的是市场风险，如材料价格、施工机械使用费等风险；

（3）投标人完全不承担的是法律、法规、规章和政策变化的风险，此外还包括省级或行业建设主管部门发布的人工费调整、由政府定价或政府指导价管理的原材料等价格的调整。该类风险由发包人完全承担。

某市轨道交通××号线项目专用合同调整中对风险包干范围（不适用于综合体同步实施工程）作出了如下约定：包括但不限于以下所列风险费用已包含在承包人合同总价中，不再另行计算。

（1）包括承包人对分包人、材料设备供应商的选择（含通过招标选择）与管理的费用，承包人对发包人委托的其他施工、供货等单位的管理，承包人对甲供材料设备的协调管理所有费用，为完成工程所需与非施工总承包范围工程接口的协调管理，配合联合调试及通车试运行，“三权移交”前的保安保洁、隧道清洗、垃圾清运以及合同约定的由承包人代替发包人实施的管理职责所引起的为满足本工程管理所需的总承包管理的一切费用。

（2）承包人根据自己的技术和经验判断，按照本合同规定实施施工补勘。

（3）在专用合同条款约定之外的不属于可调差范围的人工、材料、机械等的价差费用。

（4）在发包人提供临时用电接口前及施工过程中停断电的承包人自发电费用。

（5）因政府、行业主管部门和发包人要求，为满足市容市貌、接待或重大节日、重要活动或为满足某一特定专项要求，对施工场所及围挡、围护、临时道路、交通疏解、交通设施等进行的调整、装饰、文明施工、安全防护、现场协调和配合工作等增加的费用。

（6）因本工程其他借口问题造成的工程施工工法调整、工序调整、加固与防护、监控监测、交叉施工、返工、系统接入、软硬件改造升级、既有工程拆除与恢复等导致的费用增加。

（7）因施工场地、夜间施工、出土时间限制等因素导致的工程施工功效降低。

（8）合同约定范围外，发包人未提供保护设计方案的建（构）筑物保护相关费用。

（9）由于施工造成的周边建（构）筑物受损加固和受损赔偿，及由此引起的协调及社会维稳工作等所发生的相关费用。

（10）土石方或工程中其他所需使用的材料、物质、设备，因运距、运输方式、运输途径、运输时间、弃土场等发生变化所引起的费用增加，但政府颁布相关政策允许调整的除外。

（11）非政府及非发包人原因导致的技术、安全、环保等要求的变化引起的费用增加。

（12）为配合发包人征地拆迁进行的保护性进场发生的费用。

（13）由承包人负责实施的监测、检测、试验、评估等内容的增加引起的费用增加。

（14）初步设计概算与招标用图纸（初步设计阶段）之间的差异。除调整概算外，招标用图纸（初步设计阶段）、修改初步设计图纸与施工图纸之间的差异，施工图设计变更图纸与施工图纸之间的差异。

（15）除合同另有约定外，为保证里程碑工期目标的实现，工程施工期间发生的全部赶工费用。

（16）除合同另有约定外，工程施工期间发生的全部停工、窝工费用。

（17）与工程周边有关单位的协调费用。

（18）因成品保护产生的器具、材料费用（含设备、材料受损后的赔偿）。

（19）BIM应用和使用该地铁一体化项目管理平台的费用。

（20）由于施工图设计错漏及返工，或由于承包人施工错漏及延误工期等原因引起的工程变更。

（21）一般计税法涉及的承包人税负差额。

（22）开展创新和科研产生的费用。

（23）因发包人提供材料设备原因引起设备基础、施工工序、设备运输路径、预留预埋、孔洞等局部或系列调整、改造，和（或）导致本工程发生变更或工程改造、更换、返工等后果增加的费用。

（24）发包人的运营管理部门为满足运营开通及运营功能使用等工作而新增的要求，由此增加的费用。

二、可调价材料范围的明确方法

综合单价中包含了一定范围内的风险费用，发包方应在合同中明确可以调整的风险范围、风险幅度以及基准单价等事项。材料费、设备费往往是工程造价的最主要组成部分，此处以材料费为例研究。

任何一项工程使用的材料种类较多，部分材料的造价占总造价的比重并不大，对工程造价的影响很小，价格变动幅度一旦超过5%便进行调整，给造价管理带来很大的不便，故应该在招标文件中应明确可调价材料的范围（其余材料一律不予调整）。这就要求发包方不仅要编制工程量清单和计算招标控制价，还应该对每种工程材料占总材料款的比重进行分析，比如单种材料合价占单位工程中分专业工程造价的比例在1%及以上的材料，采用ABC分类法找出项目中对造价影响程度较大的材料，同时结合该材料在项目实施过程中可能发生的变化幅度来明确可调价材料的范围。某市地铁××号线项目在招标文件中列出了如下调差项目一览表，如表3.1所示。

调差项目情况一览表　　表3.1

分类	序号	调差项目及费用名称	单位	备注
土建	1	水泥	t	
	2	钢筋	t	
	3	型钢		
	3.1	工字钢（综合）	t	
	3.2	槽钢（综合）	t	
	3.3	热轧钢板	t	
	3.4	ϕ42、ϕ108钢管	t	暗挖小导管、大管棚
	3.5	等边角钢（综合）	t	
	3.6	钢绞线	t	明挖、高架
	4	商品混凝土	m^3	
轨道	1	钢筋	t	
	2	商品混凝土	m^3	
供电	1	接触网铜材类		
	1.1	接触导线	km	
	1.2	架空地线	km	
	2	接触网铝材类		
	2.1	汇流排	km	
通信、信号	1	电缆	km	
机电设备安装	1	电缆	km	
	2	DN 150及以上钢管	t	

三、可调价材料的风险幅度的确定

招标文件中应约定可调价材料的风险幅度，以及约定一旦超过约定风险范围幅度时，只调整超过约定部分还是一旦超过就调整全部风险范围。不同的材料风险幅度也可以给予不同的规定，比如承包人承担的钢材、水泥、商品混凝土、预拌砂浆的价格风险幅度值在3%以内（含3%），其他可调价材料的价格风险幅度值在5%以内（含5%）。同时，还应约定整个项目一起调整还是在项目实施过程中一旦发生超过合同约定的风险幅度就调整。如果约定整个项目一起调整时，还应在招标文件中约定当施工期材料加权平均价格（即“施工期价”）的计算方法，比如施工期价=∑（某种材料每期实际使用量×当期材料价格）/同种材料总用量。

四、基准单价的确定

由于综合单价分析表中的材料价格可能包含承包方考虑的风险因素，其考虑的风险因素到底是多少，风险发生后，承包方可以在合同约定的幅度范围内做出有利于自己的解释，容易造成争执，所以应要求承包方在投标文件中单独明确重要材料采用的基准价格或者直接约定以投标报价同期的信息价来作为价款调整的基准。

五、科学确定甲供材料的消耗量

为了保证材料质量，发包人经常会负责重要材料的采购，但合理的消耗量如何确定对于工程价款调整具有重要影响。在传统定额计价模式下，甲供材的数量确定都是按照定额消耗量来确定的。但在清单计价模式下，综合单价的材料费不仅包括甲供材费用还包括一些乙购材料费用，在综合单价分析表中，投标人一般只明确该项清单的总材料费，并没有细分乙供材费用和甲供材费用，无法明确报价中甲供材的消耗数量。因此，清单计价模式下发包方的招标文件中应要求投标人报价中必须明确材料的消耗数量，特别是甲供材料以及可能会变更的乙供材料（如施工中更换材料品牌）。《建设工程工程量清单计价规范》GB 50500—2013中3.2.4条规定，发承包双方对甲供材料的数量发生争议不能达成一致的，应按照相关工程的计价定额同类项目规定的材料消耗量计算，也意味着发承包双方可以在合同中单独约定甲供材的消耗量。

案例3.1：甲供钢材因发承包双方套取定额子目不同引起的造价争议

某市政工程采用清单计价模式，综合单价计价，由建设供应所需钢材，在最高投标限价中甲供钢材的价格为1200万元，中标人的投标报价中按照招标文件的甲供钢材价格计算出的甲供材部分的价格为1000万元，分析1200万元和1000万元差异的原因在于发包人和承包人套取的定额子目不同，而不同定额子目中钢材的消耗量有差异，结算时由于原招标文件中的工程量比实际工程量高，甲供钢材部分价格为800万元（按照承包人投标时所套取的定额子目计算出的综合单价计算）。发包人主张结算时应从工程造价中核减1200万元-800万元=400万元，问发包人的主张是否合理？

所以，发包人主张按照最高投标限价中的钢材价格进行核减是不合理的。理由为：该项目采用清单计价模式，虽然《建设工程工程量清单计价规范》GB 50500—2013中3.2.4条规定："发承包双方对甲供材料的数量发生争议不能达成一致的，其数量按照相关工程的计价定额同类项目规定的材料消耗量计算"，但是此处仅仅是指双方就"甲供材"数量给出的推荐性意见。本案例结算时是按照综合单价计算，由于结算价格是按照承包人的综合单价分析表中的消耗量来计算的，应该以投标人综合单价中的消耗量为相同口径进行核减，即1000万元-800万元=200万元。

体现承包人消耗量的投标时的综合单价分析表是否是合同文件的组成部分，实践中有不同观点，行业也没有统一规定。承包人的综合单价分析表属于合同文件的组成部分，对发包人可能会存在风险，但是如果通过投标人须知将该分析表提交的方式作出规定，不将其视为已标价工程量清单的组成部分，从而否定该分析表的合同地位，则对物价上涨、工程变更等调整综合单价将失去基础价格数据来源。所以，发包人应重视清标环节对综合单价分析表的评审，通过评标过程中的质疑、澄清、说明和补正机制，不但解决清单综合单价的合理性问题，而且将合理化的清单综合单价反馈到综合单价分析表中，通过合同文件的相应规定规避发包人面临的风险，从而将综合单价分析表定义为有合同约束力的文件。

但是，将承包人的综合单价分析表视为合同文件的组成部分尚应明确：如果是由于承包人在报价时定额子目套用不全、定额子目套用错误导致的投标单价偏低时，应视为承包人自己承担的报价风险，不能将此类错报和漏报等的依据而寻求招标人的补偿。

为避免类似的计价争议和风险，招标人可以在招标文件中做出明确的约定，如某市轨道交通××号线列出的新增项目综合单价分析表作出如下特殊的规定，如表3.2所示。

新增项目综合单价分析表　　表 3.2

<table>
<tr><td colspan="2">项目编码</td><td colspan="2"></td><td colspan="2">项目名称</td><td></td><td>计量单位</td><td></td><td>工程量</td><td colspan="2"></td></tr>
<tr><td colspan="12">清单综合单价组成明细</td></tr>
<tr><td rowspan="2">定额编号</td><td rowspan="2">定额名称</td><td rowspan="2">定额单位</td><td rowspan="2">数量</td><td colspan="4">单价</td><td colspan="4">合价</td></tr>
<tr><td>人工费</td><td>材料费</td><td>机械费</td><td>管理费和利润</td><td>人工费</td><td>材料费</td><td>机械费</td><td>管理费和利润</td></tr>
<tr><td></td><td></td><td></td><td></td><td></td><td></td><td></td><td></td><td></td><td></td><td></td><td></td></tr>
<tr><td></td><td></td><td></td><td></td><td></td><td></td><td></td><td></td><td></td><td></td><td></td><td></td></tr>
<tr><td colspan="2">人工单价</td><td colspan="6">小计</td><td></td><td></td><td></td><td></td></tr>
<tr><td colspan="2">元/工日</td><td colspan="6">未计价材料费</td><td colspan="4"></td></tr>
<tr><td colspan="8">清单项目综合单价</td><td colspan="4"></td></tr>
<tr><td colspan="2" rowspan="5">材料费明细</td><td colspan="4">主要材料名称、规格、型号</td><td>单位</td><td>数量</td><td>单价（元）</td><td>合价（元）</td><td>暂估单价（元）</td><td>暂估合价（元）</td></tr>
<tr><td colspan="4"></td><td></td><td></td><td></td><td></td><td></td><td></td></tr>
<tr><td colspan="4"></td><td></td><td></td><td></td><td></td><td></td><td></td></tr>
<tr><td colspan="6">其他材料费</td><td>—</td><td></td><td>—</td><td></td></tr>
<tr><td colspan="6">材料费小计</td><td>—</td><td></td><td>—</td><td></td></tr>
</table>

备注：

（1）管理费和利润的费率与投标单价分析表中费率一致。

（2）如投标书中工、料消耗量低于定额中工、料消耗量，则新增项目的消耗量将参照类似项目的消耗量与定额消耗量的比例进行调整。如投标书中工、料消耗量大于定额消耗量，则回归定额消耗水平。

（3）新增项目的材料价格沿用投标价格，如同一种材料在不同清单项中有不同价格，则采用最低价；如没有，按照合同约定确定材料单价。

（4）新增项目的机械台班单价及消耗量沿用定额，如没有，双方另行协商确定。

（5）人工单价维持投标水平不变，如在不同清单项中有不同价格，则采用最低价。

第三节　项目特征描述

一、项目特征描述的地位

项目特征决定了工程实体的实质内容，是确定一个清单项目综合单价不可缺少的重要依据，是区分清单项目的依据，是履行合同义务的基础，必须对其项目特征进行准确和全面的描述。项目的特征决定工程实体的自身价值，凡是对确定工程造价有影响的特征均应该描述，具体来讲，可按《房屋建筑与装饰工程量计量规范》GB 50854—2013等附录中规定的项目特征并结合技术规范、标准图集、施工图纸，按照工程结构、使用材质及规格等，予以详细而准确的表述和说明，以满足准确组价的需求。如果招标人提供的工程量清单对项目特征描述不清，甚至漏项、错误，使投标人无法准确理解工程量清单项目的构成要素，导致评标时难以合理的评定中标价；结算时，发、承包双方引起争议。

案例3.2：建设单位设计变更是否必然引起综合单价的调整

某地铁车站项目，发包阶段建设单位提供的设计图纸结构说明中明确现浇混凝土框梁KL1的混凝土强度均为C25，发包人提供的招标工程量清单中现浇混凝土梁KL1的项目特征描述为C30，某投标人为降低投标报价，发现这一错误后自行在投标报价的组价过程中用C25的商品混凝土价格代替C30的商品混凝土价格，该投标人中标后与发包人签订了施工合同，在施工单位入场后，建设单位发出了设计变更通知单，通知单显示：原来结构设计说明中现浇混凝土框梁KL1的混凝土强度由C25变更为C30。承包人以发包人设计变更为由要求调整C30商品混凝土与C25商品混凝土之间的价差，要求调整综合单价。

问题：建设单位原因引起的设计变更是否必然引起综合单价的调整？

分析：承包人的法定职责是按照审批的设计图纸施工，但是其对项目实体部分投标报价的基础是招标工程量清单中的分部分项工程量清单，而招标工程量清单与图纸不完全一致，这就造成按图施工与按招标工程量清单计价的本质冲突，这是我国施工总承包模式下工程造价管理的独有之处，应引起发承包双方的高度重视。综上所述，该案例中虽然发生了设计变更，但是该变更并没有导致招标工程量清单的本质变化，没有影响到承包人投标报价的基础，所以，建设单位原因引起的设计变更不必然引起综合单价的调整，该案例中应由承包人自行承担按照C25商品混凝土对KL1进行投标报价带来的风险，不能因建设单位设计变更调整综合单价。

二、项目特征描述的原则

在进行项目特征描述时，可按照以下原则进行：

1.必须描述的内容

（1）涉及结构要求的内容必须描述：如混凝土构件中混凝土的强度等级，是使用C20还是C30或C40等，因混凝土强度等级不同，其价格也不同，必须描述。

（2）涉及材质要求的内容必须描述：如油漆的品种，是调和漆、还是硝基清漆等；管材的材质，是碳钢管，还是塑料管、不锈钢管等；还需要对管材的规格、型号进行描述。

（3）涉及安装方式的内容必须描述：如管道工程中的钢管的连接方式，是螺纹连接还是焊接；塑料管是粘接连接还是热熔连接等都必须描述。

（4）涉及正确计量的内容必须描述：如门窗洞口尺寸或框外围尺寸，以“樘”计量，1樘门或窗有多大，直接关系到门窗的价格，对门窗洞口或框外围尺寸进行描述十分有必要。

2.可不详细描述的内容

（1）无法准确描述的可不详细描述：如土壤类别，要求清单编制人准确判定某类土壤的所占比例是困难的，在这种情况下，可考虑将土壤类别描述为综合，注明由投标人根据地勘资料自行确定土壤类别，决定报价。

（2）施工图纸、标准图集标注明确的，可不再详细描述：对这些项目可描述为见××图集××页号及节点大样等。

（3）还有一些项目可不详细描述，但清单编制人在项目特征描述中应注明由投标人自定，如土方工程中的“取土运距”“弃土运距”等。首先要清单编制人决定在多远取土或取、弃土运往多远是困难的；其次，由投标人根据在建工程施工情况统筹安排，自主决定取、弃土方的运距可以充分体现竞争的要求。

3.可不描述的内容

（1）对计量计价没有实质影响的、应由施工措施解决的内容可以不描述：如对现浇混凝土板、梁的标高的特征规定可以不描述，因为混凝土构件是按“m^3”计量，对此描述实质意义不大。因为同样的板或梁，都可以将其归并在同一个清单项目中，但由于标高的不同，将会导致因楼层的变化对同一项目提出多个清单项目，虽然不同的楼层工效不一样，但这样的差异可以由投标人在报价中考虑，或在施工措施中解决。

（2）应由投标人根据施工方案确定的可以不描述：如对石方的预裂爆破的单孔深度及装药量的特征规定，如由清单编制人来描述是困难的，由投标人根据施工要求，在施工方案中确定，自主报价比较恰当。

案例3.3：招标控制价组价明细不完整，导致报价考虑不全

某工程项目地质勘查报告中显示有二、三等多种类型的土，招标工程量清单中挖土方项目特征描述为土方综合，某承包人投标报价时按照二类土报价，实际开挖时经监理工程师确认为二、三两种类型土。

问题：结算时，承包人以招标控制价中相应的综合单价是考虑的二类土组价为由提出综合单价调整申请，是否成立？与招标控制价是否公布综合单价明细有关？

分析：实践中招标控制价的组价明细发包人一般不会公布其计算明细，但是承包人可能会采用一些手段将其获得，从而引发上述争议。所以，在招标控制价公布的同时是否公布综合单价组成明细，均不能作为承包人进行调整综合单价的理由，因为在施工总承包模式下承包人对分部分项工程投标报价的基础就是项目特征描述，只要项目特征描述与实际情况一致，就不存在调整综合单价的基础。如果承包人发现招标控制价的组成明细存在问题，可以按照清单计价规范的有关规定进行投诉，而不能轻易以招标控制价的组价明细为基础来申请调整价款。本案例中既然项目特征描述中为土方综合，实际开挖情况与地质勘查报告一致，虽然发包人在组价时存在压低价格的事实，但是并未造成投标人计价基础的变化，不能予以调整综合单价。

在工程总承包模式下，施工图设计由承包人完成，分部分项工程的项目特征招标时不能确定，可采用表述为综合考虑的方式，由承包人自主结合施工图设计进行报价，从而避免将来由于清单项目特征表述与施工图纸不一致带来的计价争议。例如，某市轨道交通××号线项目采用工程总承包模式，其中部分分部分项工程工程量清单与计价如表3.3所示。

分部分项工程工程量清单与计价表 **表3.3**

序号	项目编码	项目名称	项目特征描述	计量单位	数量	金额（元）		备注
						综合单价	合价	
1		袖阀管	1.地层情况：综合考虑； 2.注浆类型、方法：综合考虑； 3.管材直径：综合考虑； 4.材料：PVC管（综合考虑）； 5.其他：综合考虑	m				
2		袖阀管注浆（水泥浆）	1.地层情况：综合考虑； 2.注浆类型、方法：42.5及以上普通硅酸盐水泥等（综合考虑）； 3.材料：综合考虑； 4.级配：综合考虑； 5.水泥浆：综合考虑； 6.其他：综合考虑	m^3				

续表

序号	项目编码	项目名称	项目特征描述	计量单位	数量	金额（元）		备注
						综合单价	合价	
3		ϕ800三管旋喷桩（实桩）	1.地层情况：综合考虑； 2.桩截面：ϕ800； 3.注浆类型、方法：三管旋喷； 4.水泥强度等级：42.5及以上普通硅酸盐水泥； 5.每米水泥用量：按图纸考虑	m				
4		ϕ850三轴搅拌桩（空桩）	1.工艺：三轴搅拌； 2.水泥强度等级、掺量:42.5以上普通硅酸盐水泥，水泥掺量按图纸考虑； 3.运距：综合考虑	m				
5		泥浆护壁成孔灌注桩（实桩）	1.桩径：800mm； 2.深度：本标段（综合考虑）； 3.岩土类别：综合考虑； 4.运距：综合考虑； 5.混凝土强度等级：C35水下混凝土； 6.综合考虑入岩增加费	m^3				

三、设计文件未明确项目特征时的处理

工程实践中由于发包人原因或者设计文件编制深度等原因，有时施工图设计文件中并未明确项目的唯一性特征，造成招标工程量清单编制时无法做到项目特征唯一确定，有时甚至不同的项目特征价格差异较大，导致发承包阶段评标时无法对比，结算时产生计价争议。

案例3.4：设计文件未明确具体做法，导致项目特征描述不唯一

某市道路维修改造项目，工程内容为总长约1.2km，合同约定采用工程量清单计价，由于工期较短，采用固定综合单价形式，包括沥青路面刨铺维修、雨水口和支管改造、更换井盖等，合同总价约900万元。

招标时的施工设计图纸显示：设计要求粗集料采用“辉绿岩或玄武岩”，细集料“宜采用石灰岩、辉绿岩、玄武岩等破碎机制砂”。沥青混凝土路面分部分项工程投标报价综合单价分析表如表3.4所示。

投标报价综合单价分析表　　表3.4

项目编码	项目名称	项目特征描述	计量单位	工程量	金额（元）		
					综合单价	合价	其中：暂估价
040203004001	SMA-13改性沥青混凝土路面	4cm厚采用进口PG76-16高品质改性沥青，粗集料采用辉绿岩或玄武岩，细集料采用机制砂，粘层喷洒乳化沥青	m^2	84660	72.11	6104832.60	

会议纪要文件显示：为解决沥青泛白影响路面质量的问题，原合同要求采用“辉绿岩或玄武岩”作为粗细集料的，统一采用玄武岩，并要求全部采用黑色玄武岩作为粗细集料。

设计变更通单显示：设计单位对原施工图设计SMA-13沥青面层粗细集料设计变更为文件要求的玄武岩。

结算时，承包人认为：SMA-13改性沥青混凝土路面的骨料（粗、细集料）由“辉绿岩”变更为“玄武岩”，每平方米变更增加费用13.35元，结算工程量41547m^2，增加分部分项工程费用约55万元。

问题：是否应增加分部分项工程费？

分析：由于招标工程量清单中已经列明粗集料采用“辉绿岩或玄武岩”，承包人报价时应综合考虑，而不能再以设计变更等原因提出变更价款，不应增加分部分项工程费。

所以，若设计阶段不能唯一确定项目特征，招标工程量清单编制时仅将项目特征描述时将价格高的材料进行描述，投标人按照这个唯一性特征进行报价，将该综合单价乘以工程量后计入投标总价。

若实际发生的是价格低的材料，则可以进行如下处理：

（1）按照类似工程进行价差调整，确定综合单价。

（2）同时将价格低的材料进行描述，列出单独的分部分项工程量清单，让承包人按照当地消耗量定额和信息价格报价（不计入投标总价），结算时再考虑报价浮动率，对该分部分项工程进行实质上的费率招标。

第四节　措施项目清单计价

一、措施项目计价概述

措施项目影响因素复杂，其费用的发生贯穿于工程始终，数额大小与施工方法、持续时间紧密相关，与实际完成的实体工程量无必然线性相关，计价依据往往综合考虑诸多因素。虽然措施项目不属于工程实体，但造价占比并不低，以房屋建筑和装饰工程为例，通常在12.85%～27.08%。由于工程施工的多样性和复杂性，有经验的承包人可利用工程变更或者不利物质条件、施工环境变化等外部条件，通过工程签证等途径来追加措施项目费，发包人为有效控制项目投资，充分体现措施项目费竞争的充分性，往往在合同中约定无论情况如何变化措施项目费一律不调。措施费包干使用的管理方式对简化工程结算、有效控制投资具有积极意义，但是投标报价是基于初始合同状态和外部环境做出的，简单笼统的规定措施费用一律不调将影响到项目总体目标的实现，在承包人微利的行业收益水平下不利于行业持续健康发展。所以，措施项目费在体现充分竞争的基础上尚应有一定的价格弹性。

措施项目费是发包人与承包人计价争议较多的地方，近年来，国内学者围绕措施项目从不同角度进行了较为系统的研究。严玲、李建苹通过对措施项目调整的条件以及缺项的责任划分建立措施项目缺项的调整路径；严玲、王飞等研究了施工方案对措施项目的影响，确定工程变更引起施工方案变化时单价措施项目和总价措施项目的调整原则和方法；严玲、陈丽娜确定总价包干措施项目的合同价款调整因素与调整方法；宗恒恒基于风险归责视角分析工程量偏差对措施项目费调整的影响。上述文献对解决某一类措施项目计价疑难问题有积极的借鉴意义，但目前仍缺少从计价风险防范、争议化解视角对措施项目系统研究的文献，深入分析措施项目计价风险与争议对建设工程的造价控制具有较强的理论与实践意义。

二、清单计价模式下措施项目计价的特点

1.措施项目计价具有不确定性

措施项目多数没有明确的设计图纸，完成工程实体不同的承包人可以采用不同

的施工方法和施工工艺，针对同一项目不同的承包人采用的施工方案可能千差万别，常规施工方案往往也存在诸多选择，施工方案的多样性及可选择性导致发承包阶段措施项目费的不确定性；措施项目实施过程中受天气、不利地质条件等自然因素以及环保、安全要求提高等外部客观约束影响较大，加之承包人在项目实施过程中可能进行施工方案优化，承包人不断的改进施工组织设计，很难在施工前准确选择措施项目并计算其工程量，导致实施阶段措施项目费的不确定性。

2.措施项目计价具有模糊性

一般措施项目往往以费率计算，费率是综合多种因素参考社会平均水平测算出来的。定额编制依据是按自有材料进行一定次数的周转摊销，实际可能是租赁使用，对文明施工有特殊要求和危险性较大的分部分项工程，定额中包含的工作内容及范围与实际可能不一致，现有计价依据不能很好地满足工程计价需要，定额计价与实际支出存在较大的差异。同时，装配式建筑、综合管廊等新技术的出现，使措施项目计价依据适应性较差或者缺失。综上所述，措施项目计价具有一定的模糊性。

三、措施项目计价争议的成因

1.招标措施项目清单漏项或不准确导致计价争议

招标人（或其代理人）通常按照《建设工程工程量清单计价规范》GB 50500—2013（以下简称"清单计价规范"）提供的模板对措施项目清单来列项，而不能根据工程特点和实际施工需要，对可能发生的措施项目来列项和准确计算数量，由于影响措施项目设置的因素较为复杂，导致招标措施项目清单漏项或不准确。

承包人认为，发包人除根据设计图纸进行分部分项工程列项外，还应结合施工现场和常规施工方案编制措施项目工程量清单，确保招标工程量中措施项目清单的准确性和完整性是发包人的义务和责任；招标人编制招标工程量清单时若没有列出必要的措施项目，视为漏项，如果措施项目清单数量不满足实际施工需要，视为计算不准确，均应由发包人承担责任。而发包人认为，招标工程量清单中列出的措施项目及相应的清单数量仅供投标人参考，承包人投标时应结合拟定的施工方案进行修改、完善，所报措施项目费视为考虑施工实际情况后的全部报价。

案例3.5：发包人措施项目列项不全导致的计价争议

某建设项目采用清单计价模式单价合同，地质勘查报告中无地下水，基坑工程原工期处于春季，招标工程量清单中没有列出排水费用，招标人要求措施项目由承包人投标报价时综合考虑，结算时不予以调整。由于发包人原因导致进度拖延到夏季，基坑开挖过程中正处于雨季，增加了大量的排水费用。承包人主张原来的报价是基于春季施工基坑工程，投标报价时将此项措施项目费进行了竞争，并没有计取排水费，拖延到夏季施工属于发包人的责任，该项费用必须给予补偿；发包人主张排水费用属于措施项目费，投标人在投标时没有报价视为已经包含在其他项目的报价中，已经计取包干使用，不能再予以调整。

问题：结算时，该排水费用能否予以增加？

分析：我们认为，发包人在招标工程量清单中并没有对排水费用列项，投标人在投标时没有对排水费用进行报价视为已经包含在其他项目的报价中的理由是不成立的，该排水费用应该予以增加。原因在于发包人原因导致的进度拖延造成措施项目费增加的责任理应由发包人承担；对于此类问题的处理，可以按照以下两种方式进行计算：

（1）合同中没有明确约定，可按照当地定额水平再考虑报价浮动率适当下浮计算；

（2）根据发包人认可批准的已实施的施工组织设计计算增加的排水措施费用。

2.合同约定不合理或不尊重合同评审（审计）导致计价争议

单价计量的措施项目理应参考分部分项工程进行管理，合同中往往不约定风险范围，而是完全由承包人承担风险；基于分部分项工程费用计算的总价措施项目费，合同约定计算基数变化后（尤其是较大变化后）仍然不予以调整。上述合同约定过度转移了措施项目费的变化由发包人所承担的责任所引起的、政策性变化引起人工单价变化时措施项目费的调整等应由发包人承担（或部分承担）的计价风险。在竣工结算时，审计方往往以“按实审计”为由，对于实际造价比投标时造价低的部分按照承包人优化后的施工方案进行审计，对于实际造价比投标时造价高的部分采用投标时的报价，理由是审计应“审减不审增”，对同一项目采用不同的评审（审计）原则，不充分尊重合同导致双方计价争议。但是，对于轨道交通项目而言，措施项目费对于保障施工安全尤为重要，危险性较大分部分项工程对于确保建设质量及工期尤为重要，某市地铁集团列出车站项目的危险性较大分部分项工程清单如表3.5所示。

危险性较大分部分项工程清单

表3.5

单位工程名称	分部(分项)工程名称	危险性较大类型	危险性较大工程情况描述
××客运站	一、基坑工程	基坑(槽)的土方开挖、支护、降水工程	风险点名称：主体基坑； 基坑标准段深长宽：基坑深度约17.16m，长约215m，宽度约22.9m； 工程地质及水文情况：基坑开挖深度范围主要为松散填土、淤泥质土、粉细砂、淤泥质土、淤泥、粉质黏土、砂质黏性土，基坑周边有6m厚淤泥质土，底板主要位于砂质黏性土中；地下水对混凝土结构具有微腐蚀性； 周边环境[建(构)筑物、管线]：基坑周边距离番禺客运站地下室32.18m，基坑周边存在重要管线，为ϕ1000mm混凝土给水管，埋深2.04m；ϕ1800mm混凝土污水管，埋深4.5m；ϕ800mm雨给水管，埋深2.66m； 存在风险：建筑物倾斜、围护结构变形、地基不均匀沉降导致结构开裂、基坑变形、地面沉降、地下室开裂、基坑渗漏、成槽塌孔、基底软化、管线不均匀沉降、带气接驳、既有线运营、架空高压线运营风险
			风险点名称：C出入口基坑； 基坑深长宽：基坑深度约10.17m，长约54.5m，宽约7.7m； 地质情况及水文情况：基坑周边有6m厚淤泥质土；由上往下为松散填土、淤泥质土、粉细砂、淤泥质土、淤泥、粉质黏土、砂质黏性土，底板主要位于粉质黏性土中；出地面局部处于软土层；地下水对钢筋混凝土结构具有微腐蚀性； 周边环境[建(构)筑物、管线]：基坑内存在重要管线，为ϕ300mm铸铁给水管，埋深0.39m；ϕ800mm混凝土雨水管，埋深1.61m；电信光纤等； 存在风险：围护结构变形、地基不均匀沉降导致结构开裂、基坑变形、地面沉降、基坑渗漏、成槽塌孔、基底软化、管线不均匀沉降

续表

单位工程名称	分部（分项）工程名称	危险性较大类型	危险性较大工程情况描述
××客运站	一、基坑工程	基坑(槽)的土方开挖、支护、降水工程	风险点名称：1号风亭及D出入口基坑； 基坑长宽深：基坑深度约10.15m，长约68m，宽约36.72m； 工程地质及水文情况：基坑周边有6m厚淤泥质土；由上往下为松散填土、淤泥质土、粉细砂、淤泥质土、淤泥、粉质黏土、砂质黏性土，底板主要位于淤泥中；出地面局部处于软土层；地下水对钢筋混凝土结构具有微腐蚀性； 周边环境[建（构）筑物、管线]：基坑周边距离君御酒店21.53m；基坑内存在通信光纤、雨水管和给水管线等； 存在风险：围护结构变形、地基不均匀沉降导致结构开裂、基坑变形、地面沉降、基坑渗漏、成槽塌孔、基底软化、管线不均匀沉降
			风险点名称：2号风亭基坑； 基坑深长宽：基坑深度约10.15m、长44.2m、宽24.5m； 工程地质及水文情况：基坑周边有6m厚淤泥质土；由上往下为松散填土、淤泥质土、粉细砂、淤泥质土、淤泥、粉质黏土、砂质黏性土，底板主要位于粉质黏性土中；出地面局部处于软土层；地下水对钢筋混凝土结构具有微腐蚀性； 周边环境[建（构）筑物、管线]：基坑周边距离番禺客运站人防地下室9.4m；基坑内存在通信光纤、雨水管和给水管线等； 存在风险：围护结构变形、地基不均匀沉降导致结构开裂、基坑变形、地面沉降、基坑渗漏、成槽塌孔、基底软化、管线不均匀沉降
	二、模板工程及支撑体系	混凝土模板支撑工程	风险名称：主体及附属结构混凝土模板工程； 存在风险：高支模失稳
	三、拆除工程	1.可能影响行人、交通、电力设施、通信设施或其他建（构）筑物安全的拆除工程	风险点名称：与车站站位及施工范围重叠的空中连廊拆除工程； 概况：与车站站位及施工范围重叠的空中连廊需进行部分拆除，空中连廊属于亚运工程，采用钻孔灌注桩基础，桥面梁板结构，拆除面积约1760m^2，拆除对走廊通行有一定影响； 存在风险：拆除过程对施工人员及周边人、车造成危害、连续倒塌

续表

单位工程名称	分部（分项）工程名称	危险性较大类型	危险性较大工程情况描述
××客运站	三、拆除工程	2.码头、桥梁、高架、烟囱、水塔或拆除中容易引起有毒有害气(液)体或粉尘扩散、易燃易爆事故发生的特殊建（构）筑物的拆除工程	风险点名称：旦岗涌桥南半幅拆除； 概况：盾构区间下穿旦岗涌桥梁，桩基与盾构隧道冲突，需拆除旦岗涌部分桥梁。桥梁基础为桩基础，上部结构为空心板梁； 拆除工法：套管拔桩； 工程风险：桩基拔断、吊装失稳
	四、暗挖工程	采用矿山法、顶管法施工的隧道、洞室工程正常掘进段	风险点名称：A、B出入口顶管过街通道； 顶管断面：断面内径尺寸（宽×高）6.6m×4m，A出入口顶管总长27m，B出入口顶管总长28m； 工程地质及水文情况：顶管所在地层为淤泥层、可塑状粉质黏土、砂质黏性土层。上部主要为填土层、粉细砂层及粉质黏土层，A出入口埋深约9.8m，B出入口埋深约9.97m；地下水钻孔水样对混凝土结构具有微腐蚀性； 周边环境：横穿亚运大道，顶管顶距地面约4.4m，下穿控制线重要管线有10kV电力管、ϕ1000mm混凝土给水管，埋深1.93m；ϕ800mm混凝土给水管，埋深1.93m；ϕ1350mm混凝土污水管，埋深4.36m； 存在风险：管线变形、地面沉降、建筑物倾斜、高压电塔沉降、孤石
		矿山法穿越重大风险或复杂环境段，穿越既有铁路、地铁隧道、高速公路、江河湖海、密集建筑群、重要建筑物、文物、重要管线（中压及以上的燃气管道、高压输油管及大体量雨水箱涵、大直径污水管等）、高架桥等。场地存在不良地质作用，如滑坡、崩塌、泥石流、活动断裂、岩溶、古河道、暗浜、暗塘、洞穴、孤石、液化地层，有毒有害气体地层等	风险点名称：××站过兴亚大道的综合管廊范围暗挖工程，综合管廊包括两种，分别是3.2m×3m和2.2m×3m； 暗挖断面：该范围约20m主体长度，采用暗挖法施工，暗挖段起点里程CK38+282.860，终点里程CK38+302.860，暗挖总跨度24m，采用单层双洞结构，采用CRD法分步； 工程地质及水文情况：暗挖掘进段为位于黏性土层，拱顶为淤泥质土层，地下水对钢筋混凝土结构具有微腐蚀性； 周边环境：暗挖主体上方为综合管廊和兴亚大道，距离综合管廊竖向距离约3.2m； 存在风险：地表沉降，土体塌落，管廊下沉

续表

单位工程名称	分部（分项）工程名称	危险性较大类型	危险性较大工程情况描述
××客运站	四、暗挖工程	顶管始发、盾构始发	风险点名称：A、B出入口顶管始发； 顶管断面：断面内径尺寸（宽×高）6.6m×4m； 工程地质及水文情况：顶管所在地层为淤泥层、可塑状粉质黏土、砂质黏性土层。上部主要为填土层、粉质黏土层，A出入口埋深约9.8m，B出入口埋深约9.97m；地下水钻孔水样对混凝土结构具有微腐蚀性； 周边环境：顶管接收井设置在道路南侧，始发井在亚运大道路中，亚运大道中为城市主干道，交通繁忙； 存在风险：地面塌陷、地基不均匀沉降导致结构开裂、地表沉降、基坑变形、基坑渗漏
		顶管到达、盾构到达	风险点名称：A、B出入口顶管到达； 顶管断面：断面内径尺寸（宽×高）6.6m×4m； 工程地质及水文情况：顶管所在地层为淤泥层、可塑状粉质黏土、砂质黏性土层。上部主要为填土层、粉细砂层及粉质黏土层，A出入口埋深约9.8m，B出入口埋深约9.97m；地下水钻孔水样对混凝土结构具有微腐蚀性； 存在风险：地面塌陷、地基不均匀沉降导致结构开裂、地表沉降、基坑变形、基坑渗漏
		盾构过站	风险点名称：××区间盾构工程过站（中间风井）； 概况：中间风井里程YCK32+406.000~YCK32+442.000，隧道内径5.4m，中风井东端头盾构埋深约18.319m，西端头盾构埋深约18.26m； 工程地质及水文情况：中间风井地层自上而下分别为（1-2）（2-1B）（3-2）（4N-2）（5H-2）（6H）（7H-A）（8H），地下水对工程建设影响较大，对混凝土结构具有微腐蚀性； 周边环境：基坑位于清河立交中间，周边主要建（构）筑物为清河立交匝道及高压电塔； 存在风险：破洞门时涌水涌沙、地表沉降

续表

单位工程名称	分部（分项）工程名称	危险性较大类型	危险性较大工程情况描述
××客运站	四、暗挖工程	顶管机吊装、管片吊装	风险点名称：A、B出入口顶管； 位置：顶管井始发位置； 周边环境：亚运大道中为城市主干道，交通繁忙； 水文及地质情况：顶管所在地层为淤泥层、可塑状粉质黏土、砂质黏性土层。上部主要为填土层、粉细砂层及粉质黏土层，A出入口埋深约9.8m，B出入口埋深约9.97m；地下水钻孔水样对混凝土结构具有微腐蚀性； 顶管埋深：A出入口埋深约9.8m，B出入口埋深约9.97m； 存在风险：地面沉陷、基坑变形、地表沉降
		盾构或顶管法穿越重大风险或复杂环境段，穿越既有铁路、地铁隧道、高速公路、江河湖海、密集建筑群、重要建筑物、文物、重要管线（中压及以上的燃气管道、高压输油管及大体量雨水箱涵、大直径污水管等）、高架桥等。场地存在不良地质作用，如滑坡、崩塌、泥石流、活动断裂、岩溶、古河道、暗浜、暗塘、洞穴、孤石、液化地层，有毒有害气体地层等	风险点名称：××站3、4号通道； 顶进长度：约40m； 建（构）筑物：顶管通道上部横穿一根直径1.65m混凝土污水管，埋深5.7～6.8m。220kV高压走廊距3号通道15m左右；番广加油站距3号通道约50m； 重要管线：直径1.65m混凝土污水管和220kV高压走廊； 存在风险：建筑物倾斜、地表沉降、管线不均匀沉降
		顶管隧道联络通道开口施工	风险点名称：××广场～××客运站区间联络通道开口施工； 里程范围：YCK29+235.844设置1号联络通道，YCK29+835.844设置2号联络通道兼区间废水泵房，在YCK30+415.844设置3号联络通道； 覆土：1号联络通道覆土约20.5m，2号联络通道兼废水泵房覆土约22.6m，3号联络通道覆土约17.8m； 存在风险：围岩塌落、洞门渗水、地面沉陷

续表

单位工程名称	分部（分项）工程名称	危险性较大类型	危险性较大工程情况描述
××客运站	四、暗挖工程	矿山法隧道马头门开挖	风险点名称：海旁主体段马头门开挖工程； 暗挖断面：该暗挖工程里程号为CK38+282.860至CK38+302.860，暗挖截面面积为210m^2，跨度24.8m，高度9m，埋深为17.6m，总长20m； 工程地质及水文情况：暗挖掘进段为位于黏性土层，拱顶为淤泥质土层，地下水对钢筋混凝土结构具有微腐蚀性； 周边环境：暗挖主体上方为综合管廊和兴亚大道，距离综合管廊竖向距离约3.2m； 存在风险：地表沉降、土体塌落、管廊下沉
	五、其他	1.钢结构、网架和索膜结构安装工程	风险点名称：车站全封闭施工防护棚钢结构安装； 概况：防护棚位于该车站段亚运城广场和亚运城小区之间，用于车站防护施工； 周边环境[建（构）筑物、管线]：钢结构安装工程位于地段中心，周边行人、车辆较密集； 存在风险：高处坠落引起物品打击，伤及行人及工人
		2.交通工程	风险点名称：铺盖施工； 概况：车站主体局部铺盖施工，需破除车站范围原有道路，分期进行交通疏解，施工期间需保障原有车道及人行道的通行能力，标准段铺盖宽18m，跨度32m，铺盖面积约576m^2； 存在风险：车辆超载引起铺盖变形，影响交通，行人和车辆坠入基坑等风险

注：本工点可能存在的危险性较大工程仅限招标阶段，包括但不限于以上内容，施工单位需根据实际情况补充，在后续施工过程中边界条件发生变化时，应实时更新。

3.对措施项目计价管理不当引起争议

一般而言，发包人或其代表审批的施工方案仅仅是程序性审核，但是承包人在报批时融入了经济的要素，发包人审批时未能有效甄别，使得审批的施工方案具有了工程签证的性质，结算时双方因发包人对施工方案审批不规范产生计价争议。同时，发包人签证不合理等引起计价争议，例如按照合同不应该予以签证但是监理人和发包人现场代表在施工过程中予以了签证认可，最终结算时发包人又要求扣减该部分措施项目费用，双方产生计价争议。

4.全要素（进度、安全与环保等）影响措施项目费导致计价争议

发包人有对工期、质量高于定额水平的要求，在最高投标限价中未明确赶工措施费、按质论价等费用计算方法；项目实施过程中进度、环保等要素的变化必然引起措施项目费改变，在发生应由发包人承担的进度拖延或环保要求提高等因素引起造价提高的客观情况下，合同中缺少相应的合理可行的调整依据，调整措施项目费时产生因约定不明或没有约定而导致的计价争议。

四、措施项目计价风险与争议防范

1.清单计价模式下措施项目计价风险

若招标时选用的施工方案不合理，导致措施项目清单漏项或者不准确，必然引起最高投标限价的降低，承包人在投标时往往为了低价中标不能充分考虑，导致其投标报价不完备。措施项目费的足额计取不仅关系到承包人的盈利水平，更是项目顺利进行的有效保障，由于措施项目费调整的计价依据往往不充分、不完备，使得其准确计算很难实现，给措施项目价款调整带来了很大的障碍。同时，合同约定措施项目费一律不予调整，导致实质上发包人没有支付必然发生的必要措施项目费，可能会影响到工程质量和安全，也势必导致双方利益失衡。尤其需要指出的是，根据《危险性较大的分部分项工程安全管理规定》(住房和城乡建设部令2018年第37号)，建设单位应当在施工招标文件中列出危险性较大工程清单，及时支付危险性较大工程施工技术措施费以及相应的安全防护文明施工措施费。确保危险性较大工程施工安全也是建设单位的重要责任，如果发包人没有考虑并支付危险性较大工程相应的措施费用，发生安全事故时发包人也应承担相应责任。

2.措施项目计价争议防范对策

（1）发包人通过招标文件要求，投标人在发承包阶段对措施项目清单进行核对质疑，发包人确认完善修改招标工程量清单。招标文件明确要求投标人对措施项目清单进行核对，在投标报价时应充分考虑施工组织和技术措施，根据自身实际需要，对招标人未列出的措施项目，应根据实际情况自行补充、修改，如有招标工程量清单的缺项（漏项）或计算错误应该在招投标阶段及时提出，若投标人没有提出则该风险应由投标人承担，构建投标人发承包阶段质疑后由发包人进行修改完善招标工程量清单的机制。清单计价模式下，无论是施工总承包项目还是工程总承包项目，对于措施项目投标人既然有修改的权利，也就可以具有核对义务、补充完善的能力。若投标人对施工中必须发生的措施项目在已标价工程量清单中没有列项或者数量不满足实际施工需要，视为其费用在报价中已综合考虑。

（2）发包人通过合同合理分担并有效管理措施项目的计价风险。在编制招标文件时，对需要采用非常规施工方案的工程项目应组织专家论证，对措施项目清单的列项和数量可咨询专业机构或者专家意见，以提高招标措施项目清单的适用性和准确性；在合同条款中明确措施项目费的调整范围，不随分部分项工程费和使用期限变化而变化的措施项目费（如大型机械设备进出场及安拆费）应不予调整。对属于危险性较大工程范围的措施项目，招标时予以明确并要求投标人应确保施工方案的可行性的基础上投标报价时充分考虑，或者在项目实施过程中按照发包人审批后的施工方案进行计量与计价，采用定额计价的还可以考虑报价浮动率调整措施项目价款。发包人在审批施工方案时严格按照审批程序和内容，可能涉及价款时首先明确是否是应由其承担的责任，若否，应杜绝审批相应内容，避免审批的施工方案具有工程签证的性质。

3.对按施工组织设计规定计算措施项目费的思考

《房屋建筑与装饰工程工程量计量规范》（征求意见稿）中指出脚手架工程（编码：011701）中单独铺板、落翻板（编码：011701014），施工运输工程（011702）中大型机械基础（编码：011702004）、垂直运输机械进出场（编码：011702005）、其他机械进出场（编码：011702006），施工降排水及其他工程（011703）中集水井成井（编码：011703001）、井点管安装拆除（编码：011703002）、排水降水（编码：011703003）8项单价措施项目的计算规则为“按施工组织设计规定计算”，为发承包双方清晰计算措施项目费提供了很好的指引。但是建筑施工组织设计按照编制阶段的不同，分为投标阶段施工组织设计和实施阶段施工组织设计。两种施工组织设计的侧重点有所不同，投标时的施工组织设计不一定是实际实施的施工组织设计，不同的施工方案必然导致措施项目费的差异。如果双方按照实施阶段的施工方案计算措施项目费，则措施项目费具有了实报实销的属性，承包人可以在投标时为了中标不予以充分考虑，中标后结合项目需要甚至提高措施项目标准，发包人如果不批准较高水平的措施方案会导致进度不畅，甚至影响质量安全，若批准则增加措施费用，会损害发包人利益也不利于维护正常的建筑市场秩序。如果施工方案的改变并不是由发包人原因引起的，由发包人承担不合理，应杜绝承包人不断改进施工组织设计对结算时措施项目费的影响。

因此，措施项目费的计取一般应按照投标人投标文件中列明的施工组织设计来进行，这就要求投标人在编制投标文件时内容和深度应满足措施项目计价的需要；如果项目实施过程中由于发包人所承担的责任所引起的投标阶段施工组织设计需要修改完善才能够满足施工需要，在结算时应该按照发包人批准的实施施工组织设计进行计量与计价。

综上所述，措施项目费占工程造价比重较高，是发包人和承包人计价风险与争议较多之处，理应由发承包双方合理分担风险。上文从招标措施项目清单漏项或不准确、合同约定不合理或不尊重合同审计、对措施项目管理不当、进度与安全环保等全要素影响措施项目造价等四个方面系统论述了计价争议的成因；分析了措施项目存在的计价风险，提出了计价争议的防范对策，对按施工组织设计规定计算措施项目费提出了切实可行的操作路径。从计价风险防范、争议化解视角对措施项目进行了较为系统的研究，对建设工程造价管控具有较强的理论与实践意义。

第五节　暂估价计价

一、暂估价计价概述

暂估价是指总承包招标时不能确定价格而由招标人在招标文件中暂时估定的工程、货物、服务的金额。对必然发生但在发包时不能合理确定价格设置暂估价，是顺利实施项目的有效制度设计。但结算时据实调整的属性使承包人的报价风险转向发包人，在建设市场诚信环境仍需进一步完善的行业背景下，给发包人带来了较大风险，现行计价依据和办法也给总承包人带来了管理风险，暂估价占总价比重（很多项目的暂估价占合同价比例达到10%～20%）越大双方风险越大。虽然《建设工程工程量清单计价规范》GB 50500—2013（以下简称“清单计价规范”）和《建设工程施工合同（示范文本）》GF—2017—0201（以下简称“合同示范文本”）针对暂估价实施作出了操作性规定，但是暂估价计价仍然是造价管理的模糊区域，是各方市场主体较难把握和界定的事项，也是政府投资管理的重要风险点。

随着建筑业转型升级和新型建造方式的深刻变革，“四新技术”的不断出现，暂估价管理面临着新的问题，相关政策尚未形成完整的体系以及招标文件、合同中相关条款的缺失，暂估价计价往往存在诸多争议。同时，在政府审计（财政评审）约束强化的背景下，审计（评审）过程中暂估价计价往往存在程序合法但与合理计价结果偏差较大的矛盾，不利于进行顺利竣工结算。及时防范并有效解决施工过程中的合同价款争议，是工程建设顺利进行的必要保证，仍需从理论和实践层面不断深化并进一步完善操作程序。

二、暂估价设置原则及对发承包双方的风险分析

1.暂估价设置原则

1）材料、设备暂估价设置原则

（1）设计图纸和招标文件未明确材料、设备的品牌、规格及型号。

（2）同等质量、规格及型号，但品种多、市场价格悬殊。

2）专业工程暂估价设置原则

（1）在施工发承包阶段，部分工程只完成初步设计，施工图纸不完善，工程量暂时无法确定。

（2）某些专业性较强、总承包单位无法自行完成的分包工程，例如电梯安装、强弱电安装、消防工程、幕墙工程等。

2.《清单计价规范》和《合同示范文本》对暂估价的有关规定

1）《清单计价规范》对暂估价计价的有关规定

现行《清单计价规范》针对公开招标和不需公开招标两种情况分别对材料、设备和专业工程暂估价项目的计价给出了明确规定，主要内容如表3.6所示。

2）《合同示范文本》对暂估价的操作性规定

现行《合同示范文本》对依法必须招标和不需招标的暂估价项目分别给出了两种和三种可以操作的方式供选择，给出了总承包人履行的关键程序及发包人的管控措施，对暂估价的操作性规定如表3.7所示。

《清单计价规范》对暂估价项目计价的规定 表3.6

序号	发包方式	暂估内容	采购主体及采购费用	发包人管控措施
1	不需公开招标	材料和设备	承包人	发包人确认单价
		专业工程	承包人	参照工程变更处理
2	公开招标	材料和设备	发承包双方	双方共同招标、确定价格；中标价取代暂估价
		承包人不参加投标专业工程	承包人	发包人批准；中标价取代暂估价
		承包人参加投标专业工程	发包人	中标价取代暂估价

《合同示范文本》对暂估价的操作性规定 表3.7

序号	发包方式	承包人履行的程序	情形	发包人管控的措施
1	不需公开招标	承包人根据施工进度计划在签订合同前提出书面申请	发包人认可	按计划实施
			发包人不认可	要求承包人重新确定
2	公开招标	承包人应当根据施工进度计划，在招标前提交招标方案、招标文件、招标控制价	承包人招标	审查招标方案，审批招标文件，确定招标控制价，参加评标，与承包人共同确定中标人
		承包人应按照施工进度计划，在招标前提交暂估价招标方案和工作分工	由发包人和承包人共同招标	确定中标人后，由发包人、承包人与中标人共同签订暂估价合同

综合分析可得出以下结论：

（1）不需要公开招标的材料、设备，均需要认质认价，需要在实施过程中规范管理程序，严格认质认价的管理过程。

（2）须公开招标的专业工程按招标实施主体分为以下三种情况：①由总承包人组织招标时，均由发包人审批招标工作的关键环节；②由发包人招标时，由发包人与中标人签订暂估价项目合同；③由双方共同招标时，由双方与中标人共同签订暂估价项目合同。

3.设置暂估价给发包人带来的风险分析

（1）不属于依法必须招标的暂估价项目。关键问题在于发包人（或其代表）的认质认价，因为《建设工程造价鉴定规范》GB/T 51262—2017中第5.6.4条第二款规定："材料采购前未报发包人或其代表认质认价的，应按合同约定的价格进行鉴定"，承包人若得不到发包人的认可价格将不予采购，导致暂估价合同订立和履行迟延，可能导致进度拖延。由于双方对价格达不成一致意见而导致的进度延误责任是无法划清责任界限的，发包人往往屈服于整体进度目标而妥协价格。

（2）采取公开招标方式的暂估价项目。从评标方法和中标条件的角度，在产品质量和专业资质能够满足项目要求的情况下，发包人更加倾向于选择价格低和综合实力较强的专业分包人，而承包人显然更加关注产品质量和专业分包人提供的专业服务水平而不是价格，双方在招标操作的关键问题上往往存在争议。

由总承包人单独进行招标时，如果总承包人的所有程序均合法，发包人无权否定招标结果，往往政府审计（财政评审）也很难否定。发包人是否具有科学合理审查招标方案、审批招标文件和确定招标控制价的专业水平，发包人能否有效控制承包人的招标行为不存在寻租行为，存在较大不确定性。

由双方共同招标时，发包人可牵制总承包人的控制权，利于发包人更多监控分包合同的履行，有效保护发包人的合法权益。但双方共同招标不利于责任的单一化，签订三方合同后由于建设单位和总承包单位的责任权利划分不清晰产生争议。

4.设置暂估价给承包人带来的风险分析

采用公开招标方式的材料设备暂估价项目，承包人将失去会赚取与发包人签署合同中的材料、设备价格与实际采购材料、设备价格之间的价差；采用公开招标方式的专业工程暂估价项目，与发包人结算时以中标价代替暂估价，承包人不仅不能赚取价差，目前的计价方式中承包人尚不能得到应有的管理费和利润。

三、暂估价项目计价争议的成因分析

1.以中标价取代暂估价作为结算价格

虽然FIDIC合同条件中也是以中标价取代暂估价，但是我国的计价依据和造价管理体系与国际惯例存在较大差异，存在工程计价与合同管理兼容性问题。由总承包人对暂估价专业工程发包时，存在如下计价问题：总承包人与暂估价专业工程分包人之间是总分包合同关系，总承包人对该专业工程承担总包管理的法定责任，但是以中标价为依据取代暂估价使得总承包人只有义务而没有利益，在暂估价额度较大时，发承包双方明显利益失衡，总承包管理费的计取缺失导致计价争议；招标工程量清单的缺项和计算不准确现象很难杜绝，项目实施过程中的设计变更等价格调整因素仍然存在，专业工程的中标价也不一定是其最终的结算价，若发包人通过合同约定该责任由总承包人承担，将来结算时不作任何调整，会引起计价争议。

由建设单位对暂估价专业工程发包时，总承包人存在不能中标情形，此时总承包人与暂估价专业工程中标人之间是总承包服务关系，总承包人对该专业分包人提供总承包服务，理应计取总承包服务费，以中标价为依据取代暂估价同样使得总承包人只有义务而没有利益，对暂估价专业工程不予以合理计取总承包服务费导致计价争议。

2.总承包人组织招标费用无法直接计入工程造价

《建设工程工程量清单计价规范》GB 50500—2013中第9.9.4条第一款规定："与组织招标工作有关的费用应当被认为已经包括在承包人的签约合同价（投标总报价）中"，但是总包合同的招标控制价编制时往往没有考虑暂估价专业工程招标费用。总承包人组织暂估价专业工程招标时，如果总承包人要求该暂估价专业工程招标费用（比如编制招标工程量清单及招标控制价等费用）由中标人承担，从而将该费用转移给发包人，但是发包人在审批招标文件时不同意该规定，导致招标工作不顺畅。

3.暂估价材料消耗量不明确引起计价争议

综合单价分析表中的材料费是由材料单价与材料消耗量的乘积得到的，现行清单计价规范仅明确投标报价时材料暂估单价不得改变，但未明确相应材料的消耗量。存在以下两个方面的问题：一是部分消耗量定额中部分定额子目缺失，尤其是涉及"四新技术"方面的定额子目，而此处恰好是暂估价项目的常见区域，从而导致结算时的材料价款争议；二是发包人在招标文件中规定暂估价结算时只调整材料价差及相应的规费和税金，故意压低暂估价以降低管理费和利润，投标人为了确保一定的管理费和利润，把投标报价综合单价分析表中的材料消耗量适当提高，虽然材料单价严格按照招标工程量清单中的报价，但是材料消耗量提高以后相应的材料费也会相应提高，最终结算时发包人要求套用当地社会平均消耗量相应定额子目中的消耗量进行调整，总承包人坚持以投标报价综合单价分析表中明确的材料消耗量为准进行结算。

4.认质认价不清晰产生计价争议

发包人代表或监理工程师对入场材料检验时把关不严，比如地面铺贴的石材，设计文件规定为25mm，但是市场上供应的石材厚度多为23mm左右，在最后结算时，造价人员通过与现场情况复核，发现质量达不到设计文件要求，扣减部分费用，因质量问题引起计价争议。

不需要公开招标的材料、设备价格，项目实施过程中需要发包人代表签批价格（认价）。由于采用不同的计税方法，材料价格需要严格区分是否含税，如果签批价格时没有明确是否含税、未明确材料价格中所包含的内容（比如是否含运输费用）

将导致计价争议。在采用一般计税方法计算造价时，如果签批价格是含税价格，除税过程中的税率是适用16%还是综合考虑运输费用等影响，则综合税率容易导致双方的计价争议。

5.直接通过合同约定结算价不得高于暂估价

发包人为了避免结算价超过合同价带来的管理风险和廉政风险，在合同中直接约定："暂估价部分由总承包人实施，但是实施的价格不能超过暂估价，超过部分由总承包人承担，实际价格低于暂估价时以实际价格代替"。虽然该约定内容从合同效力来讲不属于合同约定无效的情况，但是之所以采用暂估价的方式，就是因为招标时无法确定价格，发包人将暂估价项目计价风险完全转移给承包人，承包人认为不得约定所有物价上涨风险均由其承担，导致造价争议。

四、暂估价设置原则的再思考

从国内外工程管理的实践来看，基于施工图纸招标时发包人控制造价、引导投标人充分竞争的最有效环节是发承包阶段。发包人应充分利用发承包阶段有利于控制工程造价这一国际惯例，将暂估价界定为总承包招标投标时不能确定价格，虽然招标人不能准确确定价格，但是承包人凭借其类似经验和丰富的数据积累，加之信息技术的有效支撑，有能力合理确定造价。所以，发包人（或其咨询服务委托人）可利用类似项目指标数据、充分进行市场调查等大致确定暂估价项目的合理参考价格，并在招标文件中要求投标人复核发包人提供的参考价格，发现参考价格低于正常合理价格的，应及时书面通知发包人，发包人应对投标人的诉求给出科学合理答复。通过减少暂估价项目设置，适当延长投标时间，可减少计价风险与争议，也有利于激发市场活力。

1.通过评标环节和实施过程控制材料及设备品质

对于设计图纸和招标文件未明确材料、设备，通过在招标文件中明确描述功能要求、性能指标等，由投标人结合已有类似经验和市场调查在投标时进行充分竞争，在评标时侧重评审投标人选择的品牌、型号是否满足招标文件的实质性要求，评审投标报价与采用材料设备的一致性。

将中标人投标文件中列明的品牌、型号（唯一或同档次价格差异不大时列出短名单）列入合同文件的组成部分。从施工合同文件的组成分析，由投标人递交体现价格属性的"已标价工程量清单"中也无法明确品牌型号的唯一性，综合单价分析表也不必然属于已标价工程量清单的范畴。所以，应要求投标人在投标函附录中予以明确采用材料、设备的品牌与型号。项目实施过程中，承包人如需更换投标时承诺的材料、设备的品牌与型号，应报发包人审批。

2.对施工图设计深度不足的暂估价专业工程采用总价合同

在建筑业大力推进工程总承包的背景下，基于方案设计或者扩大的初步设计进行招标将成为建筑业的常见发包方式，虽然发包人不能准确确定其价格，但是承包人凭借其丰富的经验积累，具有深化设计及报价的能力，此时如果要求总承包人深化设计并施工专业工程，对暂估价部分工程采用固定总价合同，由总承包人投标报价时进行竞争，投标报价中除了专业工程施工价款之外还应包括深化设计的服务费用，采用单价合同下部分专业工程采用总价合同的混合模式。需要指出的是，此时发包人对总承包人控制的重心不再是按图施工，而是总承包人的深化设计是否满足合同文件要求和符合国家标准规范。目前，工程总承包模式存在市场主体计价能力不足的客观现实，采用单价合同条件下部分专业工程总价合同的混合合同类型，利于工程总承包计价经验的积累，也有利于工程总承包的发展。

3.对专业性较强的专业工程暂估价要求在投标时明确分包人

对总承包人不能自行完成的专业性较强的专业工程，发包人应通过充分市场调查，合理设定参考价格供投标人参考，并在招标文件中要求投标人复核，计价时不再采用暂估价形式。总承包人投标时进行相应专业分包市场调查后先进行内部招标（竞争性磋商等），要求分包人做出明确报价，总承包人参考中标分包人价格进行投标报价，并要求中标分包人承诺一旦总承包人中标，不得要求变更合同价格。

五、防范建设工程暂估价计价争议的对策

1.完善暂估价专业工程计价依据

由总承包人进行专业工程发包时，总承包人投标报价中的专业工程暂估价应包含招标工程量清单中的暂估价及总承包人的管理费和利润，此时发包人可要求总承包人进行管理费费率和利润率竞争，也可以直接计取固定的总承包管理费；由发包人进行专业工程发包时，应在总承包服务的内容中对暂估价专业工程进行描述并予以单列，要求投标人投标时进行报价，若出现总承包人不能中标情形时，将计取该总承包服务费，否则，将投标时的该费用从中标价中扣除。招标控制价编制时，应对上述总承包管理费和总承包服务费结合当地计价依据予以充分考虑，以从源头平

衡双方的利益。

2.清晰约定计税方法及价格是否含税

专业工程暂估价由总承包人发包时，采用哪种计税方法可由总承包人自行选择，由于总承包人往往会选择有利于自己进项税额抵扣的计税方法，发包人应在批准招标控制价时会对比计算不同计税方法下的含税造价，并在总承包合同中约定暂估价专业工程采用的计税方法。材料、设备价格无论是采用公开招标方式还是认质认价方式均需要明确价格是否为含税价格，要尽量采用与工程造价计算相一致所需要的价格（是否含税），以避免除税引起的计价争议。

3.明确暂估价材料的消耗量处理原则

理论上暂估价材料的消耗量是由投标人在投标时结合自己的施工经验和管理水平决定的，如果约定不明，往往参考社会平均消耗量水平，但是总承包人在投标时可能在综合单价分析表中调高相应材料的消耗量，从而达到提高材料调整价款的目的。所以，可以通过合同明确约定投标人相应综合单价分析表中的暂估价材料明细中材料消耗量高于当地社会平均消耗量水平时，在材料价款调整时按照社会平均消耗量水平计算，并约定投标人提供的含有暂估价材料的综合单价分析表构成合同文件的组成部分，评标时重点予以评审。

第六节　其他项目清单计价

一、暂列金额的计价

由于工程合同签订时尚未确定或者不可预见的所需材料、工程设备、服务采购，施工中可能发生的工程变更、合同约定调整因素出现时的合同价款调整以及发生的索赔、工程签证等必然导致工程造价的变化，为有效控制合同造价，在合同中预留一笔费用是国际工程管理惯例，暂列金额的设置正是基于上述考虑，由招标人在工程量清单中暂定并包括在合同价款中的一笔款项，最后结算时结余部分归发包人所有。

暂列金额具体发生数额的大小与设计图纸的完备程度、招标工程量清单的准确性和完整性、合同中约定的由承包人承担的风险大小、是否存在暂估价、是否为固定价格合同等因素密切相关，对其估算不一定是分部分项工程费的10%～15%，对政府投资项目而言，如果暂列金额预估过高，导致预算资金多余，影响别人使用资金，如果暂列金额预估过低，或导致合同额度不满足投资需求，不利于建设单位的投资目标管理，所以，暂列金额的估算也应尽可能准确。

二、计日工的计价

计日工是指在施工过程中，承包人完成发包人提出的工程合同范围以外的零星项目或工作，按合同中约定的单价计价的一种方式。计日工对完成零星工作所消耗的人工工时、材料数量、机械台班进行计量，并按照计日工表中填报的适用项目的单价进行计价支付，是为了解决现场发生的对零星工作的计价而设立的。“零星工作”一般是指合同约定之外的或因变更而产生的、工程量清单中没有相应项目的额外工作，尤其是时间上不允许事先商定价格的额外工作。有关计日工理解和应用可围绕以下三个问题：

1.为什么要设立计日工表

发生合同约定以外的零星工作是工程实践的常态事件，一旦发生，承包人在履行前会提出一个有利于自己的价格，发包人如果不认可，则不能顺利实施，导致此时的价格可能高于正常的合理价格，对发包人不利，所以，发包人利用发承包阶段这个有利的环节，要求承包人在投标阶段就进行报价，一旦发生，由于价格已明确，会减少计价纠纷，有利于维护发包人的利益。计日工的设立是发包人利用发承包阶段进行投资控制的有效手段。

2.计日工如何管理和使用

虽然计日工表给出的是暂定数量，但也应根据经验尽可能估算一个比较贴近实际的数量，否则承包人可能会采用不平衡报价策略做出有利于自己的报价。

由于对计日工计量时是按照实际的工作时间计量，而不再是针对具体的分部分项工程，组价时不再需要具体的人材机消耗量定额中的消耗量，所以计日工的人工单价不适用人工信息价，而应该是市场人工单价。有些地方要求编制最高投标限价时人工单价必须执行信息价格，虽然有利于保护发包人的利益，但是从造价形成的机理而言是不科学的。

由于零星用工时人工和机械的有效工作时间不同于正常状态，往往会造成大量的时间损失，发包人应该在合同中明确计量的规则，比如是按照实际工作时间计量还是不足0.5工日（台班）按照0.5工日（台班）计量，超过0.5工日（台班）不足1工日按照1工日（台班）计量？例如工人实际工作了3个小时，按照0.5工日计量还是就是按照3/8工日计量。

采用计日工计价的任何一项变更工作，在实施过程中，承包人应按合同约定提交下列报表和有关凭证送发包人复核：工作名称、内容和数量；投入该工作所有人员的姓名、工种、级别和耗用工时；投入该工作的材料名称、类别和数量；投入该工作的施工设备型号、台数和耗用台时；发包人要求提交的其他资料和凭证。

3.为什么计日工单价水平一般高于其他清单单价

理论上讲，合理的计日工单价水平一般要高于工程量清单的价格水平，其原因在于计日工往往是用于一些突发性的额外工作，缺少计划性，承包人在调动施工生产资源方面难免会影响已经计划好的工作，生产资源的使用效率也往往会降低，客观上造成超出常规的额外投入。人工、机械的合理时间损失是否包含在计量的范围内往往合同中约定不明，同时，由于合同中对材料计量时仅仅计量形成于实体工程中的净量还是包含材料合理的消耗量往往未进行约定，导致承包人报价时需要考虑对实际造价的影响。

为获得相对合理的计日工单价，招标人应尽可能完整的估列出完成合同约定以外零星工作所消耗的人工、材料和机械台班的种类、名称、规格及其数量，并且尽可能把项目列全、尽可能估算一个比较贴近实际的数量。同时，招标人可以在合同中约定如果计日工的实际数量超过招标工程量清单中数量的一定百分比，计日工的价格应予以适当的下调比例。政策性调整人工单价后，计日工的单价不按照信息人工单价的上涨幅度来相应同比例增加，只调整信息人工单价的增加额或者直接通过合同约定不予以调整（因为计日工人工单价反映的是施工企业对市场价格低的预判，与信息人工单价的变化没有必然的联系）。由于计日工的单价一般要高于工程量清单项目的单价，承包方往往会故意扩大计日工的适用范围，发包方应严格计日工的适用条件。

三、总承包服务费的计价

总承包服务费是为了解决招标人在法律、法规允许的条件下进行专业工程发包以及自行供应材料、设备，并需要总承包人对发包的专业工程提供协调和配合服务（如分包人使用总包人的脚手架、水电接剥等）；对供应的材料、设备提供收、发和保管服务以及对施工现场进行统一管理；对竣工资料进行统一汇总整理等发生并向总承包人支付的费用。

对于总承包服务费，一定要在招标文件中说明总包的范围，以减少后期不必要的纠纷；清单计价规范中列出的参考计算标准如下：

（1）招标人仅要求对分包的专业工程进行总承包管理和协调时，按分包的专业工程估算造价的1.5%计算；

（2）招标人要求对分包的专业工程进行总承包管理和协调并同时要求提供配合服务时，根据招标文件中列出的配合服务内容和提出的要求按分包的专业工程估算造价的3%～5%计算；

（3）招标人自行供应材料的，按招标人供应材料价值的1%计算。

发包人编制最高投标报价时，总承包服务费的费率宜按照上限计算，列出的服务范围和内容没有参考计算标准时，应进行有根据的市场调查，确保总承包服务费的计取科学合理。同时，进行专业工程发包时，应在合同中明确由总包人向专业分包人提供的总承包服务的内容，以避免专业分包人投标时再次报价。

工程总承包模式下，总承包管理费是指发包人按照合同约定支付给承包人用于项目建设期间发生的管理性质的费用。包括：工作人员工资及相关费用、办公费、办公场地租用费、差旅交通费、劳动保护费、工具用具使用费、固定资产使用费、招募生产工人费、技术图书资料费（含软件）、业务招待费、施工现场津贴、竣工验收费和其他管理性质的费用。

施工总承包模式下，总承包管理费并没有准确的定义，可以理解为按照合同约定或获得建设单位认可时施工总承包单位进行专业工程分包，对分包的专业工程进行管理而发生的一些费用，由于该专业工程属于施工总承包的范围，该笔费用由承包人投标时一并考虑，不再单独进行计算。

总承包管理费与总承包服务费的主要区别是：总承包人对专业工程项目是否有发包权和项目实施过程的控制权，若有，则对该专业工程项目有管理的义务，收取总承包管理费；若无，则对该专业工程项目无管理的义务，其性质仅仅是总承包配合，收取总承包服务费。

通过合同约定的内容来看，施工总承包单位的义务仅仅是总承包配合，并未有明确的管理职责，施工总承包单位对专业工程项目并没有发包权和项目实施过程的控制权，实质上是总承包服务而不是合同约定的总承包管理。

发包人通过合同明确要求施工总承包人要履行对专业分包单位的质量监督检查责任，确保专业分包单位进度和质量等符合合同要求，一旦出现质量问题由施工总承包单位与专业分包单位一并承担责任，则此时施工总承包单位具有了项目实施过程的控制权，此时的总承包管理费实质是由施工总承包单位代替建设单位履行对专业分包单位的管理职责而应计取的费用。由于施工总承包单位在行使管理权利的同时要一并承担专业分包单位的履约责任，是介于总承包服务和总承包管理之间的情形，此时双方对于计价则不能再简单适用规范中列出的参考计算标准（分包的专业工程估算造价的1.5%或3%～5%）。

在实际工作中，总承包服务费的计取存在以下两个方面的问题：一方面，总承包服务费的内容约定不清，导致发承包人的纠纷；另一方面，该费用计取方法不规范，在合同中缺少相应的条文保障。导致总承包商提供了大量配合和服务工作，却无法计取相应费用。招标工程量清单中明确界定总承包服务的范围是准确计价的基础，在招标文件中明确约定要求总承包服务的范围，对需要提供总承包服务的专业工程名称、内容以及竣工资料的整理等，提出具体的协调、配合与服务要求。

其他项目清单中，除了清单计价规范中包括的四项外，还可以结合项目的具体情况进行补充完善，例如××车辆段其他项目计价表，如表3.8所示。

××车辆段盖板工程其他项目计价表　　表3.8

序号	项目名称	单位	计算基础	费率（%）	金额（元）
1	暂列金额	项	分部分项工程费		
2	暂估价	项			
2.1	材料（工程设备）暂估价	项			
2.2	专业工程暂估价	项			
3	总承包服务费	项			
3.1	发包人发包专业工程	项			
3.2	发包人供应材料	项			
4	材料检验试验费	项	分部分项工程费×费率		
5	工程优质费	项			
6	预算包干费	项	分部分项工程费×费率（0～2%）		
7	其他费用	项			

第七节　施工总承包项目投标问题及对策

一、常见的投标问题及应对

1.投标人工程量清单中的五要素与招标工程量清单不一致

由于招标工程量清单的内容繁杂，信息量大，如果投标人在投标时将项目特征描述、工程量等招标工程量清单的实质性内容有意或无意做出了修改，评标时未被评标委员会识别出来，发包人在发出中标通知书前也未发现，最后以投标人的已标价的工程量清单签订了合同，结算时才发现承包人的投标文件并未响应招标工程量清单的实质性内容，比如书面投标文件中将某个项目特征描述进行了修改，修改后的综合单价明显低于修改前的综合单价，此时，发包人认为既然没有设计变更等发生，应该将该投标人作废标处理，虽然评标时未能及时有效识别出承包人的错误，但是仍然不应给予调整相应的综合单价，但是承包人认为应该已标价的工程量清单才是合同文件的组成部分，应该以已标价的工程量清单中所载明的信息作为价款调整的基础。我们认为，根据合同形成的邀约承诺机理，发包人应对自己对投标报价的评审不严不到位"买单"，承包人投标时修改招标工程量清单的做法一旦被有效识别，即为废标，但是如果未被有效识别，则应以已标价的工程量清单中所载明的信息作为价款调整的基础。

2.不平衡报价

不平衡报价法也叫前重后轻法，是指在总价基本确定后，通过调整内部子项目的报价，既不提高总价影响中标，又能在结算时得到理想的经济效益的报价方法。实际操作中，对前期发生的分部分项工程或者措施项目报价较高，后期进行的项目报价较低；对预计工程量增加的项目报价适当提高，预计工程量降低的项目报价适当降低，不平衡报价的实质可以简要概括为"早收钱、多收钱"。

发包人应加强对不平衡报价的评审，不平衡报价项目包含分部分项工程量清单综合单价项目和措施项目。当投标人的评审价（投标报价扣除不可竞争性费用）低于招标控制价相应价格的一定比例时（比如85%、90%等），启动是否低于成本价的评审，并要求投标人在投标报价中对其低报价进行说明，阐明理由和依据，并在投标文件中附相关证明材料。清单计价规范和有关法律对投标总价作出一定的限制，但是并未对投标人每个分部分项的综合单价是否合理设置相应的判定方法。投标总价的合理是建立在每个分部分项的综合单价合理性基础之上，所以，加大对每个分部分项的综合单价合理性的评审具有很强的现实意义。

综合单价的评审以保证清单项目必需的实体消耗和工程质量为目标，主要评审分部分项工程量清单项目的主要材料（工程设备）消耗量及其单价。招标人应在招标文件中附需要评审的主要材料（工程设备）表，并明确品种、规格、质量档次等必需信息。

1）主要材料（工程设备）消耗量评审

综合单价中的主要材料（工程设备）消耗量明显不合理时，报价评审组应向投标人提出询问，投标人对报价评审组提出的询问不能说明理由或报价评审组经评审认为其理由不成立的，报价评审组应否决其投标。

2）主要材料（工程设备）单价评审

综合单价中的主要材料（工程设备）单价明显不合理时，报价评审组应向投标人提出询问，投标人不能合理说明或者不能提供相应证明材料的，评标委员会应当认定该投标人以低于成本报价竞标，应当否决其投标。某市轨道交通 × × 号线需要单价评审的主要项目表（部分），如表3.9所示。

单价评审的主要项目表　　表3.9

序号	项目编号	项目名称	项目特征	计量单位	工程数量	单价
1	040504001022	敷设管道光缆（含接）GYDXTW-288B1	1.光缆缆敷设方式:管道光缆 2.光缆型号:GYDXTW-288B1	m	286646.00	71.42
2	040501003002	给水—DN800球墨铸铁管	1.材质：球墨铸铁管 2.直径：DN800 3.基础：综合考虑 4.埋深：综合考虑 5.支护方式：综合考虑 6.土石比例：综合考虑 7.回填：综合考虑 8.软基处理：综合考虑 9.余土运距：综合考虑 10.管道消毒冲洗,试压	m	4463.00	2349.90

续表

序号	项目编号	项目名称	项目特征	计量单位	工程数量	单价
2	040501003002	给水—DN800球墨铸铁管	11.路面破除：综合考虑 12.路面回复：综合考虑	m	4463.00	2349.90
3	041001006030	DN700钢管	1.材质：高压燃气钢管 2.直径：DN700（含标志桩及警示带） 3.基础：综合考虑 4.支护方式：综合考虑 5.土方开挖：土石比例，综合考虑 6.回填：综合考虑 7.埋深：综合考虑 8.管道运输及运距：综合考虑 9.管道内外防腐 10.氮气置换 11.管道清管球吹扫 12.管道强度试验 13.管道气密性试验 14.钢管管道探伤处理 15.钢管管道防止杂散电流腐蚀处理 16.管道管廊保护：钢筋混凝土（具体参数及技术按图纸） 17.路面破除 18.路面修复 19.路面破除 20.路面修复	m	1500.00	13701.31
4	041001006045	DN700高压管双侧双封	1.不停输接驳工艺 2.带压封堵 3.管道放散 4.具体参数及技术详图纸	项	2.00	5633835.02
5	040203004003	沥青混凝土路面结构（图示代号A-3）	1.沥青混凝土路面层：4cmAC-13C沥青混凝土上面层、5cmAC-20C沥青混凝土中面层、7cmAC-25C沥青混凝土下面层	m^2	77468.4	276.01

续表

序号	项目编号	项目名称	项目特征	计量单位	工程数量	单价
5	040203004003	沥青混凝土路面结构（图示代号A-3）	2.粘层沥青层（3层）：材料品种为PC-3乳化沥青粘层油，喷油量为0.55L/m²	m²	77468.4	276.01
			3.40cm的5%水泥稳定碎石基层：水泥含量为5%，石料规格：级配碎石，厚度为40cm			
			4.18cm的4%水泥稳定石屑底基层：水泥含量为4%，石料规格：石屑，厚度为18cm			
			5.土石方类别：综合考虑			
			6.挖土石方深度：综合考虑			
			7.运距：综合考虑			
			8.路床换填碎石砂：厚度综合考虑；回填料为外购7:3碎石砂，密实度满足图纸设计要求			
			9.时间及范围：施工期间，地铁施工影响（设计范围内的既有旧路面及疏解道路面的修补养护）、政府或其他相关管理部门要求道路修补及交通设施维护			

对于投标人不平衡报价的识别，可以借鉴以下做法：

1）分部分项工程量清单综合单价项目不平衡报价的确定

（1）当投标人的某分部分项工程量清单项目综合单价低于或高于招标控制价相应项目综合单价一定比例时（具体偏差幅度由招标人在招标文件中明确，比如15%～25%），该项目的报价视为不平衡报价。

（2）当综合单价项目的报价与投标人采取的施工方式、方法（如土石方的开挖方式、运输距离，回填土石方的取得方式及运距等类似项目）相关联时，若投标人该类项目的综合单价低于或高于招标控制价相应项目综合单价一定比例时（具体偏差由招标人在招标文件中明确，比如20%～30%），投标人应在投标报价中对该类综合单价组成作出专门说明，并在施工组织设计中编制相应的施工方式、方法。该类项目的报价是否视为不平衡报价，按下列原则确定。

a.投标人在投标报价中未作出说明或其说明明显不合理的，视为不平衡报价；

b.投标人在其施工组织设计中未编制相应的施工方式、方法，但施工组织设计评审未否决其投标的，视为不平衡报价；

c.综合单价的组成与其施工组织设计内容不对应或报价评审组经评审认为其综合单价组成不合理的，视为不平衡报价。

2）措施项目不平衡报价的确定

当投标人措施项目（安全文明施工费除外）总价低于或高于招标控制价相应价格25%～35%时（对于措施项目费用占工程总造价比例较大的工程项目，上述偏差幅度可适当放宽，具体偏差由招标人在招标文件中明确），措施项目报价视为不平衡报价。

投标人不平衡报价项目的金额=∑（确定为不平衡报价的分部分项工程量清单项目综合单价 × 相应工程量）+确定为不平衡报价的措施项目总价

当投标人不平衡报价项目的金额超过其投标总价（修正后）的一定比例时（具体幅度由招标人在招标文件中明确，比如10%～20%），报价评审组应否决其投标。

当投标人不平衡报价项目的金额未超过其投标总价（修正后）的一定比例时（具体幅度由招标人在招标文件中明确，比如10%～20%），报价评审组应在评标报告中记录，提醒招标人在签订合同时注意，并在施工过程中加强风险防范。

3）不平衡报价应对措施

（1）加强项目管理，减少工程变更

作为招标人要负起项目管理职责，明确建设工程用途以及特殊使用要求，认真组织审查设计图纸深度和质量，从源头避免不必要设计变更。招标投标阶段提高工程量清单编制质量，做到数量准确，项目特征描述清晰，堵住不平衡报价漏洞。工程实施中严格按图施工，避免非正常变更，减少工程量的数量变化。事实上，只要图纸设计精细，严格按图施工，最大限度做到招标清单数量不变，这样无论投标人报价是否严重不平衡，都要按照投标报价进行结算，也就解决了不平衡报价问题。

（2）完善招标文件，明确结算原则

招标文件是签订合同以及解决结算争议的直接依据，应完善招标文件有关条款，从招标文件源头约定不平衡报价结算处理措施。比如可以规定无论招标清单数量增加、减少均采取市场价调整。即以招标清单数量为基准，凡是数量增加的要按照市场价调增，凡是数量减少的也要按照市场价调减，采取这种防范措施，可以从根源上规避不平衡报价在结算时的问题。再比如规定招标清单数量调减时，把按照原单价调减改为按照新编综合单价调减，即“分部分项工程量清单多余项目或设计变更减少了原有分部分项工程量清单项目，应调减价款。调减价款=Σ[某清单项目调减工程量（合同约定幅度以内部分）× 相应原综合单价]+Σ[某清单项目调减工程量（合同约定幅度以外部分）× 核准的相应新编综合单价。”这里的新编综合单价要明确按照招标投标活动时的市场价格水平确定。

某市轨道交通 ×× 号线项目招标文件中对于不平衡报价的处理原则如下文所示。

1）不平衡报价项目的认定标准

对于在招标文件中由发包人选定的工程量清单中部分项目投标单价在评标过程计算的偏离率超过 ±20%（不含）的，即被认定为不平衡报价项目。

2）不平衡报价项目的调整单价计算

（1）对于投标单价的偏离率低于-20%（不含）的，该项目的调整单价为该项目评标过程中单价基准值的80%，对于偏离率高于+20%（不含）的，该项目的单价调整为该项目评标过程中单价基准值的120%，调整后的单价称为不平衡报价的调整单价。

（2）对于投标单价的偏离率超过 ±20%（不含），不平衡报价的调整单价以承包人该项目综合单价分析表中的人工、材料、机械的消耗量按照相同比例下浮或上浮后计算，调差时采用该项目单价中人工、材料消耗量中的较低者计算。

$$下浮比例=（投标单价-评标单价基准值\times 120\%）/投标单价 \tag{3.1}$$

$$上浮比例=（评标单价基准值\times 80\%-投标单价）/投标单价 \tag{3.2}$$

3）不平衡报价项目的处理原则

合同签订时，合同工程量清单仍使用原投标单价计价。与工程量清单对比，当工程量发生变化时，工程价款的变化按以下原则处理。

（1）对于合同工程量清单中的项目，①如果投标单价是低报价情况，当工程量减少时，按照不平衡报价的调整单价计算减少费用；当工程量增加时，按照原投标单价计算增加费用。②如果投标单价是高报价情况，当工程量减少时，按照原投标单价计算减少费用；当工程量增加时，按照不平衡报价的调整单价计算增加费用。

（2）对于新增工程项目需要套用原合同单价时，如投标单价是低报价的，则沿用，如投标单价是高报价的，则使用不平衡报价的调整单价。

二、清标的意义及实务

1.清标的内涵及意义

清标是在《建设工程造价咨询规范》GB/T 51095—2015中首次提出的概念，是指招标人或工程造价咨询企业在开标后且评标前，对投标人的投标报价是否响应招标文件、违反国家有关规定，以及报价的合理性、算数性错误等进行审查并出具意见活动。

基于招投标制度下评标工作完备性和科学性的假定之下，《建设工程工程量清单计价规范》GB 50500—2013明确招标工程量清单必须作为招标文件的组成部分，投标人必须按招标工程量清单填报价格，同时指出招标文件与中标人的投标文件不一致的地方，应以投标文件为准。由于投标报价的复核性评审工作量很大、合理性评审专业性很强、评标的项目越来越细、投标单位报价策略越来越灵活，对评标委员会提出了很高的要求。人工、材料等要素的市场价格一直处于变化之中，增加了评标委员会对报价合理性评审的难度，加之现实中限于评标时间不足和评标专家专业水平的限制，评标委员会难以对投标文件作出完备和科学性的判断，给招标人带来了巨大的风险。在既有的招标投标制度很难做出调整的情况下，为降低招标人的风险和规范市场秩序，《建设工程造价咨询规范》GB/T 51095—2015从国家标准的层面正式提出了清标的概念和做法，明确增加清标为发承包阶段的重要工作内容。通过清标报告说明发现的具体问题，供专家质疑和评标参考，让评标委员会集中精力和时间来解决少量的定性分析和关键性问题，从而提高工作效率，以降低中标后可能带来的履约风险，有较强的现实意义。

2.清标工作的内容及质量保证

根据《建设工程造价咨询规范》GB/T 51095—2015中规定，清标工作应包括下列内容：

（1）对招标文件的实质性响应；

（2）错漏项分析；

（3）分部分项工程量清单项目综合单价的合理性分析；

（4）措施项目清单的完整性和合理性分析，以及其中不可竞争性费用正确性分析；

（5）其他项目清单项目完整性和合理性分析；

（6）不平衡报价分析；

（7）暂列金额、暂估价正确性复核；

（8）总价与合价的算术性复核及修正建议；

（9）其他分析和澄清的问题。

清标是对原有评标制度缺陷的有效补充，清标结果供评标委员会正式评标时参考，《建设工程造价咨询规范》GB/T 51095—2015规定清标实施的责任主体是招标人或造价咨询企业，清标结果的可靠性、准确性和科学性就理应由招标人或造价咨询企业承担，但是依据《中华人民共和国招标投标法》及《中华人民共和国招标投标法实施条例》，投标文件对招标文件实质性响应的评审责任属于评标委员会。清标的内容可分为两类：一类是复核性内容，主要体现为错漏项分析、总价与合价的算术性复核等工作；另一类是合理性内容，主要包括综合单价的合理性分析和不平衡报价分析。对于第一类复核性的清标内容，运用目前的评标软件通过定量分析、对比等评定工作基本可以完成，但是对于第二类合理性的清标内容，应充分考虑项目特点和招标文件的个性化要求，专业性较强，清标结果的准确性和科学性理应引起重视。

工程变更估价原则的适用依赖于投标时所报的综合单价是否科学合理。目前的评标制度和评标做法不能有效防范招标人风险，不能满足对投标时综合单价合理性的评审，建设单位应在招标文件中编制有针对性的评审条件、评标标准和增加弥补评标缺陷的做法，既能起到客观上对投标人的震慑限制作用，又能将评标委员会的工作具体化。例如：过度不平衡报价在招标时如果不通过制度设计加以限制，则有些地方的审计做法将使单价若在合理范围内，政府审计会尊重合同，但是一旦超出合理范围，采用“审减不审增”的原则处理，这将给建设单位带来管理上风险。为保证清标结果的可靠性，可从以下两个方面着手：

第一，明确合理参考单价和变化幅度范围。专家的经验往往没有招标文件中项目具体特征的影响，按照既有经验做出的识别和判断往往准确性较低。由编制招标文件和招标控制价的单位进行清标工作，编制招标文件时充分考虑清标评标工作的需要，对于重要的分部分项工程和措施项目的综合单价进行重点分析，在招标控制价的基础上形成合理参考工程造价，作为识别不平衡报价、判定报价是否低于工程成本的重要参考。比如，《湖南省房屋建筑和市政基础设施工程施工投标报价成本评审暂行办法》，该办法自2019年1月1日起执行，其中第五条规定：重点评审的工程量清单综合单价（含能计量的措施项目）和材料、设备单价（以下简称“重点评审单价”）由招标人委托工程造价咨询机构从危险性较大、直接影响工程实体质量、占最高投标限价总价比重较大的分部分项工程和能计量的措施项目以及材料、设备中选取，并采用单独列表方式公布其最高投标限价。重点评审单价中，工程量清单综合单价一般为20项，且其对应的合价之和不超过最高投标限价总价的30%；材料、设备单价一般为15项。

第二，强化评标委员会的评审责任。在现有清标技术的前提下，把复核性评审交由评标软件自动完成，专业性评审由评标委员会完成（或者重新评审部分重要内容），将清标的责任交由评标委员会，如果评标委员会使用了不准确和不完备的清标结果要承担相应的法律责任，这有利于责任的一体化。由于投标人的施工方案等内容与造价关系紧密，对措施项目清单的完整性和合理性分析要紧密结合技术标中列明的施工方案，由评标委员会评审利于分析投标报价的匹配性和合理性。

三、授标前应注意的问题

1.授标前对投标文件的细致检查

对投标文件的充分评审和授标前的细致检查是发包人规避风险的重要环节，务必引起高度重视。由于评标委员会评审不尽职导致的评审失误带来的投资风险由发包人承担。理由如下：

（1）《建设工程施工合同（示范文本）》GF—2017—0201“条目1.5”没有将招标文件作为合同文件的组成部分；

（2）《建设工程工程量清单计价规范》GB 50500—2013“条目12.1.1”竣工结算编制和审核依据中去掉了招标文件；

（3）《建设工程工程量清单计价规范》GB 50500—2013“条目7.2.1”规定招标文件与中标人投标文件不一致的地方，以投标文件为准。

综上所述，发包人将招标文件纳入合同内容，同时，对于投标文件中的部分内容与招标文件不一致的，如工程量清单描述、单位、工程量和招标人在招标文件中提出的其他需要投标人满足的内容，以招标文件为准。

在评标委员会提供中标候选人名单以后，发包人在发出中标通知书以前应组织专业人员对中标候选人的投标文件进行全面细致检查，及时识别项目实施过程和结算时可能面临的价款争议，在发承包阶段进行具体的合同谈判和细节修改，在不违反有关法律法规的前提下及时通过合同手段规避风险。

案例3.6：评标委员会评标失误导致计价争议

某工程采用工程量清单计价，单价合同，基础C20混凝土垫层，厚度10cm，合理价格为3元/m^2，有投标人报价为30元/m^2，相差10倍，而该分部分项工程的总价仍为按照3元/m^{2}计算出来的价格，评标委员会评审时并未发现这一算术性错误。结算时投标人坚持采用30元/m^{2}结算，发承包双方产生争议。

究其原因，投标人故意利用《工程建设项目施工招标投标办法》（七部委30号令）第五十三条的规定，除招标文件另有约定外，应当按下述原则进行修正：单价与工程量的乘积与总价之间不一致时，若单价有明显的小数点错位，应以总价为准，并修改单价。如果评标时被发现计算错误，则可以按照本款规定进行修正，按规定调整后的报价经投标人确认后产生约束力，承包人如此报价没有任何不利之处；如果评标委员会评审时不能够识别，由于是单价合同，则结算时要求采用高的单价进行结算。

值得注意的是，关于《工程建设项目施工招标投标办法》（七部委30号令）仅仅是部门规章，并不属于国家强制性规定，对承包人投标文件中出现算术性错误招标人可以做出个性化的约定。比如某市轨道交通××号线在招标文件中做出了如下约定，承包人投标文件中出现算术性错误，导致其实际总造价与报价总金额不一致时，按以下原则予以修正：

（1）若数量级有误，以核准的数量级为准；

（2）若用小写表示的金额和用大写的金额不一致，以金额低者为准；

（3）单价包干部分算术性错误调整原则：

a. 当单价与数量的乘积与合价不一致时，以所报单价为准，修改合价，除非在发包人看来单价中有明显的小数点错误，在这种情况下则以所报的合价为准，修改单价。

b. 当工程量清单单价与单价分析表不一致时，以单价低的为准，若价格清单单价低于单价分析表单价，则修正单价分析表。

c. 单价包干项目工程量与招标文件价格清单工程量不一致时，按招标文件价格清单工程量进行修正。

d. 价格清单中单价包干项目的单位与招标文件工程量清单不一致时，按招标文件工程量清单修正该项的单位，同时对该项单价分析表的消耗量进行相应调整，产生调整后单价，若调整后的单价与原报价中的单价不一致时，合价按就低不就高的原则确定，同时确定相应单价。

（4）总价包干部分算术性错误调整原则：概算价与下浮率的乘积与合价不一致时，以金额低者为准。

（5）修正工程量清单中各汇总项的累加错误，单价包干项目以各子项为准，修正汇总项；总价包干项目以汇总项为准，修正各子项。

（6）拟签订合同价按上述原则核定后，按就低不就高原则确定。

2.授标前对投标文件的问题进行修正

合同签订前，对投标文件进行分析，对问题进行修正，修正的内容如下：

（1）投标文件中的实质性内容与招标文件中的要求不一致且低于招标文件的要求，在评标阶段发现应予以废标的，应要求中标人按照招标文件的要求签订合同；投标文件中的实质性内容与招标文件不一致但高于招标文件要求的，应按照投标文件的内容签订合同。

（2）非实质性内容在招标文件中有要求的，按照招标文件的要求签订合同，招标文件中没有要求或不明确的，双方可以进行协商。

（3）对于工程量清单错误、投标报价严重失误、严重的不平衡报价等数据性问题进行综合调整，在投标总价不变的情况下，调整单价。

第八节　总承包项目典型造价争议及防范

一、甲供（控）材产生造价争议

《建筑法》第五十七条规定："建筑设计单位不得对设计文件选用的建筑材料、建筑构配件和设备，指定生产厂、供应商。"《招标投标法实施条例》第三十二条规定："招标人有下列行为之一的，属于以不合理条件限制、排斥潜在投标人或者投标人：（五）限定或者指定特定的专利、商标、品牌、原产地或者供应商。"《工程建设项目施工招标投标办法》（七部委30号令）第二十六条规定："招标文件中规定的各项技术标准均不得要求或标明某一特定的专利、商标、名称、设计、原产地或生产供应者，不得含有倾向或者排斥潜在投标人的其他内容。如果必须引用某一生产供应者的技术标准才能准确或清楚地说明拟招标项目的技术标准时，则应当在参照后面加上'或相当于'的字样。"

实践中设计图纸仅仅明确外墙防水、保温做法与性能，但防水外墙涂料、保温材料等可选择性极大，且各种材料间的价格差异极为明显。如果对材料设备的品牌、规格等不予以明确，往往存在以下两个方面的问题：一是投标人选用的材料设备是否合格；二是投标人选用的材料设备与其所报价格的匹配性。

针对此类问题，目前实践过程中常见的做法是建设单位采用甲控材的方式，在招标文件中列出推荐的材料设备的短名单（不少于三家），由投标人在投标时从短名单中选择并进行相应的报价，该做法的好处在于可以确保所采购材料设备的品质，但是发包人是否能较充分的了解市场，所列出的材料设备是否为最优（较优）的，能否保证投标人的报价与所选择的材料设备的一致性，仍然存在较大的不确定性。如果在项目特征描述中明确材料设备品牌，是否符合有关规定？我们认为，项目特征描述中也不能明确材料（设备）品牌等。理由在于：

第一，项目特征描述是确定综合单价的基础，是招标工程量清单的实质性内容；

第二，国家各专业的计量规范中推荐采用的项目特征均是描述材料（设备）的品种（种类）、规格、性能等内容；

第三，招标工程量清单必须作为招标文件的组成部分，其准确性和完整性应由招标人负责，如果在项目特征描述中明确材料设备的品牌将违反国家有关规定。

针对此类问题，实践中还存在由建设单位供应材料的方式，但是存在如下问题：①从项目管理的角度分析，有利于确保品质，但不利于进度、质量等责任的一致性；②从投资控制角度分析，一般计税方法下，甲供材会导致工程投资（造价）提高。

如果由施工单位供应材料，评标时着重注意：①投标人的品牌、型号是否满足招标文件要求的品种（种类）、规格、性能；②评审报价与采用材料价格的一致性。同时，发包人应考虑将中标人投标文件中列明的品牌、型号（唯一或同档次价格差异不大时列出短名单）列入合同文件的组成部分，目前，如何列入合同文件的组成部分是实践中容易忽视的一个问题。从施工合同文件的组成分析，投标人递交体现价格属性的“已标价工程量清单”中也无法明确品牌型号的唯一性，所以，应要求投标人在投标函及其附录中或者其他投标文件中予以明确。

二、对标准规范不同理解引起的造价争议

我国现行的各类设计与施工标准、规范、规程等存在推荐性条款与强制性条款并存的情况，对于其中的推荐性条款设计过程中可能不会严格遵循，但是施工过程中承包人为规避质量安全风险会严格遵循有关条款规定的内容，就出现设计图纸与实际施工不相一致的问题，使各方对标准规范的不同理解引起计价争议。

案例3.7：设计文件与技术规程不一致引起的计价争议

某基坑支护工程采用SMW工法施工，工程适用《型钢水泥土搅拌墙技术规程》JGJ/T 199—2010，该规程“5.5环境保护”中第5.5.5条规定：“对需回收型钢的工

程，型钢拔出后留下的空隙应及时注浆填充，并应编制包括浆液配比、注浆工艺、拔除顺序等内容的专项方案”，而设计图纸中明确说明“视现场情况决定是否注浆”。合同文本采用《建设工程施工合同（示范文本）》GF—2017—0201。

发包人提供的招标工程量清单中并未对注浆进行列项，承包人考虑到周边环境要求较高，决定对型钢拔出后留下的空隙应及时注浆填充，并将施工方案报监理工程师审批。结算时，双方就注浆工程的计价产生争议。

发包人主张：是否回收型钢、是否注浆属于环境保护的要求，应由投标人在投标时结合项目周边现场情况予以考虑，应属于投标人自己投标时措施项目的漏项所致，实施注浆前对施工方案的签批仅仅是从能否满足质量安全等角度进行的，并不涉及价款签认问题，不能给予补偿。

承包人认为：第一，按照《建设工程施工合同（示范文本）》GF—2017—0201中合同文件的优先解释顺序，技术标准和要求优先于图纸、已标价工程量清单。增加注浆应属于图纸设计缺陷造成的，增加注浆分部分项工程应该属于设计变更；第二，属于发包人原因引起的分部分项工程量清单漏项，根据招标工程量清单计价规范中的规定，招标工程量清单的准确性和完整性应由发包人承担。

我们认为：第一，《型钢水泥土搅拌墙技术规程》JGJ/T 199—2010（以下简称“该规范”）属于推荐性规范，而非强制性规范，对工程设计只有指导作用，没有强制作用。①设计图纸中说明“视现场情况决定是否注浆”，并无不妥，设计图纸并无缺陷。②设计图纸与该规范并不矛盾，不存在合同文件的优先解释顺序问题。③发包方提供的图纸中已注明，至于是否注浆，视现场情况决定，这里的视现场情况应理解为由承包人结合现场在实际施工时自行决定，涉及的报价应自行考虑，这属于投标人报价时应考虑的工程量，属于措施项目，而不是发包人招标工程量清单中的分部分项工程的漏项。

第二，“承包人考虑到周边环境要求较高，决定对型钢拔出后留下的空隙应及时注浆填充，并将施工方案报监理工程师审批”，是承包人根据招标图纸的要求进行的正当操作，监理工程师按照招标图纸的要求，从满足质量安全等角度予以审批，并无不当。此审批事项在招标图纸确定的工程范围以内，不涉及价款签证或签认。

综上所述，同意建设单位的主张。

应该深入思考的是，在现行的计量规则中只有桩底注浆项目，并没有列出其他注浆（比如地下连续墙的后注浆），本案例中如果设计图纸明确要求进行注浆，则此处的注浆项目到底是属于分部分项工程还是措施项目？此时我们认为承包人应按照设计文件要求进行施工，发包人在招标文件的分部分项工程量清单中并未列项，应视为漏项，由发包人承担。

三、对有关政策文件理解不同引起计价争议

国家及各省、市会随着建筑市场的变化相继出台各项调价文件、费用定额及消耗量定额等，但是市场主体对政策文件的理解不同很容易引起计价争议。

案例3.8：发布人工单价调整文件导致的计价争议

某建设工程项目土建部分投标文件的综合单价分析表中显示：100元/工日，而同期的省定额人工单价为90元/工日，项目实施过程中人工费调整文件规定人工单价105元/工日，则此时承包人的人工单价应如何计取？有如下几种观点：①原投标报价时高于定额人工单价100元/工日，现在也应高于同期定额人工单价100元/工日，即按照115元/工日执行。②执行同期定额人工单价105元/工日。③执行投标报价时的人工单价100元/工日。

我们认为，如果合同没有明确约定人工费调整办法，应执行投标报价时的人工单价100元/工日。既然承包人投标时的报价已经高于省定额人工单价，视为已经考虑了人工费的市场风险，与省定额人工单价调整文件并无必然关系，不应以省定额人工单价调整文件发布而必然调整。同时，《建设工程造价鉴定规范》GB/T 51262—2017第5.6.3条规定："如人工费的形成是以鉴定项目所在地工程造价管理部门发布的人工费为基础在合同中约定的，可按工程所在地人工费调整文件作出鉴定意见；如不是，则应做出否定性意见。"《建设工程工程量清单计价规范》GB 50500—2008第3.4.2条规定："省级或行业建设主管部门发布的人工费调整，影响合同价款调整的，应由发包人承担，但承包人对人工费或人工单价的报价高于发布的除外。"

由于上述国家标准的规定，有些承包人既要在投标报价中提高人工费，又不想失去省级定额人工单价调整的机会，往往会通过调整人工的消耗量来实现，为规避该风险，发包人可在招标文件中规定：若投标人综合单价分析表中采用的人工单价为项目所在地工程造价管理部门发布的人工费，但是人工费单价超出按照消耗量定额计算出的招标控制价中综合单价分析表中的单价人工费时，遇到发布人工费调整文件时，调整的人工单价价差部分以当地消耗量定额中的人工消耗量标准进行调

整，甚至直接规定一旦投标时的人工费高于招标控制价中综合单价分析表中的人工费，则视为承包人已经充分考虑了人工单价的市场风险，不再因省级定额人工单价调整文件的发布而相应调整。

四、材料价格签批时不明确产生计价争议

属于合同约定的可调价材料范围中的材料，在超过合同约定的风险幅度后采购的，应该事先对材料价格予以签批，但由于一般计税方法和简易计税方法下工程造价计算时的材料价格要区分是否含税，所以在材料价格签批时未明确是否为含税价格会产生计价争议。同时，由于材料的价格组成中包含运费、运输损耗等多项内容，签批时还应明确是否包含运输费等费用。

案例3.9：材料价格签批时未明确是否为含税价格产生计价争议

某项目2017年10月签订合同，由建设单位采购地下工程防水卷材和防水混凝土，采用简易计税方法计价，承包人物价变化5%以内（含5%）的风险由承包人承担，采用当地信息价格作为基准价格。项目实施过程中，热轧圆钢ϕ12～16价格上涨幅度超过了5%，承包人在材料采购前经发包人代表签批的价格为3950元/t，但是未说明是否为含税价格。结算时承包人认为，增值税为价外税，既然没有明确是否为含税价格，则应视为不含税价格，由于采用的是简易计税方法，采购钢筋适用的增值税税率为16%，则应该按照4582元/t的价格计入综合单价；同时，承包人提供的当期的钢筋信息含税价格为4269元/t。发包人认为，采用简易计税方法计算工程造价时采用的材料价格为含税价，在没有单独约定的情况下，应视为签批的价格为计算造价时所需要的价格（即为含税价），不应该再另行增加采购材料的增值税。

我们认为，由于简易计税方法计算工程造价时，综合单价中采用含税价格；一般计税方法时，综合单价采用不含税价格，所以，在签批材料价格时应明确是否为含税价格。但是本案例中由于没有明确约定是否为含税价，产生了计价争议。双方对材料价格的签批单对于结算价款时并不能独立存在，具有附属性，可以视为具有从合同的性质，在没有单独约定的情况下，从合同保持与主合同一致的口径。综上所述，我们倾向不能予以再另行增加采购材料的增值税的做法，应该按照签批的价格直接计入工程造价。

实践中，发包人对材料价格签批的范围应该予以明确为待确定和可调价材料的

范围，不能擅自扩大签批范围，否则即使原合同中约定不进行价格调整的材料，也会因为项目实施过程中的签批，视为对原合同的变更。

发包人签批时应注意采用的价格体系的一致性，若合同约定基准价为信息价，则签批时应以同时期适用的信息价；如果合同约定基准价为投标价，则签批时应以承包人采购时的市场价格，此时需要加强分析投标材料单价的合理性，项目实施过程中需要做好认价工作，该情形在材料信息价格缺项时可以采用；若合同约定基准价为信息价和投标价中的较高者，则签批时以同时期适用的信息价为准对己有利。

尤其需要承包人注意的是，按照《建设工程造价鉴定规范》GB/T 51262—2017中第5.6.4条第二款规定："材料采购前未报发包人或其代表认质认价的，应按合同约定的价格进行鉴定"，该规定意味着需要进行材料价格调增的，一定要在材料采购前报发包人或其代表认质认价，否则按照原合同价格进行鉴定。该规定对发包人而言，如果材料价格下降超过合同约定需要调减时，也应在相应工程实施前与承包人及时办理签认手续。

五、不按照合同约定进行工程造价审计

由于审计是国家审计机关对建设单位进行的一种行政监督行为，站在维护国家利益的角度，对工程结算审计时常存在不按照合同约定进行的现象，常见于合同约定对建设单位不合理、承包人过度采用不平衡报价等情况出现。如果发承包双方合同中明确约定"以政府审计结果作为结算依据"，但是政府审计时与工程实际情况或者合同约定（含项目实施过程中的补充协议）不符，或者采用了与合同约定不符的计价依据，审计结果存在漏项或者偏差等瑕疵的，如果当事人能够举证证明不符情形的存在，应当允许当事人就不符部分另行通过司法鉴定确定造价。由于《建设工程造价鉴定规范》GB/T 51262—2017规定：委托人认定鉴定项目合同有效的，鉴定人应根据合同约定进行鉴定。这势必导致鉴定结果与审计结果不一致的情况出现，此时的结算价款到底是以政府审计结论为准还是造价鉴定意见为准？我们认为，虽然政府审计也是工程造价审核的一种有效方式，合同中明确"以政府审计结果作为结算依据"合法有效，但是该约定也未必高于合同中其他有效约定条款的效力，既然政府审计本质上是对建设单位的行政监督行为，应以最终的造价鉴定结果为准进行结算，否则将失去允许当事人申请造价鉴定的意义。

案例3.10：政府审计对已标价工程量清单中的综合单价进行扣减

某政府投资项目工期为5个月，由于发包时设计图纸未出全，采用模拟工程量清单进行招标，合同约定采用固定单价合同、工程量据实结算，进度款按月支付，双方结算以政府审计结论为准，合同中未对工程量偏差达到一定比例后综合单价调整进行约定。部分分部分项工程的实际工程量与模拟清单中的工程数量差别很大，承包人投标报价时对预计工程量增加的部分采用了不平衡报价，比正常单价高了一倍。政府审计时认为已标价工程量清单中的综合单价过高，要求采用社会平均水平下的综合单价进行计算。承包人认为，进度款计算与支付过程中发包人均是按照已标价工程量清单中的综合单价进行的，应视为其对该单价的认可，结算时不能扣减。

对于该类问题，政府审计站在维护国家利益的角度，特殊情况下是可以单方出具审计结论的，我们建议，合同约定应尽可能科学合理、投标时采用不平衡报价时一定要在合理的范围内，切不要触及审计机关的底线。

本章小结

清单计价模式下，招标工程量清单的准确性和完整性由招标人负责是清单计价规范的强制性规定，针对目前招标工程量清单编制存在的问题和项目特征描述的重要性，明确项目特征描述的原则和提出改进招标工程量清单和最高投标限价编审质量的相应对策；深入系统分析了综合单价风险的确定与调整方法，以科学分担物价波动风险和减少计价争议；对暂列金额、计日工、总承包服务费的计价进行了深度分析，阐述了措施项目计价的特点和措施项目计价争议的成因，提出了计价风险与争议防范对策；系统论述了暂估价设置原则及对发承包双方的风险，分析了暂估价项目计价争议成因和对策；针对常见的投标报价问题、五种常见总承包项目典型造价争议进行了深入分析并提出了风险防范对策，同时还详细分析了部分典型案例。

第四章

工程总承包项目造价管理与风险防范

我国工程总承包市场尤其是房屋建筑和市政工程领域尚处于培育和推广阶段，工程总承包项目的造价管理对市场主体是个全新的课题。发包阶段的选择、合同形式的确定、最高投标限价的编审、招标评标定标方式的考量等诸多对造价影响重大的问题尚没有得到充分的认知，还没有形成普遍认可的应对策略，亟须深入系统研究。对于市场主体而言，工程总承包管理的造价风险管理较为欠缺，尤其是目前业内对隐性造价风险的防范还没有系统性的论述。

第一节 工程总承包项目的发包阶段及招标方式

一、工程总承包项目的发包阶段及对应造价

建设单位可以在建设项目的可行性研究批准立项或方案设计批准后，或初步设计批准后采用工程总承包的方式发包，各阶段发包与之对应的造价如图4.1所示。

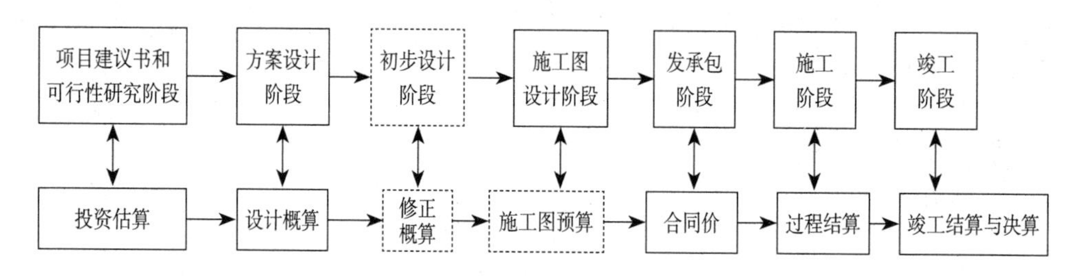

图4.1 不同阶段相对应的造价

《住房与城乡建设部关于进一步推进工程总承包发展的若干意见》（建市〔2016〕93号）中指出，工程总承包一般采用设计—采购—施工总承包或者设计—施工总承包方式，建设单位也可以根据项目特点和实际需要，按照风险合理分担原则采用其他工程总承包方式。

《建设项目工程总承包管理规范》GB/T 50358—2017中明确工程总承包有下列

方式：设计采购施工（EPC）/交钥匙工程总承包；设计—施工总承包（D-B）；设计—采购总承包（E-P）；采购—施工总承包（P-C）等方式。

《房屋建筑和市政基础设施项目工程总承包管理办法》（建市规〔2019〕12号）中明确，工程总承包是指承包单位按照与建设单位签订的合同，对工程设计、采购、施工或者设计、施工等阶段实行总承包，并对工程的质量、安全、工期和造价等全面负责的工程建设组织实施方式。

《上海市建设项目工程总承包管理办法》（沪住建规范〔2021〕3号）中所称工程总承包，是指承包单位采用设计—采购—施工总承包（可含勘察）或者设计—施工总承包（可含勘察）模式，按照风险合理分担原则与建设单位签订工程总承包合同，对工程的质量、安全、工期和造价等进行全面负责的工程建设组织实施方式。

可以看出，关于工程总承包的定义并不统一，但国外机构或组织均强调工程总承包项目设计施工的一体化，并交由一个承包人负责完成。设计和施工主体的分离、时间上的错位，导致设计方难以吸收施工过程中反馈的信息来进一步优化工程设计，施工方积累的施工经验也难以落实到工程设计中，而只能是被动的照图施工，设计与施工一体化才是工程总承包的灵魂。

工程总承包模式作为国际通行的发包模式，发包基础与国内传统的施工总承包模式具有本质的不同，如图4.2所示。

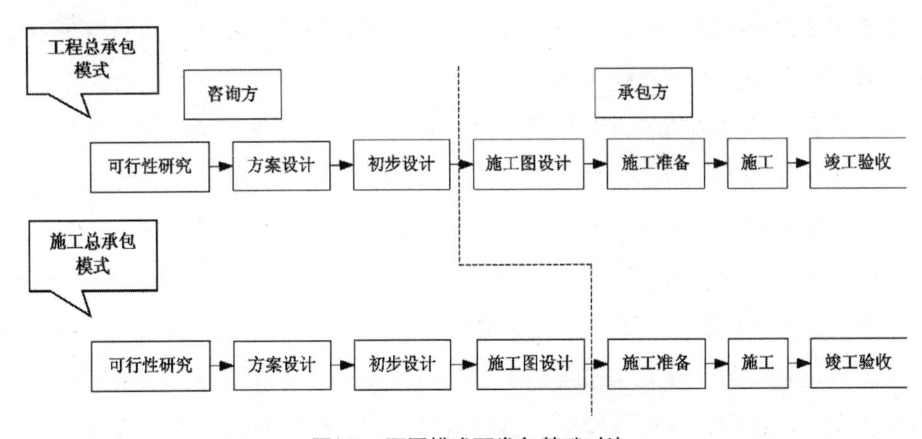

图4.2　不同模式下发包基础对比

工程总承包发包阶段可以分为以下三个阶段：一是项目审批、核准或者备案程序后，承包人承担“方案设计+初步设计+施工图设计+施工”；二是方案或方案深化完成后，承包人承担“初步设计+施工图设计+施工”；三是初步设计及初设概算批复后，承包人承担“施工图设计+施工”。采用工程总承包模式后，承包人至少要承担施工图设计任务，由于计价基础和计价方式有很大的不同，这给造价管理带来了革命性的变化。可行性研究批准立项后发包是在项目可行性研究完成，并获得项目批文后，工程项目发包人（或聘请咨询公司）编制工程项目功能说明书，即在编制对拟建项目功能与建设标准进行描述的文件的基础上，组织工程总承包招标，选择总承包人、签订工程总承包合同。该合同包括从工程初步设计到工程验收、交付的全部建设内容，可以充分发挥工程总承包的优势，一般适用于项目建设目标、建设条件均较为确定的工程，以防发包人或总承包人遭遇较大的项目风险。方案设计初批准后发包是在项目方案设计或初步设计完成，且方案设计或初步设计得到批准后，项目发包人以批准的方案设计或初步设计文件为基础，组织工程总承包招标，选择总承包人，并签订工程总承包合同。因工程设计方案、主体工程结构、工程主要部分的施工方案等均已确定，工程总承包人在实施过程中发挥空间较小，需要承担的风险相对也较小，一般适合于不确定性较大的工程，与DBB方式下的施工总承包模式较接近。

二、发包阶段的选择

由于可行性研究侧重解决以下三个方面的问题：基于市场角度的必要性研究、基于技术角度的可行性研究，基于经济角度的合理性研究。其编制目的在于论述项目是否可行，重心在于项目能否获得立项，可行性研究报告的内容是否完全具备上述明确的发包条件是必须予以关注的事项，如果不完全具备，还应进一步细化对确定工程投资可能有影响的造价因素。由于获批的可行性研究报告未必就是发包人确定最高投标限价的全部基础材料，可行性研究批准立项后发包还应进一步明确工程总承包的内容及范围、规模、标准、功能、质量、安全、工期、验收等量化指标，否则对固定总价的风险范围难以进行清晰的界定。所以，湖南、浙江并不接受项目立项可研批复阶段的工程总承包发包。上海市明确建设单位应当完成项目审批、核准或者备案后，结合项目实际情况，自行选择工程总承包模式，具体而言，采用工程总承包方式的企业投资项目，应当在核准或者备案后进行工程总承包项目发包；采用工程总承包方式的政府投资项目，除下述情况外，原则上应当在初步设计批复完成后进行工程总承包项目发包：①工程可行性研究报告（初步设计深度）获得批准的房屋建筑项目；②工程可行性研究报告获得批准的以下项目：建设标准明确的中、小型市政基础设施、交通（不含公路）、园林绿化、水利等项目；此类项目，根据实际情况，可将勘察业务纳入工程总承包进行发包；③对建设周期有特殊要求的重大建设项目。山西省要求只有工程项目的建设规模、设计方案、功能需求、技术标准、质量和进度要求、投资限额及主要设备规格等均应确定的情况下，才能在项目审批、核准或者备案、环境评价手续完成，其中政府投资项目的工程可行性研究报告已获得批准后进行工程总承包发包。福建省则强调在可研批复后进行工程总承包发包的，宜采用预算后审方式，中标价仅作为合同暂定价，在中标人完成初步设计和设计概算报批手续后，中标人再进行施工图设计并编制预算，预算造价经建设单位及财政审核部门（如需）审核确定后作为合同价，并以签订合同补充协议的方式确定工程总承包的固定总价。

综上所述，发包人在方案设计或初步设计批复后进行工程总承包发包，在建筑市场诚信环境亟须提高的背景下更易于投资控制和固定总价的风险分配，也更有利于确保项目的功能、质量等，工程总承包的发包应以方案设计阶段或初步设计批复后进行为主。部分项目在可研批复阶段实施工程总承包发包的，发承包双方应结合地方主管部门的规定或指导性文件，合理确定合同价格形式和风险责任分配，确保项目实施的双赢结果。《房屋建筑和市政基础设施项目工程总承包管理办法》（建市规〔2019〕12号）中明确，采用工程总承包方式的企业投资项目，应当在核准或者备案后进行工程总承包项目发包。采用工程总承包方式的政府投资项目，原则上应当在初步设计审批完成后进行工程总承包项目发包，初步设计完成后进行发包，相应工程的规模、技术参照、性能要求等较为透明，承包人投标时所获得的信息较为完备，在此基础上做的投标报价更有信赖的依据和基础，合同履行过程中所产生的不确定风险相对就会减少。

三、工程总承包项目的招标方式

按招标的阶段划分，招标程序可以分为单阶段招标和两阶段招标。两者的区别在于技术标与商务标是否同时提交。公开招标和邀请招标均可以进行单阶段或两阶段招标。

1.单阶段招标

采用单阶段招标，投标人将技术标和商务标同时提交给招标人，又可细分为“单信封”和“双信封”两种方式。

“单信封”方式是指将技术标和商务标装在同一个信封里，开标时一起打开宣读，一般采用最低投标价法。适用于技术要求不高的常规性项目。“双信封”方式是将技术标和商务标分别装在两个不同信封中，再同时提交给招标人。开标时，先打开技术标进行评审，若提交的设计方案与招标文件中提出的项目要求存在偏差，招标人可建议投标人进行方案修改，再对修改部分调整报价。在确定了所提交的技术标实质上响应了招标文件内容后，再对商务标进行开标。若建设项目技术不复杂，技术标差别不大或对项目性能影响不大，可选用最低投标价法。若设计方案对项目的影响较大，可采用综合评标法。该招标方式适用于设计不复杂、不确定性较低的项目。

2.两阶段招标

若招标人希望能够利用总承包商的技术力量为项目提供优秀的技术方案，招标人可以采用两阶段招标的方式。这种方式一般不用于公开竞争性招标，而只用于邀请招标。首先邀请招标根据概念设计或性能规格编制的不带报价的技术建议书。招标人有可能前期工作不够深入，对项目只有一些粗浅的认识和基本的要求，招标文件也比较简单，投标人对项目的理解和招标人的要求出入比较大。招标人可以利用这个机会对项目有更深刻的认识，提出对项目的范围和目标更明确的要求，同时对各个技术标中的方案进行综合考虑，再与技术标评审中比较优的几家投标人进行技术上和商务上的沟通和磋商，以调整设计方案。同时，招标人可根据投标人的反馈信息调整招标文件，并邀请投标人提交最终的投标文件，包括技术方案和投标报价。该方式下，投标人工作量大，费用高，因此邀请的有实力的总承包人的数量不宜过多，3～5家较合适。此外，两阶段招标所需时间较长，一般采用资格后审方式。

在两阶段招标中，第一阶段，投标人按照招标公告或者投标邀请书的要求提交不带报价的技术建议，招标人根据投标人提交的技术建议确定技术标准和要求，编制招标文件。第二阶段，招标人向在第一阶段提交技术建议的投标人提供招标文件，投标人按照招标文件的要求提交包括最终技术方案和投标报价的投标文件。第一阶段是征集技术方案、编制招标文件阶段，可以交流谈判和修改技术方案，不受招标投标程序约束，可以要求附带经济指标或最高限价（并非实质报价）；第二阶段的投标人一般是第一阶段递交技术方案的单位，防止技术方案的倾向和排斥性。

《江苏省房屋建筑和市政基础设施项目工程总承包招标投标导则》（苏建招办〔2018〕3号）中明确，工程总承包项目招标一般应当采用两阶段评标。投标人应当按照招标文件的要求编制、递交投标文件（一般包括两部分：一是设计文件部分，二是投标文件的商务技术部分，包括资格审查材料、工程总承包报价、项目管理组织方案以及工程业绩等）。开标、评标活动分两个阶段进行。

第一阶段：先开设计文件及资格审查资料（实行资格后审的）部分，对设计文件及资格审查资料（实行资格后审的）进行评审。在设计文件评审及资格审查（实行资格后审的）合格（得分60%以上，具体合格分在招标文件中明确）的投标人中，只有设计文件得分汇总排在前若干名的（不少于5名，具体数量在招标文件中明确），才能进入第二阶段开标、评标；设计文件评审合格的投标人少于5名的，全部进入第二阶段开标、评标。

第二阶段：开启所有投标文件的商务技术部分后，宣布进入第二阶段评审入围的投标人，评标委员会按照招标文件规定的评标方法对商务技术标进行评审。设计文件得分是否带入第二阶段，由招标人根据招标项目的实际情况在招标文件中明确。

在初步设计完成后进行招标的工程总承包项目，可以不采用两阶段评标。如果采用，则第一阶段评审“项目管理组织方案”，第二阶段评审“资格审查材料、工程总承包报价以及工程业绩”等。

综上所述，采用何种招标程序与项目的类型、设计难度和承包商能力有显著关系，对于总承包项目，设计难度不会过大，有一定数量的承包商可以承担拟建项目的，为保障技术标能最大程度的满足业主要求，并有利于发包人实施阶段的投资控制，建议采用单阶段双封制或者两阶段招标。因此，总承包项目招标程序较传统招标模式存在许多应注意的问题。如要确定合理的招标时间，确保投标人有足够时间对招标文件进行仔细研究、核查招标人需求、进行必要的深化设计、风险评估和估算。招标过程中，允许投标人就技术问题和商务条件与招标人进行磋商，达成一致后作为合同的组成部分，谨慎选择评标定标方法等。例如《上海市建设项目工程总承包管理办法》（沪住建规范〔2021〕3号）中明确，依法必须进行招标的工程总承包项目，自招标文件开始发售之日起至投标人提交投标文件截止时间止，可行性研究（初步设计深度）批复或者初步设计批复完成后进行发包的工程总承包项目，最短不得少于30日，其余工程总承包项目最短不得少于45日；工程总承包评标宜采用综合评估法，综合评估因素主要包括工程总承包报价、项目管理组织方案、设计技术方案、设备采购方案、施工组织设计或者施工计划、质量安全保证措施、工程总承包业绩及信用等。再例如，《浙江省关于进一步推进房屋建筑和市政基础设施项目工程总承包发展的实施意见》（浙建〔2021〕2号）中要求，初步设计完成后招标的，自招标文件开始发出之日起至投标人提交投标文件截止之日，不宜少于30日；工程总承包项目评标一般采用综合评估法，评审的主要因素包括工程总承包报价、项目经理能力、项目管理组织方案、设计技术方案、设备采购方案、施工组织设计或者施工计划、质量安全保证措施、工程总承包项目业绩及企业信用情况等，其中报价评分权重不宜低于50%。

工程总承包模式下，招标人在招标过程中需做好以下准备工作：

（1）谨慎认定投标人的工程总承包管理能力与履约能力。包括是否具有工程总承包管理需要的团队、工程总承包管理团队的主要人员是否具有较为丰富的工程管理经验、投标人是否建立了与工程总承包管理业务相适应的组织机构和项目管理体系、投标人的整体实力以及财务状况和履约能力情况等。

（2）考察投标人是否进行一定程度的设计深化，深化的设计是否符合招标需求、发包人要求的规定。

（3）考核投标报价是否合理。包括投标人是否编制了较为详细的估算工程量清单、估算工程量清单与其深化的设计方案是否相匹配、投标单价是否合理等。

在各投标人完成投标后，还需做好清标及评标工作。鉴于工程总承包投标包含设计工作，评标原则及方法的设计非常重要，采用哪种评审办法、如何设置评分项及分值安排等均需根据项目情况深入研究。在清标环节，更是要根据招标文件要求对投标文件的响应性（包括技术标和经济标）进行核实，并及时澄清。

第二节 《发包人要求》编制方法与实务

一、《发包人要求》的内涵及意义

《建设工程项目总承包合同示范文本》GF—2020—0216（以下简称《示范文本》）中“发包人要求”的定义为：“指构成合同文件组成部分的名为《发包人要求》的文件，其中列明工程的目的、范围、设计与其他技术标准和要求，以及合同双方当事人约定对其所做的修改或补充。”发包人通过《发包人要求》明确建设目的、标准和需求，是发包人建设意图的真实准确表达，是实现建设目标的具体体现。《发包人要求》是发包人在招标前开展准备工作的指引，是招标文件的重要组成部分，更是发承包双方权利义务关系的落脚点。2020版《示范文本》中将“发包人要求”作为附件1进行单列，具有与专用条款一样的解释顺序和法律效力。

传统模式中，承包单位实施项目最核心的依据为施工图纸，在实施工程总承包项目时，施工图设计由承包人完成，承包人参与工程建设的时间切入点被提前。完成施工图的主要依据是“规范”和“发包人要求”，“发包人要求”成为“验收”标准。所以，发包人实施项目的理念也需从按“图”验收转变为按“约”验收。

《发包人要求》是承包人参与项目建设的重要基础资料及依据，主要体现在：(1)作为投标人参与投标活动的指导性文件，是投标人在投标阶段有效识别风险，合理确定成本、进度、质量及安全目标的重要依据，确保投标的合理性；(2)界定工程实施过程中所发生的变化是否属于变更的依据，是承包人保障自身权益、获取变更效益的重要依据。在项目中标后，使用方的需求可能随时发生变化，变化的基础则是“发包人要求”。在计算变更费用时，通过对比新增需求与“发包人要求”中对应标准的变化，计算量差或价差，从而确认对应的变更费用；(3)密切关系到整个项目的成本、质量、进度，其完整性、合理性直接关系到项目可能产生的合同纠纷。“发包人要求”作为合同的重要组成部分，是承包人履行项目建设的重要依据，若依据本身存在错误，则会给项目建设带来各种不可预见的问题，影响项目的成本目标、质量目标以及进度目标，承包人自然会通过索赔等手段来确保自身利益。

二、《发包人要求》编制方法及要求

一份理想的《发包人要求》有利于保障项目的整体性、完整性，确保项目品质；有利于规避项目运行过程中的各种风险，减少项目过程沟通成本，促进项目加速推进。《房屋建筑和市政基础设施项目工程总承包管理办法》(建市规〔2019〕12号)中明确，发包人要求应列明项目的目标、范围、设计和其他技术标准，包括对项目的内容、范围、规模、标准、功能、质量、安全、节约能源、生态环境保护、工期、验收等的明确要求。

《发包人要求》应成为招标工程量清单编制时关键的内容之一。发包人要求应尽可能清晰准确，对于可以进行定量评估的工作，发包人要求不仅应明确规定其产能、功能、用途、质量、环境、安全，并且要规定偏离的范围和计算方法，以及检验、试验、试运行的具体要求。发包人对于工程的技术标准、功能要求高于或严于现行国家、行业或地方标准的，应当在“发包人要求”中予以明确。对于承包人负责提供的有关设备和服务，对发包人人员进行培训和提供一些消耗品等，在发包人要求中应一并明确规定。

完全基于性能要求（Performance-oriented）通常是标准化非常强的一类，实践中有非常多类似的项目（比如普通住宅项目），能完全基于性能可以把发包人的需求说清楚；但有的需求基于性能很难说清楚（比如复杂的公共建筑），采用规定性的要求（Prescriptive），规定很细的发包人要求/发包人要求。规定性的要求不应过于细致以至于减少承包人的设计责任，同时限制了承包人创新设计的能力。

发包人要求在完备的同时，还要有灵活性，使承包人有机会创造性地发挥设计与施工融合的优点，提高工程质量，降低工程造价，缩短建设周期。发包人要求应由相关专业领域人员起草，而合同条件则由法律专家起草，因此，必须对发包人要求进行认真检查，从而确保合同条件与发包人要求之间不产生冲突。专业领域相关人员编写发包人要求时，既可以是基于性能的描述，也可以是规定性的要求。完全基于性能要求，通常是标准化非常强的，实践中有非常多类似的项目（比如普通住宅项目），能完全基于性能可以把发包人的需求说清楚，而有的需求基于性能很难说清楚（比如复杂的公共建筑）。规定性的要求不应过于细致以至于减少承包人的设计责任，同时限制了承包人创新设计的能力。因此，发包人要求在完备的同时，还要有灵活性，使承包人有机会创造性地发挥设计与施工融合的优点，提高工程质量，降低工程造价，缩短建设周期。

《建设工程项目总承包合同示范文本》GF—2020—0216中对《发包人要求》和基础资料中的错误做出了如下规定：承包人应尽早认真阅读、复核“发包人要求”以及其提供的基础资料，发现错误的，应及时书面通知发包人补正。发包人作相应修改的，按照变更与调整的约定处理；“发包人要求”或其提供的基础资料中的错误导致承包人增加费用和（或）工期延误的，发包人应承担由此增加的费用和（或）工期延误，并向承包人支付合理利润。

《标准设计施工总承包合同》（2012年版）中有关“发包人要求”的内容主要有：

1.13 发包人要求中的错误（A）

1.13.1 承包人应认真阅读、复核发包人要求，发现错误的，应及时书面通知发包人。

1.13.2 发包人要求中的错误导致承包人增加费用和（或）工期延误的，发包人应承担由此增加的费用和（或）工期延误，并向承包人支付合理利润。

1.13 发包人要求中的错误（B）

1.13.1 承包人应认真阅读、复核发包人要求，发现错误的，应及时书面通知发包人。发包人作相应修改的，按照第15条约定处理。对确实存在的错误，发包人坚持不做修改的，应承担由此导致承包人增加的费用和（或）延误的工期。

1.13.2 承包人未发现发包人要求中存在错误的，承包人自行承担由此导致的费用增加和（或）工期延误，但专用合同条款另有约定的除外。

1.13.3 无论承包人发现与否，在任何情况下，发包人要求中的下列错误导致承包人增加的费用和（或）延误的工期，由发包人承担，并向承包人支付合理利润。

（1）发包人要求中引用的原始数据和资料；

（2）对工程或其任何部分的功能要求；

（3）对工程的工艺安排或要求；

（4）试验和检验标准；

（5）除合同另有约定外，承包人无法核实的数据和资料。

1.14 发包人要求违法

发包人要求违反法律规定的，承包人发现后应书面通知发包人，并要求其改正。发包人收到通知书后不予改正或不予答复的，承包人有权拒绝履行合同义务，直至解除合同。发包人应承担由此引起的承包人全部损失。

三、《发包人要求》编制实务

对于轨道交通工程总承包项目，发包人要求可包括通用技术条件和施工图设计与勘察专用技术条件两部分。通用技术条件包括工期要求、前期工作等相关要求，专用技术条件包括车站建筑、结构设计、机电设备等相关要求。从工程筹划及关键工期、交通疏解及施工车辆管理、管线迁改、绿化迁移、施工勘察检测、前期手续办理、考古、排水、废物排放、沉降监测，防水防腐蚀，既要完备细致，又要具体灵活。对于可以定量评估的工作如材料的用量、性能指标等，要规定偏离的范围、技术标准等具体要求。

《发包人要求》宜包括下列内容：

（一）概述

（二）招标范围与规模

1.招标范围

2.工程规模

3.工作界区

4.发包人提供的现场条件

（三）功能需求

1.功能需求任务书

2.性能保证指标（性能保证表）

3.产能保证指标

（四）建设标准

1.设计标准和规范

2.技术标准和要求

3.质量标准

4.工艺安排或要求

5.主要材料设备参数、指标及品牌档次

6.发包人已完成的设计文件

7.发包人提供的其他条件

（五）项目管理规定

1.设计文件，及其相关审批、核准、备案要求

2.设计、施工和设备监造、试验

3.样品

4.进度，包括里程碑进度计划

5.支付

6.变更

7.分包以及设备供应商

8.HSE（健康、安全与环境管理体系）

9.沟通

10.竣工试验

11.竣工验收

12.竣工后试验

13.对项目业主人员的操作培训

14.缺陷责任期的服务要求

（六）发包人要求附件清单

以下为某市轨道交通××号线《发包人要求》的主要内容摘录。

第一部分　通用技术条件

1 工期要求

1.1 承包人必须充分了解本工程的关键工期、特殊工序、关键工序以及工程中的难点、重点，并拟定相应的施工方案、施工工艺、技术措施以及确保关键工期实现的保证措施。

1.2 承包人应根据批准的施工方案，在满足合同工期要求的前提下，对进场的标段项目部、机械设备、材料等做出专项安排，保证各项资源及时到位，合理调配。

1.3 施工计划和进度报告

(1) 承包人在履行合同期间，应严格执行发包人下达的各项计划、指令，遵守发包人制定的计划统计管理办法；发包人为了统筹全线工程做好各项施工的衔接而设立"关键工期"，承包人必须无条件服从，并在施工组织中采取一切有效的措施，确保"关键工期"的工程完成；同时，为确保工程总目标的实现，发包人可根据工程进展的情况，通过审查确立新的"关键工期"项目，承包人应从大局出发，采取积极的措施，调整施工组织安排，制订新的施工计划，保证完成新确定的"关键工期"项目。

(2) 承包人在合同签订后21日内向发包人递交整个工程的施工计划，每年12月10日前向发包人递交下一年度的施工计划。在每月20日和季度末月20日递交下月或下季度的施工计划，其内容包括拟按期完成的产值、工程形象进度和工程量、材料的耗用量、劳动力安排、材料(设备)的计划安排等。

(3) 承包人每月向监理工程师递交当月工程进度报告，报告应附有适当的说明以及形象进度示意图和照片，以满足监理工程师有效地审议工程进度，并有可能批准修订实施进度。工程进度报告至少应包括以下内容：①包括临时工程在内的完成形象进度、工程量和累计完成的形象进度、工程量；②材料的实际进货、消耗和储存量；③以上两项按项目逐项统计的总计、逐月累计和计算百分比；④设备的进货和使用安排；⑤实施的形象进度；⑥记述已经延误或可能延误施工进度的影响因素和排除这些因素的影响重新达到原设计进度所采取的措施等；⑦投入的主要管理技术人员、工人及资金使用情况。

1.4 工程的开工时间

(1) 全线首通段计划开工时间为××××年××月××日，实际全线开工时间以第一个单位工程的开工报告经监理工程师批准开工之日起计算。

(2) 后通段计划开工时间为××××年××月××日，实际开工时间以第一个单位工程的开工报告经监理工程师批准开工之日起计算。

（3）单位工程的划分以发包人及承包人安全质量报监手续批准的为准。

（4）发包人及承包人的工程延误时间，分别为首通段和后通段第一个单位工程的开工报告经监理工程师批准开工之日起计算。

1.5 里程碑工期及关键工期

（1）承包人应按投标人须知中规定的工期内完成建设范围内的全部工程。

（2）承包人应采取一切措施，确保实施的建设范围内的工程满足本合同的里程碑工期即关键工期要求，具体见招标完成后发包人通过审查确立并下发的总体工期策划及关键工期目标。

（3）承包人需在发包人关键工期要求的基础上进一步逐个工点细化工期安排，作为承包人推进工程和自身内部考核的依据，投标人在投标文件中须明确全线开通的关键线路和关键节点工期目标，发包人对其中的关键线路和关键节点工期目标及发包人下达的进度计划进行考核。全线开通的关键线路和关键节点工期目标包括各关键工点的主体及附属开工完工时间、盾构始发到达时间、区间隧道贯通时间、土建移交机电时间、轨通及电通时间、三权移交时间、综合联调试运行及开通时间等。

（4）若在任何时候，由于承包人的原因造成工程实际进度落后于经发包人审查下发的总体工期策划确定的里程碑工期及关键工期时，则视为承包人工程延误；如三权移交时间不能保证，则视为违约。承包人应及时修订施工进度计划，并采取一切必要的措施加快施工进度，以确保关键工期和开通目标。

1.6 承包人应充分考虑本工程工期风险，包括规划调整、环境保护、征地拆迁、地质风险、初步设计招标涉及的重大设计方案调整、政府原因停工等诸多影响工期的因素，并采取一切必要的措施保证开通工期目标。在编制施工组织设计和工程筹划时，不得优化招标设计方案和改变发包人关键工期目标。结合工程实际，可以提出工程实施存在的难点问题及合理化建议方案，作为投标书附件。

明确工程筹划及关键工期要求，明确里程碑计划。

2 前期工作

2.1 交通疏解及施工车辆管理

2.1.1 交通疏解工程包含在承包人的合同范围内。承包人应按政府部门批准的交通疏解方案编制详细的交通组织设计，并组织实施。承包人在开设路口、临时封闭道路、临时占用人行道、占用绿地以及交通疏解方案实施前，必须办理必要的报批手续并承担相关费用。交通疏解方案以政府交管部门最终批复为准。

2.1.2 承包人应积极完善和优化交通疏解方案，并无条件按照政府相关部门批准的每一次交通疏解方案实施，承包人若自行调整施工现场及其周边附属设施的布置（包括拆移施工现场临时围挡，破除围挡内的道路，破除所有承包人设置的临时硬化地面和道路），以及承包人自行调整其施工作业顺序，所发生的全部费用和开支由承包人承担，不得就以上事项提出工期和费用索赔。

2.1.3 因交通疏导的原因必须在夜间施工的工序不得改在白天施工。

2.1.4 承包人应采取有效措施保证施工范围内车辆及行人安全通行。承包人应派专职人员协助交警，疏导施工路段的交通并维护交通安全设施的正常使用，如有缺失，应立即向交通管理部门报告，否则因交通设施缺失造成的后果由承包人负责。施工中如有交通组织的变更须事先向公安交警局报告并征得同意。承包人不得擅自破挖道路，施工车辆不得在已开放交通的行车道上任意停放，否则将接受交管部门的处罚。

2.1.5 承包人在施工路段必须按相关规定设置围挡，以减少施工对车辆及行人的干扰，路上施工人员须穿着反光衣以保证安全，由于违章施工引起的各种事故由承包人负责。

2.1.6 承包人应加强对泥头车的规范管理，严格遵守某市对泥头车管理的有关规定。在土方、弃渣运输时，必须严格遵守《建筑废弃物运输车辆标志与监控终端、车厢规格与密闭》DBJ 440100/T 130—2012、《某市建设工程文明施工管理规定》及发包人的有关管理规定，运输车辆须为合格、合法的车辆，运输车辆须具有合法有效的《某市建筑废弃物运输车辆标识》。运输车辆禁止超高超载、车厢须密闭平装，车轮带泥及沿途洒漏，并配备覆盖措施，维护市容市貌整洁。泥头车要严格按交警部门的规定行使，不得在禁行路段或禁行时段通行，严禁在市区鸣喇叭。承包人须自觉配合城管部门执法检查，不得以任何理由拖延调查、对抗执法。

2.1.7 合同履行期间，承包人负责对本工程围挡及周边既有道路前后50m范围内的道路、交通标示进行检查、保护、维修、养护和管理，使其处于良好状态。

2.1.8 工程完工后，承包人负责恢复并移交道路、交通标示等设施，组织道路管养单位参与进行竣工验收。竣工验收合格后承包人应及时将权力移交给各道路管养单位，因移交延迟造成的责任和损失由承包人负责。

2.2 管线迁改

2.2.1 承包人应全面负责管线迁改统筹工作并同管线迁改单位进行充分沟通与协调，在管线迁改单位组织实施时，承包人无条件满足管线迁改顺利施工。

2.2.2 管线综合平衡设计及管线迁改工程包含在承包人的总承包合同范围内。

承包人负责提出管线迁改规划方案，报规划部门审批，作为管线迁改具体实施方案的总纲。承包人从管线产权单位推荐的几个设计单位中选择设计方案，送发包人及管线产权单位审查确认后，再进行施工。

2.2.3 承包人应充分认识到管线迁改的复杂性，掌握管线与主体结构、管线之间、周边建（构）筑物的位置关系，按相关法律、法规、产权单位的规定以及批准的施工图设计展开管线迁改工作。在实施管线迁改中发生的抢修、抢险等突发事件，承包人应全程参与并跟踪处理，直至处理完毕。因承包人在实施管线迁改中所引起的一切纠纷、责任、赔偿及费用由承包人全部承担。

2.2.4 在合同履行期间，承包人应根据本项目进度计划，合理安排管线迁改时间，编制管线迁改的详细进度计划，并报发包人备案。因承包人管线迁改进度计划延误，监理工程师可通知承包人采取整改措施，以达到进度要求。

2.2.5 管线迁改工程完工后，承包人负责组织各管线产权单位参与，按本合同完工检验、竣工初验、竣工验收的约定进行竣工验收。竣工验收合格后承包人应及时将权力移交给各发包人单位，因移交延迟造成的责任和损失由承包人负责。

2.2.6 管线保护由承包人负责，管线保护包括对既有管线的保护、对迁改后管线的保护以及通信电力线缆的拨移保护等。承包人负责全面摸查场地内及周边管线详细情况，形成书面和影像资料，承包人应与管线所有权人签订管线保护协议并送发包人备案。承包人进行管线支托、悬吊及就地保护施工图设计并编制保护方案，送发包人及管线产权单位审查确认后，再进行施工。

2.3 绿化迁移

2.3.1 绿化工程包含但不仅限于：绿化迁移、砍伐、回迁、恢复、保护、养护、修枝等在承包人的合同范围内。

2.3.2 发包人负责绿化迁移行政手续的申办工作，承包人无条件协助发包人的绿化迁移行政手续的申办。无绿化行政手续前，承包人不得对场地内的绿化进行随意砍伐、破坏，并做好相应的看管、保护措施，否则所有责任由承包人承担。绿化迁改方案以政府绿化主管部门最终批复为准。

2.3.3 承包人应积极完善和优化绿化迁移、保护、养护方案，并无条件按照政府相关部门批准的方案实施，承包人若自行调整迁改保护、养护方案，所发生的全部经济、法律、维稳等责任由承包人承担。

2.3.4 承包人须提前做好绿化养护场地的前期准备工作，以满足绿化迁移的需要。

2.3.5 承包人施工前，应办理施工许可手续，并在施工许可的时间范围内按质按量完成施工；发包人给予配合。

2.3.6 承包人应采取有效措施保证绿化施工范围内车辆及行人安全通行。承包人应派专职人员协助交管部门和绿化主管部门。施工中如有绿化迁改的变更须事先绿化主管部门征得同意。承包人不得擅自砍伐、破坏绿化，否则所发生的全部经济、法律、维稳、行政处罚等责任由承包人承担。

2.3.7 绿化迁移、养护及回迁过程中，承包人须采取负责相应措施，确保所有迁移绿化的成活。

若有需要，工程完工后，承包人负责按发包人或用地发包人的要求做好绿化的回迁、恢复工作。

2.4 施工勘察管理

承包人组织的施工勘察应严格按照地铁集团现有的《城市轨道交通工程施工勘察实施细则》执行。

2.5 施工监测管理

2.5.1 承包人应按发包人要求，建立施工监测管理体系及考核制度，制定岗位职责，明确分工，责任到人。

2.5.2 承包人应依据施工合同、设计文件、第三方监测方案及有关的施工监测技术要求、规范、规程等编制切实可行的施工监控量测方案，各工区按照方案并结合工程实际制定相应实施方案。承包人技术负责人对各工区监控量测工作进行日常检查、指导。

2.5.3 承包人应按发包人要求，建立监控量测信息反馈体系，监测项目按照“分区、分级、分阶段”的原则制定监控量测控制标准，并按黄色、橙色和红色三级预警进行反馈和控制，出现监测异常情况后，第一时间上报监理单位和发包人，并及时分析原因。按相关规定、要求及应急预案，立刻采取相应措施进行处理。

2.5.4 承包人应结合地铁建设实际情况，积极配合、响应、落实某市政府及相关部门推行的相关监测系统，如某市住建委的地下工程与深基坑系统和高支模实时监测系统等各项要求。

2.6 前期手续办理工作

2.6.1 承包人应协助发包人办理以下前期手续：

(1) 绿化迁移及恢复工程；

(2) 涉及市政天桥，过街通道的拆除和复建；征借地范围内建(构)筑物的恢复，房屋复建；

(3) 根据现场情况可能发生的其他零星工程项目，如围墙、广场的拆除、恢复等项目；

（4）涉及农用地的，须按要求完成复垦方案编制，与国土、银行等部门签订三方监管协议，按照复垦方案标准预存复垦费用等；待施工完毕后，按复垦要求恢复场地并达到复垦要求后，区国土会予以退回预存的复垦费用；

（5）涉及林业用地的，须按要求提供林业可行性报告和采伐设计等；

（6）涉及基本农田的，须按最新政策要求提供批复用地所需的相关方案；

（7）提供办理临时用地手续所需要的各种测绘图件。

2.6.2 手续的时间和质量要求：

1）复垦

时间要求：以提供临时用地范围图的时间开始，每宗须在两个月内完成土地复垦方案的编制，并取得相关国土部门对复垦方案认可的审查意见。

质量要求：根据现行的土地政策、具体的规范要求，编制本项目的土地复垦方案。编制完成的土地复垦方案，应当以工点为单位，满足各工点独立申报临时用地手续；此外根据此方案实施的土地复垦，应满足相关的审查验收，达到退地标准。

2）林地可研

提交成果:《林地可行性研究报告》和《林地采伐作业报告》。

时间要求：外业调查工作完成30个工作日内提交全部成果。

质量要求：报告成果应满足甲方向林业部门申请使用林地和采伐林地的报批要求。

2.7 场地考古工作

按照国家和省、市有关文物保护法律、法规、规章的规定，对某市轨道交通××号线工程项目建设用地进行考古调查勘探。进行考古调查勘探的有关手续由承包人负责办理，甲方予以协助，有关费用已包含在合同总费用中。

调查勘探工作完成后，由承包人将调查勘探结果形成书面报告报文物行政部门审查和甲方备案，并在勘探基础上提出下一步的工作计划。

承包人在调查勘探工作过程中所发生的伤亡事故及财产损失，如非甲方原因造成的，甲方不承担任何责任。

现场的用水、用电等其他费用以及需要使用其他施工单位工具协助的，费用均由承包人承担。

3 质量管理

3.1 材料试验与检验

3.1.1 某市轨道交通工程材料试验与检验应按照国家和部颁有关工程试验规范

和规定实施。承包人在本合同工程中应遵守《通用合同条款》第九款“试验与检验”有关条款和技术条件做好本工程的材料试验和检验的配合工作。

3.1.2 承包人应按本合同文件的有关规定对整个工程中所采用的各类建筑材料如粗细骨料、水泥、掺合料及钢筋钢材进行取样试验，并将试验结果报送监理工程师审批。本工程严禁不合格材料、成品和半成品进场或使用，监理工程师有权通知承包人停止使用或降级使用不合格的材料（如果有此情况时）。若进场材料、成品或半成品不合格，其损失及后果由承包人自己承担，并不能以此为由要求发包人增加额外支付费用。

3.1.3 所有影响工程质量的工程建筑材料必须符合设计要求和有关质量规定，并需具有材质证明或合格证件。如承包人在主体工程中使用无材质证明的材料，监理工程师有权要求承包人停止施工，并补做材质试验，并递交其材质试验结果，其试验所需费用及停工引起的损失由承包人承担。

3.1.4 承包人应按本合同文件技术条件及有关工程规范的规定对商品混凝土和现场浇筑的混凝土和喷射混凝土等进行取样试验，并将试验结果报送监理工程师审查。焊接材料试验应按试验规定和设计要求执行。工程中若出现不合格产品，承包人除需及时向监理及发包人报告外，尚需承担为补救产品质量所采取的一切措施的费用。

3.1.5 监理工程师有权根据自己工作需要和工程施工具体情况须抽样进行以上各项材料试验，承包人应向驻地监理工程师无偿提供试验用材料和各种试件；并为驻地监理工程师进行监督检查提供必要的条件和一切便利。所有这些抽样试验由发包人指定的有试验资质的单位进行，其抽样试验结果报发包人和监理。

3.2 根据某市建委的要求，所有送检的混凝土试块必须植入芯片。

3.3 无论工程材料是由承包人自行供应或是由发包人指定的供应商供应，均不解除承包人所负的工程全面质量的责任。承包人应该对各种材料按规范进行检查验收，拒绝不符合要求的材料用于工程。无论何种原因，出现不合格材料用于工程的情况，均由承包人承担应有的责任。

3.4 承包人在合同签订后，须立刻建立本项目的质量管理体系，范围包括施工图设计、勘察、管线迁改、交通疏解、临时设施设置、BIM应用、实体施工（土建、机电）、设备材料采购、机电设备调试、系统联调、工程验收等项目全过程的质量管理；同时编制质量管理月报，每月上报发包人，内容应包含工程实施全过程、全专业的质量信息，以及下月工作安排，5个季度滚动计划；参加发包人主持的月度例会，汇报有关质量情况和存在的问题。

第二部分　施工图设计与勘察专用技术条件

4 技术要求

4.1 防水及防腐蚀工程

4.1.1 参照标准

所有材料、工艺技术和质控办法应遵循现行有关规范和国际标准及本节的有关规定。若三者有冲突，应以本节规定为准。

4.1.2 防水等级以施工图设计及说明和相关防水规范为准。

4.1.3 防腐蚀措施

根据有关要求，某市轨道交通××及××号线工程场地环境类型按Ⅱ类标准进行评价，在有腐蚀地段应增加防腐蚀设计。防腐蚀设计应满足如下要求：

1）对于弱腐蚀及中等腐蚀地段：

（1）保证胶凝材料用量不小于400kg/m^3；

（2）结构设计时应满足轨道交通××及××号线工程有关技术要求。

2）对于强腐蚀地段采取的措施如下：

（1）管片外涂环氧防护层；

（2）施工时强调混凝土的养护，对盾构管片建议采用蒸汽养护。

4.1.4 弹性密封垫

弹性密封垫应符合下表规定性能指标。性能指标测试方法应符合国标有关规定。以下列出常用两种弹性密封垫的技术性能指标，如采用此两种，则不应低于表4.1中的技术性能指标。

氯丁橡胶、遇水膨胀橡胶性能指标　　**表4.1**

性能	氯丁橡胶及三元乙丙弹性橡胶	遇水膨胀橡胶
硬度（SH）	65±5	50±5
拉伸强度（MPa）	≥12	≥4
伸长率（%）	≥400	≥400
永久压缩变形	≤20	≤25
膨胀率（%）		≥200
缓膨时间		≥2小时
使用寿命	≥100年	≥100年

第三节　模拟清单及最高投标限价的编审

一、工程总承包项目模拟清单的编制

工程总承包模式下，招标工程量清单中所列的项目和数量等不再作为投标报价的关键依据，仅仅为投标人提供投标报价的参考和平台，其设置是有利于开展评标等活动，招标工程量清单仅成为双方计价的一种表现形式，其准确性和完整性不应再由发包人承担。招标人在初步设计图纸后招标的，若投标人发现招标图纸和项目清单有不一致，可以对所列项目、内容描述、工程量等进行修改完善，投标人提交的价格清单应视为已经包括完成该项目所列（或未列）的全部工程内容。价格清单中列出的工程量和价格仅作为合同约定的变更和支付的参考。工程总承包模式鼓励设计优化的特质决定了无论是招标工程量清单还是价格清单中列出的数量，均不是要求总承包人完成的实际或准确工程量。

工程总承包项目模拟清单往往包括但不限于下列清单内容：

1.勘察设计费清单

勘察设计费清单包括勘察费和设计费。设计费包括但不限于初步设计费、施工图设计费、竣工图编制费、非标准设备设计费、BIM专项设计费以及工程建设需要的其他设计费，其中，施工图设计费包含钢筋混凝土预制构件拆分设计费。

2.建筑安装工程费清单

（1）单位（项）工程由分部分项工程模拟清单、单价措施项目模拟清单、总价措施项目清单、其他项目清单组成。

（2）建造做法类似工程可以参照，但工程量难以确定的专业工程，可采用模拟清单固定单价、工程量按实结算。

（3）方案设计阶段、初步设计阶段难以提出建设标准、技术参数的专业工程，不必编列模拟清单，直接在建筑安装工程费中列出暂定金额，采用按实结算。按实结算的专业工程范围应当严格控制。

（4）分部分项工程模拟清单与单价措施项目模拟清单，应载明项目编码、项目名称、项目特征、工作内容、计量单位、综合单价，其中：

①分部分项工程模拟清单可在《建设工程工程量清单计价规范》GB 50500—

2013的基础上适当综合，综合内容应在模拟清单的工作内容中明确。

②项目特征按照工程项目的建设标准、功能需求、技术参数、规格型号等要素进行描述，未描述的由承包人深化设计确定。

③工作内容可以适当简化，但必须体现主要内容。

④综合单价按现行费用定额、计价定额、计价规定进行编制。

⑤组成综合单价时，应充分考虑工程项目实施过程中可能的工程变更，涉及可能工程变更的清单，应同时列出主材数量和单价（表4.2）。主材数量是指一个计量单位清单所需要的材料用量（含损耗）。

分部分项工程模拟清单与计价表 **表4.2**

序号	项目编码	项目名称/材料名称	项目特征/规格型号	工作内容/是否暂定	计量单位	工程量/数量	金额（元）	
							综合单价/主材单价	合价
1	011209001001	带骨架幕墙	1.玻璃幕墙，铝合金型材140系列； 2.中空Low-E钢化玻璃	型材安装，配件安装，周边塞口，玻璃安装，注胶等	m^2	1	750.26	
	主材1	中空Low-E钢化玻璃		暂定主材	m^2	0.9532	180.00	
	主材2	铝合金型材	140系列		kg	9.8383	18.10	
2								
合计								

备注：主材采用暂定单价的，在“是否暂定”栏目中标注“暂定主材”。

⑥建设标准、功能需求、技术参数、规格型号、品牌品质等难以确定的或市场价格差异较大的主要材料设备（如装饰装修或水电材料设备），以暂定单价的方式列出，但是钢材、水泥、预制混凝土（PC）构件、混凝土、地材等大宗建筑材料不得采用暂定单价，采用暂定单价的材料设备不宜超过本项目材料设备费的10%，暂定单价的单类材料设备金额超过依法必须招标规模的，承包人应当依法通过招标确定供应商。

（5）总价措施项目清单包括安全文明施工费和其他总价措施费等。

（6）其他项目清单的组成内容包括但不限于远程监控系统租赁费、工程噪声超标排污费、渣土收纳费、优质工程增加费、缩短定额工期增加费、模拟清单不可预见费等，均按暂列金额列出。其中：模拟清单不可预见费是指在编制模拟清单时不可预见、采用暂列形式预估且包括在工程合同价款中的一笔款项，按所在单位（项）工程造价的3%～5%估算。

3.设备及工器具购置费清单

设备及工器具购置费包括设备购置费、工器具及生产家具购置费。设备购置费，是指为完成建设项目需要采购的设备和为生产准备的未达到固定资产标准的工具、器具价款，不包括应列入建筑安装工程费的工程设备的价款。

设备及工器具购置费清单需列出设备及工器具名称、规格型号、技术参数、计量单位、设备单价、综合单价。其中，综合单价按设备单价扣除货物增值税后再加上建筑业增值税计算。

设备单价由设备原价、运杂费、货物增值税组成。其中：

（1）设备原价包括备品备件、引进技术和进口设备的从属费用等，批准采用进口设备的应包括相关进口、翻译等费用。

（2）运杂费应结合项目实际情况、设备供应地点及运输条件综合确定。

（3）设备单价不包含安装费，安装费在建筑安装工程费中另行计算。

（4）规格型号、技术参数难以确定或市场价格差异较大的设备及工器具，可采用暂定设备。模拟清单应明确暂定数量、综合单价与合价，无需暂定设备单价。

4.工程建设其他费清单

（1）临时设施费根据建设项目特点，参照同类或类似工程临时设施费计列，不包括已列入建筑安装工程费用中的施工企业临时设施费。如临时水、电、路、讯、气等。

（2）场地准备费包括但不限于为达到工程开工条件所发生的场地平整和对建设场地余留的有碍于施工建设的设施进行拆除清理所发生的费用，应根据工程项目实际情况具体列出。

（3）按有关规定需由第三方建设的供电、供气、供水费用，按有关规定具体列出。

（4）其他应当列入工程总承包范围的工程建设其他费，应根据工程项目实际情况具体列出。

属于应当由招标人委托第三方监督工程建设质量安全的、列入总承包范围将影响第三方公正性的、有关规定不得列入总承包范围的，均不得列入工程总承包费。如监理费、图审费、检验检测费等。

工程建设其他费中按有关规定可由承包人施工的工程（如永久供电、供气、供水等），可按照建筑安装工程费清单编制。

二、工程总承包项目最高投标限价编制及审核

（一）工程总承包项目清单费用编制

不同阶段发包时，工程总承包费用的构成可参照表4.3计取。

工程总承包费用构成参照表　　表4.3

费用名称	可行性研究	方案设计	初步设计
建筑安装工程费	√	√	√
设备购置费	√	√	√
勘察费	√	部分费用	—
设计费	√	除方案设计的费用	除方案设计、初步设计的费用
研究试验费	√	大部分费用	部分费用
专利及专有技术使用费	根据工程建设是否需要定		
工程保险费	根据发包范围定		
法律费	根据发包范围定		
暂列费用	根据发包范围定，进入合同，但由建设单位掌握使用		

注：表中"√"指由建设单位计算出的全部费用；"大部分费用""部分费用"指由建设单位参照现行规定或同类与类似工程计算出的费用扣除建设单位自留使用外的用于工程总承包的费用。

对于轨道交通项目而言，工程建设其他费用还可以包括：用地手续费、土地复垦、道路恢复、绿化迁移、场地准备及建设单位临时设施费、设计费、河涌改移、交通疏解及设施费用、安全生产保障费、施工配合协调费、专项评估费、过江段水上钻探作业相关费用、恢复补偿等。

（二）工程总承包项目应编制最高投标限价的依据

《中央预算内直接投资项目管理办法》（财政部7号令）文件中提出：项目批复的概算作为项目建设实施和控制投资的依据，且超支不补。项目主管部门、项目单位和设计单位、监理单位等参建单位应当加强项目投资全过程管理，确保项目总投资控制在概算以内。《中央预算内直接投资项目概算管理暂行办法》（发改投资〔2015〕482号）文件还规定："除项目建设期价格大幅上涨、政策调整、地质条件发

生重大变化和自然灾害等不可抗力因素外，经核定的概算不得突破。”

针对工程总承包项目招标，上海市提出了“建设单位应当在招标文件中明确最高投标限价”的要求，但文件中并未给出具体的编制方法和思路。湖南省提出了应当以经批复同意的可行性研究报告、方案设计（或初步设计）的投资估算或工程概算作为招标控制价的思路。福建省《政府投资房屋建筑和市政基础设施工程开展工程总承包试点工作方案》中要求“招标文件应当明确招标范围和招标控制价”。南宁市《房屋建筑和市政基础设施工程总承包管理实施细则（试行）》中要求“建设单位应合理确定工程总承包项目招投标的最高投标限价”。

综上所述，国有资金投资的建设工程总承包项目招标，招标人应编制最高投标限价，并在发布招标文件时公布最高投标限价。

（三）最高投标限价编审存在的计价问题

最高投标限价多是基于初步设计概算和投资估算编制，体现为工程总造价和单位造价两种形式。以单位造价作为最高投标限价是工程总承包项目的独有现象，以初步设计文件表明的建筑面积和单位造价乘积作为最高投标限价，同时，往往约定以造价/m^2作为限额设计和结算时的最高标准。最高投标限价编审中常见的计价问题可归结为以下六种“不一致”现象。

1.与招标内容范围不一致

招标文件中载明的招标范围一般为在拟建规模、建设标准确定的条件下，依据初步设计进行施工图设计（含专项设计）、采购、施工，还有部分项目尚包括相应阶段的勘察、全过程项目管理服务等，不同项目招标内容及范围的差异必然导致费用构成的多样化，加之目前工程总承包费用项目缺少统一的造价组成标准，最高投标限价包含的费用组成内容与招标范围经常不一致；招标文件中几乎均有“包含但不限于以下内容”的措辞，但是最高投标限价编审时对可能存在的内容一概不予考虑，造成较多漏项，产生较大计算偏差。同时，现行政策允许招标人只公布最高投标限价的总价、不公布具体费用组成，使得最高投标限价的费用组成存在主观调整的可能，使得该现象进一步加剧。

2.与基础资料条件不一致

建设单位提供的勘察资料（水文地质、工程地质等）、可行性研究报告、初步设计文件等基础资料存在影响计价的错误或者瑕疵较为普遍，虽然《政府投资条例》要求项目单位对可行性研究报告、初步设计等文件的真实性负责，但是该规定与合同约定有冲突时合同是否必然无效存在争议，导致造价计算基础的不确定。不同基础资料之间存在矛盾，比如可行性研究报告与勘察文件不一致，初步设计文件与现行标准（规范）不一致、与《发包人要求》不一致、与初步设计批复文件不一致等。编制人员短时间内很难进行充分考虑所有基础资料，技术与造价融合程度不足，拟定的措施方案未体现符合实际等，均造成造价准确性较差。

3.与《发包人要求》不一致

《发包人要求》是在没有详细设计的情况下，发包人意图和对工程具体要求的另外一种表达，是对项目的目的、范围、设计等技术标准和要求的集中体现，明确了功能、质量标准、工期、验收要求等，还有可能对装配式、BIM技术、技术创新等做出个性化特别要求，这均会对工程造价产生实质性影响。最高投标限价的编制、审查依据中并没有对《发包人要求》这一重大计价基础给予体现，同时，由于对《发包人要求》的编写缺少具体指导性文件，描述不够清晰、准确，导致双方对《发包人要求》的理解存在较大差异，产生争议。

4.与约定责任权利不一致

工程总承包合同中包括的风险划分、价格形式及调整、变更程序及价款确定、违约责任等条款均会对造价产生较大影响，由于总承包人承担了更多的风险，最高投标限价中理应包含更多的“风险价格”，例如总承包人承担的物价波动风险的范围和幅度不同、对不可预见的地质条件的不同界定，不同项目中可能做出不同的约定，总承包人承担的合同风险差别巨大，最高投标限价理应有所区别，但目前最高投标限价的编制依据、计价方法并未体现该类因素对造价的影响，诸多风险因素并没有量化到最高投标限价中。

5.与计税方法及适用税率范围不一致

首先，由于我国现行的增值税实行差别税率，有简易计税和一般计税两种计税方法，计算最高投标限价时只要符合《关于全面推开营业税改征增值税试点的通知》(财税〔2016〕36号)、《关于建筑服务等营改增试点政策的通知》(财税〔2017〕58号）以及项目所在省市对于工程总承包项目适用增值税税率的有关规定即可，但是计算最高投标限价时采用的增值税税率可能与合同约定的开具增值税发票的税率并不一致，不符合“价税统一”原则，该问题在发包人没有进项税额抵扣需求的建设项目中尚没有引起足够的重视。其次，虽然《建设项目工程总承包合同（示范文本）》GF—2020—0216中明确设计费、设备购置费、建筑安装工程费等区分适用不同的税率，但是设备购置费在设计概算和施工图预算中归属不同，《建设项目概算费用组成》

中将建筑安装工程费和设备购置费分开计算，在建筑安装工程费中的分部分项工程费并不包含设备费;《建筑安装工程费用项目组成》(建标〔2013〕44号)将工程设备费用归属于材料费，计入综合单价，归入建筑安装工程费，造成计价争议。

6.与计价模式及合同类型不一致

目前，将初步设计概算作为最高投标限价，采用费率下浮或模拟清单计价、约定单价合同按照经审批的施工图设计结算的项目较为普遍，这忽视了设计概算与施工图预算水平并不必然一致的客观情况，体现出最高投标限价未能有机衔接投标报价、竣工结算所采用的计价模式和合同形式，失去了最高投标限价的限定作用。虽有项目约定了最终结算数额超过最高投标限价则按照最高投标限价结算，但由于合同具有单价合同的本质属性，理应属于计价约定不明，对采用过程结算方式的项目，难以起到实质性的限制作用，易导致计价争议。

（四）基于扎根理论的最高投标限价计价影响因素

探究上述常见的六种“不一致”计价现象产生的深层次原因和影响因素是有效改进计价质量的前提和基础。扎根理论是一种通过逻辑、归纳、演绎及分析等方式，实现建立关系、划分类别的质性研究方法，选用该方法进行影响因素识别、归纳，实现类属划分。

1.最高投标限价影响因素的初步识别

选取12个工程总承包项目进行开放式编码，共梳理出最高投标限价影响因素相关的36条原始资料，初步识别出30个风险因子，归结为14项影响因素，如表4.4所示。

开放编码下的最高投标限价影响因素识别　　表4.4

影响因素	风险因子	原始语料
A_1宏观政策调整	a_1政府政策 a_2管理经验	是否应编制最高投标限价的政策规定；最高投标限价的计价方法和禁止性规定；工程总承包项目增值税政策；政策环境不足、法律法规不健全；成果质量遇到投诉时的处理…
A_2市场竞争状态	a_3市场前景 a_4利益驱动	促进工程总承包发展的政策支持；为增加营业额盲目竞争，竞争无序，并未有效改善企业绩效…
A_3质量评价机制	a_5质量评价标准	对咨询人的成果质量难以评价；最高投标限价的精度缺乏明确规定…
A_4质量申诉机制	a_6申诉渠道	对发包人明显偏低的限价缺乏有效制约机制，市场竞争行为难以对其淘汰；对明显偏低或偏高的限价缺乏做出处罚与调整的责任主体…

续表

影响因素	风险因子	原始语料
A_5发包人综合素养	a_7专业经验 a_8自身修养	积累的合同策划及管理经验；综合能力与素养是否适应工程总承包模式…
A_6咨询方协同与管控	a_9对咨询方的管控 a_{10}咨询方之间协同	对勘察、设计、招标代理、造价咨询等咨询方的管控水平；对咨询方考核、激励与约束；与咨询方协同水平…
A_7合同总体策划	a_{11}招标范围及内容 a_{12}合同类型及计价模式 a_{13}计税方法及范围	标段设置合理性；招标范围及内容的完备性和清晰度；合同类型及计价方式的选择；计税方法及不同税率适用范围…
A_8基础资料真实性	a_{14}勘察资料 a_{15}可行性研究报告 a_{16}初步设计文件	勘察资料不准确不完备；可行性研究报告、初步设计文件与发包人要求不一致；不符合有关标准规范…
A_9《发包人要求》质量	a_{17}清晰准确表达发包人意图 a_{18}与合同及标准规范的衔接	发包人要求表述严谨、规范、无歧义；是否与合同条款、标准规范等冲突…
A_{10}责权规定合理清晰	a_{19}风险分担 a_{20}工程变更、签证、索赔管理等	风险偏好是否符合行业平均水平；责权规定是否实质性修改《示范文本》的通用合同条款…
A_{11}专业能力	a_{21}组织资质及业绩 a_{22}人员资格及经验 a_{23}专业水平	编制方法选择及优化；计价模式选择及优化；是否由相应执业资格的人员编审；编制依据可靠性、完备性…
A_{12}造价信息管理能力	a_{24}询价能力 a_{25}类似项目指标 a_{26}造价指数	获取市场要素价格等有关信息的平台及能力；企业类似项目指标分析；造价指数数据库的建立及使用…
A_{13}内控质量体系	a_{27}体系完备性 a_{28}运行有效性	质量管控体系不健全、形同虚设…
A_{14}企业文化	a_{29}公平公正 a_{30}声誉	受到招标人或者潜在投标人的不合理干预；企业内部声誉激励约束机制不健全…

2.最高投标限价影响因素的归纳提取

为进一步探索14个影响因素之间的深层次类属关系，对最高投标限价影响因素进行主轴式编码归纳分析，最终得到影响最高投标限价的5类成因，如表4.5所示。通过对业内20名本领域专家的深度访谈，每人限选3项最重要的关键影响因素，前五位的影响因素是专业能力（16名）、《发包人要求》质量（14名）、基础资料真实性（12名）、责权规定合理清晰（11名）、质量申诉机制（7名），其中有3项属于专业成熟度。

主轴编码下的最高投标限价影响因素类属划分　　表4.5

影响因素类属	影响因素	影响因素类属	影响因素
B_1外部环境	A_1宏观政策调整	B_2制度特征	A_3质量评价机制
	A_2市场竞争状态		A_4质量申诉机制
B_3发包人管理水平	A_5发包人综合素养	B_4专业成熟度	A_8基础资料真实性
	A_6第三方管控与协同		A_9《发包人要求》质量
	A_7合同总体策划		A_{10}责权规定合理清晰
B_5组织及人员特征	A_{11}专业能力		
	A_{12}造价信息管理能力		
	A_{13}内控质量体系		
	A_{14}企业文化		

（五）最高投标限价编审依据及编制方法

1.最高投标限价编审依据

（1）国家或省级、行业建设主管部门颁发的相关文件；

（2）经批准的建设规模、建设标准、功能要求、发包人要求；

（3）可参考的行业规范、计价依据，包括：国家、行业、项目所在地工程费用计价办法、依据；可参考的行业收费标准和属地性质的工程建设其他费用收费标准；

（4）拟定的招标文件；

（5）可行性研究及方案设计，或初步设计；

（6）与建设工程项目相关的标准、规范等技术资料；

（7）市场价格资料，主要包括：项目所在地的工程造价信息资料，包括人工、材料、设备、施工机械信息价格资料；造价指标及主要材料价格趋势分析；

（8）工程所在地编制同期的人工、材料、机械台班市场价格，以及设备供应方式及供应价格；

（9）建设项目的技术复杂程度，新技术、新材料、新工艺以及专利使用情况等；

（10）已积累的类似项目指标数据等其他的相关资料。

2.最高投标限价编制方法选择及改进

根据项目的具体特点和合同类型科学选择及完善编制方法是改进最高投标限价计价活动的前提，是提高编审质量的重要基础。最高投标限价不得直接以投资估算或设计概算的金额确定，其编制可依据初步设计概算、模拟招标工程量清单和市场询价三种方法进行，三种方法的特点、存在问题及适用条件等关键点对比分析如表4.6所示。

最高投标限价编制方法关键点对比　　表4.6

序号	编制方法	特点	存在问题	适用条件
1	基于初步设计概算编制	1.有较为成熟完善的概算编制依据，市场主体接受程度高，适应性强； 2.对编制主体的要求低于模拟招标工程量清单	1.编制依据并不能涵盖前述所有影响因素，尤其是《发包人要求》等关键影响因素； 2.存在现行费用定额规定费用项目包含工作内容之外的工作内容，造成计价内容缺失	概算定额基本上能全覆盖项目列项，信息价格较为全面
2	基于模拟招标工程量清单编制	1.以施工图清单为基础，根据项目实际适当综合，项目特征、工作内容均需重新编写，灵活度很大； 2.高度依赖前期设计文件和《发包人要求》等基础资料、大量的类似工程数据； 3.对编制主体的专业素质有很高要求	1.清单的准确性和完整性可能存在较多问题； 2.项目特征、工程内容、工程量偏差可能较大； 3.采用单价合同时，承包人缺乏设计优化动力，需运用限额设计和约束不平衡报价	有大量类似工程量清单和技术指标的同质性较大项目
3	基于市场询价法编制	1.比网上询价信息更加真实； 2.能弥补现有计价依据的缺失	1.不确定性大； 2.若前期程序不规范，易引起造价争议，影响合同履行	类似工程少、可供参考的经验及资料数据可信度不足时采用

基于初步设计概算编制的方法与住房和城乡建设部推进的市场竞争形成价格的造价改革思路、取消最高投标限价按定额计价规定的政策趋向不符，难以体现项目的个性特征。通过编制模拟招标工程量清单，可对《发包人要求》进行细化，使其更加清晰明确，更为进度款支付、工程变更和价款调整提供合理依据，模拟清单赋予市场主观能动性，更有利于解决六种“不一致”问题和融合关键因素，故建议首先选择基于模拟招标工程量清单编制，在不具备条件时再考虑基于初步设计概算和市场询价法编制。

由于可行性研究批准立项或方案设计批准后尚不能提供项目的工程量信息，需要编制人员根据项目规模及各专业设计方案并结合类似项目造价指标编制项目投资估算，估算指标尤其是建筑工程费估算指标没有国家或行业、地区的统一规定，由于缺乏统一的造价指标数据库支持，同一项目由不同人员编制的招标控制价可能存在较大差距，其准确性和客观性受到较大制约。

基于模拟招标工程量清单编制最高投标限价，需要合理确定各子目综合单价，其计算可采用概算定额法和概算指标法。

（1）概算定额法。采用概算定额法时人工费、材料费、机械费应依据相应的概算定额子目的人工、材料、机械要素消耗量，以及报告编制期人工、材料、机械的市场价格等因素确定；管理费、利润、规费、税金等应依据概算定额配套的费用定额或取费标准，并依据报告编制期拟建项目的实际情况、市场水平等因素确定。采用概算定额法编制单位工程概算时应编制综合单价分析表。综合单价分析表主要是为了显示人、材、机的消耗量和其单价，以及各类费用的计取基数，便于概算的调整与审核。

（2）概算指标标法。采用概算指标法时应结合拟建工程项目特点，参照类似工程的概算指标，并应考虑指标编制期与报告编制期的人、材、机要素价格等变化情况确定该子目的全费用综合单价。

（六）最高投标限价编制要求

1.最高投标限价的总说明应包括下列内容

（1）项目概况和要求：建设规模、建设标准、工程特征、工期要求、质量要求、施工现场情况等。

（2）工程建设范围与招标范围。

（3）合同价形式。

（4）编制依据（包括工程量）。

（5）招标人拟采用的施工方案。

2.最高投标限价不得直接以投资估算或设计概算的金额确定。其中

（1）招标人按规定需提供模拟清单的，最高投标限价应依据模拟清单编制。

（2）招标人按规定无须提供模拟清单的，最高投标限价应按工程总承包费用组成参照同类或类似项目编制。

（3）最高投标限价不包括投资估算或设计概算中的预备费。

3.依据模拟清单编制最高投标限价时，按照下列规定编制

（1）勘察设计费根据模拟清单中列出的费用项目，参照同类或类似项目编制，应包括服务业增值税。

（2）建筑安装工程费由单位（项）工程造价和专业工程暂定金额组成。单位（项）工程造价由分部分项工程费、单价措施项目费、总价措施项目费、其他项目费组成，其中：

1）分部分项工程费和单价措施项目费按工程量乘以综合单价计算，综合单价按模拟清单的综合单价，工程量按《建设工程工程量清单计价规范》GB 50500—2013规定计算。

2）总价措施项目费和其他项目费按现行费用定额及有关规定计算。

（3）设备及工器具购置费由设备购置费、工器具及生产家具购置费组成，按数量乘以综合单价计算。

（4）工程建设其他费根据模拟清单中列出的费用项目，参照同类或类似项目编制，应包括建筑业增值税。

4.最高投标限价应当与经批准的初步设计（或方案设计）、设计概算（或投资估算）、发包人要求相一致

设计概算（或投资估算）存在明显错误应作调整，并经原设计概算（或投资估算）批准部门同意，修正前应当暂停招标。

（七）最高投标限价的审核

1.最高投标限价的审核方法

最高投标限价审核的方法主要有全面审核法、分组计算审核法、对比审核法、重点审核法和筛选法，由于受到最高投标限价审核时间的影响，在最高投标限价审核方法选择上应该更多的保证审核工作的质量和速度，以较少的时间取得较高的审核成果和审核质量。以上五种方法可以在最高投标限价审核过程中单独使用，也可同时选择其中的两种或两种以上的方法相配合进行使用，总的来说审核方法的选择还应该更多的与工程实际的审核需求、审核时间、审核质量标准等情况结合在一起进行选择，进一步为审核工作的质量和效率提供保证。

2.最高投标限价的审核要点

（1）工程量审核

工程量审核主要是对工程量的计算进行核对，主要体现为：①对于清单工程量和定额工程量不相同的进行核对、与类似工程招标进行核对；②对于施工材料、施工地点和施工范围进行核对，避免出现计算错误现象；③在工程量审核过程中需要注意清单项目是否全面和准确；④对工程造价产生重大影响的清单项。

（2）项目特征描述的审核

工程量清单项目特征描述得准确与否，直接关系到工程量清单项目综合单价确定的准确性。项目特征描述审核主要就是对具体项目特征描述是否符合设计图纸、标准要求，对不能明确的特征需要和设计单位、市场实际情况相结合进行明确，避免出现工程索赔和纠纷。

（3）综合单价的审核

综合单价审核过程中，需要审核组价的准确和全面。主要审核以下内容：①审核套用定额的时效性，不能套用废止的定额；②审核清单项目单价构成是否正确，工程量清单计价规范中明确了综合单价包含人工费、材料费、施工机械使用费和企业管理费与利润，以及一定范围内的风险费用；③审核清单项目所有的工作内容在组价中包含，严格按照清单项目特征描述套用相应定额；④审核清单项目组价所使用定额的材料设备价格调整的合理性，采用造价管理机构发布的信息价，要注意信息价的时间、地点是否符合要求。采用市场价的材料设备，要核实市场价的合理性。

（4）费用审核

费用审核的重点内容是审核取费费率是否和当地工程造价管理部门所颁发的文件规定相符、取费基数计算是否正确、取费项目是否存在遗漏等情况进行审核。

（5）建立最高投标限价的审计机制

在最高投标限价发布前进行审计，以保证最高投标限价的准确性。审计部门应出具相应的审计结论性文件，分析统计编制中出现的差错率，评价编制单位业务能力、人员素质、配合程度等，将评价结果及时反馈给被审计单位，与造价咨询平台管理挂钩。应建立对造价咨询机构的考核机制，在签订造价咨询合同中增加处罚条款，对屡次出现编制质量差、偏差过大的机构从平台中剔除，不再聘用。

第四节　工程总承包项目评标定标实务

2019年12月25日，住房和城乡建设部印发《关于进一步加强房屋建筑和市政基础设施工程招标投标监管的指导意见》（建市规〔2019〕11号）中指出，工程招标投标活动依法应由招标人负责，招标人自主决定发起招标，自主选择工程建设项目招标代理机构、资格审查方式、招标人代表和评标方法，体现了要落实招标人首要责任。同时，招标人应科学制定评标定标方法，决定评标委员会，通过资格预审强化对投标人的信用状况和履约能力审查，围绕高质量发展要求优先考虑创新、绿色等评审因素，评标委员会对投标文件的技术、质量、安全、工期的控制能力等因素提供技术咨询建议，向招标人推荐3～5家不排序的候选人。由招标人按照科学、民主决策原则，建立健全内部程序控制和决策约束机制，根据报价情况和技术咨询建议，择优确定中标人，探索推进评定分离方法。

一、工程总承包项目评标方法

评标过程中，具体到技术标评审和商务标评审可采用的方法是多种多样的。技术标评审中，考虑到诸多条件的因素，需要采用相对复杂的方法。而商务标的评审过程中，目标相对简单，就是选择价格最优的承包人。

1.评标办法

《标准设计施工总承包招标文件》(2012年版)规定的评标办法有综合评估法和经评审的最低投标价法两种。

1)综合评估法

综合评估法，是指评标委员会对满足招标文件实质性要求的投标文件，按照招标文件评标办法第2.2款规定的评分标准进行打分，并按得分由高到低顺序推荐中标候选人，或根据招标人授权直接确定中标人，但投标报价低于其成本除外。综合评分相等时，以投标报价低的优先；投标报价也相等的，由招标人或者经招标人授权评标委员会自行确定。

2)经评审的最低投标价法

经评审的最低投标价法，是指评标委员会对满足招标文件实质要求的投标文件，根据招标文件评标办法第2.2款规定的量化因素及标准进行价格折算，按照经评审的投标价由低到高的顺序推荐中标候选人，或根据招标人授权直接确定中标人，但投标报价低于其成本的除外。经评审的投标价相等时，投标报价低的优先；投标报价也相等的，由招标人或者招标人授权的评标委员会自行确定。

上述两种评标办法，实践中应用比较多的是综合评估法。

总体对于技术标和商务标的综合评估方法，即定标方法，就是如何综合技术标和商务标的权重进行选择的问题，其选择评价方法一般包括：单因素方法和多因素方法。

单因素的定标方法就是确定商务标报价作为单一因素，不考虑技术标的权重问题(基本前提是技术标满足基本要求)，这种定标方法简单明确，最低价中标为核心，评选过程简单直接，所存在的问题是对技术标考虑不全，无法激励投标商提供最佳的技术解决方案，片面追求价格最低原则，会导致在招标投标过程中某些单位可以降低报价获得项目，但在项目的实施过程中却想方设法增加追加额外变更报价，不利于选出真正优秀的承包人。

多因素定标方法则考虑了技术标和商务标两个因素，一般通过设定权重的方式进行综合评判。例如，多因素的评标过程中，不仅考虑投标商提供的商务标价，还对承包人的执行方案、项目工期等进行综合考虑。对于总承包项目，需要同时考虑技术标和商务标的内容，应采用多因素的评标方法，评审因素应包含投标报价、承包人建议书、实施方案、业绩和资信等。

2.技术标评审

技术标涉及的内容广泛，评标过程中采取的程序和方法基本一致：首先确定总体评价的指标体系，并根据需求进行细分；然后根据相关方法构建各个指标体系的权重；最后确定最终评价指标。在确定所有指标体系的基础上，便可根据综合评价的结论进行排序，选择相应的承包人。技术文件（承包人建议书、承包人实施方案）采用暗标方式进行评审，所有内容均不得出现投标人的名称及其他可识别投标人身份的字符、徽标、人员名称以及其他特殊标记等信息，否则评标委员会应否决其投标。

《房屋建筑和市政基础设施项目工程总承包管理办法》（建市规〔2019〕12号）中指出，工程总承包单位应当同时具有与工程规模相适应的工程设计资质和施工资质，或者由具有相应资质的设计单位和施工单位组成联合体。福建省《关于房屋建筑和市政基础设施项目工程总承包招标投标活动有关事项的通知》（闽建办筑函〔2019〕42号）中明确，投标人应当具有与工程规模相适应的工程设计或者施工资质，原则上每个工程总承包项目由一家工程总承包单位承包。由于《房屋建筑和市政基础设施项目工程总承包管理办法》（建市规〔2019〕12号）仅是一部规范性部门文件，并不具有强制性，各省可能会根据建筑业发展的实际，不要求总承包人具有“双资质”。由设计院牵头的优点是由于其身处价值链上游而拥有技术优势，作为智慧密集型代表更易赢得发包人信任，利于缩短采购周期；缺点是服务意识薄弱，能力不均衡，项目管理方面的专业人才缺失，图纸优化的积极性不足。由施工单位牵头的优点是在现场管理方面有优势，利于总价控制，造价更合理，抗风险能力更强；缺点是价值链的下游劣势，设计管理人才缺失，且我国大型建筑企业在技术投入上尚显不足，不注重技术研发和科研成果的利用，没有形成自己的独特技术。对于两类不同投标人，总承包人的资质要求也有差别。设计院做总承包人要有服务意识和完善的组织体系，技术管理和人才结构应合理。而施工单位应具有合理的人才结构和组织体系，核心竞争力强。

对于技术标评审的内容，可从以下方面入手：

（1）方案可行性。设计是施工开展的参照基础，设计方案应该给出对工程总承包项目建设总体和细节的图纸表述。施工是工程建设的重心，施工方案应采用高效的组织方法、最优的施工工艺和良好的监管制度，从而实现工期和建设成本的最优化。设计方案是否可行取决于项目的实施过程是否能够完全地表达于图纸及图纸的表达是否能够很好地应用于施工中。

（2）进度可靠性。工程总承包模式的关键优势是实现设计施工的一体化，因而其施工效率是非常高的，需采取有效的措施保证施工进度的可靠性。在设计阶段，需要保证一定的技术人员投入，保证设计的时效性；在施工阶段，需要制定严格的施工组织计划，合理安排各种施工机具和人员，充分利用物资和资源，实现施工效率的最大化。

（3）项目人员安排。项目所投入的人员主要包括管理人员和技术人员，此外还包括施工工人和协调的后勤人员等。总承包项目经理要充分发挥对其他相关人员的协调安排。

（4）项目质量保证。质量是保证项目有效性实施的关键考察因素，特别是针对工程总承包项目更应重视对质量保证体系进行评审，需要考察承包人是否能够提供完整的质量保障措施，质量保证体系需要符合国家标准、地方标准甚至建设单位要求的标准。

3.商务标评审

（1）全生命周期效益

为体现总承包人投标价的合理性，采用全生命周期效益为指标进行标价的评判，通常采用全生命周期费用的净现值体现，该指标是表达某一投标价情况下，按照项目特点所计算的全生命周期效益。因而发包人在选择承包人时不仅需要项目投标价，还需要分析项目投标价下所产生的全寿命周期费用净现值。

（2）合同担保条件

在大型重要工程项目建设中，通常发包人不仅与承包人签订了委托合同，同时为了保证承包人能够将工程顺利开展下去，一般需要承包人提供银行担保，从而保障发包人的基本利益。合同担保的方式多异，主要根据承包人自身的财务状况和公司运营情况确定。较为普遍的有投标保证金和投标保函的形式，该金额数量一般根据合同额确定。另外应用很广泛的方式是银行履约担保的形式，这种形式具有较大透明度，能够让发包人明确承包人的实际财务状况，也能够充分利用所有资金，保证资金的周转，不会出现向投标保证金一样冻结无法实现流通的情况。但是，对于总承包人财务能力不强，或者公司最近经营状况不佳的前提下，银行履约担保的方式会让发包人过多的关注公司状况，而会造成发包人的顾忌，因而承包人需要根据实际情况选择合同的担保条件。

二、工程总承包项目评标中的核心问题及对策

工程总承包模式下，发包人应侧重承包人建议书与发包人要求的一致性及价格清单与承包人建议书的一致性。

1.承包人建议书对发包人要求的响应性

承包人建议书应包括承包人的设计图纸及相应说明等设计文件，由承包人随投标函一起提交。承包人建议书是对发包人要求实质性响应的具体体现，实践中，发包人对承包人建议书详细程度的要求不尽相同，有招标人倾向要求投标人作纲要设计（Outline），以便降低投标费用，从而吸引总承包人参与投标，降低评价和比较总承包人建议书的费用；有招标人倾向要求投标人提交详细的图纸，利于发包人明确投标人对发包人要求实质性响应的评审，也有利于当事人双方容易就细节问题达成协议，但是投标人需要较充裕的投标准备时间和较高的投标成本，可能会导致竞争不足。

投标人应在其提交的承包人建议书中，清楚地标识出其建议的但是未依照发包人要求任何特定方面的任何内容，这将构成承包人建议书“偏离”。偏离应在中标前解决，如果偏离没有被有效识别，并且未能在合同中澄清，则发包人要求优先。但如果承包人建议书包括符合其他合同文件的任何事项的详细解释，该事项则变为义务，任一方都可要求执行。

按照《标准设计施工总承包合同（2012年版）》有关条款规定，解释合同文件的优先顺序如下：①合同协议书；②中标通知书；③投标函及投标函附录；④专用合同条款；⑤通用合同条款；⑥发包人要求；⑦承包人建议书；⑧价格清单；⑨其他合同文件。按照《建设项目工程总承包合同（示范文本）》GF—2020—0216有关条款规定，解释合同文件的优先顺序如下：①合同协议书；②中标通知书；③投标函及投标函附录；④专用合同条件及《发包人要求》等附件；⑤通用合同条件；⑥承包人建议书；⑦价格清单；⑧双方约定的其他合同文件。如果承包人建议书与发包人要求不符，不管设计图纸等是否经过发包人审批，均应以发包人要求为准，而不应以通过建设单位审批为由减轻承包人的任何责任。履约时才发现“承包人建议

书”与“发包人要求”有不一致的情况应由承包人积极采取措施予以补正，并且不增加任何费用。所以，我们认为，此处不应以合同的邀约承诺机理简单得出“中标人的投标文件与发包人的招标文件不一致的，应中标人的投标文件为准”的结论，因为该约定要求评标委员会的评审是充分的、完备的，在目前的评标制度和评审做法下，该假定即使对于传统的施工总承包项目的评审都很困难，短暂的评审时间对于工程总承包项目进行充分评审是不可能实现的。如果评审周期过长，既不现实也不经济。如果该结论成立，将形成承包人建议书和价格清单（投标文件的核心组成部分）优先于发包人要求（招标文件的核心组成部分）的实质，与国际惯例相违背。

需要注意的是，投标文件中的承包人实施计划并不必然属于承包人建议书的组成部分，因而也就不必然是合同文件组成的组成部分。如果发包人希望承包人实施计划中的部分内容构成合同文件，应将把该内容纳入到承包人建议书中。虽然这样有利于维护发包人的利益，但是笔者不建议将承包人实施计划中的全部内容写入合同，这样不利于发挥总承包人项目实施过程中的优化改进，违背了“鼓励优化”的工程总承包模式的“特质”。

2.价格清单与承包人建议书的一致性

承包人建议书的编制质量和详细程度不仅是对发包人要求响应的重要体现，更是投标报价的重要基础，价格清单应体现承包人建议书的内容，同时还应结合项目实施计划综合考虑编制。承包人建议书与价格清单两者必须高度一致，如果存在矛盾，应以承包人建议书为准。由于价格清单中列出的工程量和价格是作为合同约定的变更和支付的参考，所以不管发包人在哪一阶段进行发包，承包人投标文件中均应编制价格清单，而不仅仅是投标总价。

三、评定分离方法与实务

评定分离是指招标人组建评标委员会，评标委员会根据招标文件规定评标方法和标准，向招标人推荐中标候选人；招标人组建定标委员会，在中标候选人中择优确定中标人。评定分离定标模式与现行定标模式的区别在于：现行定标模式是招标人确定排名第一的中标候选人为中标人，而评定分离的定标模式是招标人在中标候选人中择优确定中标人。评定分离既突出了其定标模式的“择优”特点，而不是只有排名第一的中标候选人，利于落实招标人主体责任，最大限度择优选择符合工程实施要求的中标人。

1.评标办法

使用评定分离的项目，其评标方法原则上采用定量评审的方式，推荐不排序的中标候选人。定量评审是指评标委员会根据招标文件规定的评标标准，对投标文件中的各评审因素进行评审、比较、计分，并根据评审、比较、计分情况对投标人进行排序。评审结论作为评标委员会推荐中标候选人的依据，一般应推荐排序前三名的投标人为中标候选人。评标委员会应在评标报告中对每个中标候选人的优势、风险等评审情况进行说明。评标计分排序仅作为评标委员会推荐中标候选人的参考依据，三名中标候选人均为评标委员会推荐的最大限度符合招标文件要求的投标人，其中标的权利是相同的，不以其评标计分排序是否靠前决定中标顺序。

2.定标办法

招标人承担定标的主体责任，组建定标委员会，定标委员会定标结论产生的一切结果由招标人承担。定标委员会成员的数量为5人及以上单数，可由招标人自行确定，可以是招标人本单位人员，也可授权其他人员，但均不能与中标候选人有利害关系，并推举定标委员会主任。定标委员会的组建方式应在招标文件明确载明，以符合招投标活动的公开原则。

招标人应当按照工程特点，在中标候选人的合同履行能力和风险、工期控制能力、类似工程施工经验、质量安全、节能减耗、新技术、新工艺等方面设定定标标准，并在招标文件中载明，由定标委员会定性评审，择优确定中标人。必要时，招标人可对中标候选人合同履行能力和风险进行考察，并出具考察报告供定标委员会参考；也可由中标候选人项目负责人，针对工期控制能力、类似工程施工经验、质量安全、节能减耗、新技术、新工艺等方面向定标委员会进行答辩，定标委员会根据答辩情况对中标候选人进行定性分析。

3.定标方式

定标由定标委员会根据定标因素，采用定性的方法对中标候选人进行分析，通过投票的方式择优选择中标人。投票方式分为直接票决和排序票决两种方式，具体由招标人自主确定并在招标文件中予以明确。

直接票决定标，定标委员会各成员根据招标文件载明的定标标准，结合评标委员会的评审结论，对所有进入定标程序的中标候选人定性分析，并进行投票，得票最多的中标候选人即为中标人。

排序票决定标，定标委员会各成员根据招标文件载明的定标标准，结合评标委员会的评审结论，对所有进入定标程序的中标候选人定性分析，按照先后中标的顺序从小到大排序，将中标候选人所得排序号累加即为排序票数，排序票数最少的中标候选人即为中标人。排序票数最少的中标候选人为2家及以上时，定标委员会应当对排序票数最少的中标候选人进行第二轮排序，第二轮排序后，排序票数最少的中标候选人仍为2家及以上时，以报价低者为中标人。

第五节　工程总承包项目隐性造价风险防范

在设计—施工（DB）和设计—采购—施工（EPC）工程总承包模式下，总承包人的责任由严格按图施工向自由实现发包人要求转变，总承包人对项目实施控制权大大增加。总承包人对发包人所要求的理解很难与其完全一致，必然导致该类项目合同目的的不确定性；项目功能实现方法的多样化，也必然带来该类项目合同履行方式的丰富性。合同目的和实现方法的不确定性以及不同发包阶段带来计价基础的实质性变化必然导致计价的不确定性，发承包双方的造价管控面临新的风险。目前，我国工程总承包市场处于培育阶段，政府投资项目的项目单位应当编制初步设计并对其真实性负责，建设单位要承担五大类因素产生的工程费用和工期的变化风险，其他部委和各地的有关文件也有类似规定，与FIDIC系列合同文件有较大差异，体现出我国情境下独特的工程总承包项目风险分担理念。

通过合同分担风险（分为显性风险和隐性风险）是发包人投资管控的有效途径。显性风险指合同中明确约定承担主体并且计算无争议的风险。隐性风险是指发包人在招标文件中列入要求承包人在报价时自主决策的内容，此外，隐性造价风险还应包括招标文件中未约定、约定不明或约定无效，需要合同订立及履行过程中再谈判确定，以及间接影响造价的自身及环境因素等导致造价不确定性的事项。客观来讲，工程总承包项目往往采用总价合同，合同价格相对固定，对发承包阶段价格形成的科学性和合理性提出了更高要求，对实施阶段的价款调整约束更加刚性；但现阶段我国工程总承包市场环境和市场主体的成熟度较差，隐性造价风险导致合同履行不畅和工程价款结算争议的案例并不鲜见。隐性造价风险的多样性及复杂性，客观要求有效识别隐性风险因素和探寻风险因子，对促进隐性风险的显性化具有重要的理论意义，阐述形成机理和探讨防范策略对提升市场主体能力具有重要的实践意义。

一、隐性造价风险结构表的建立

1.识别隐性造价风险因素

遵循“文献研究→案例分析→专家调查→总结归纳→实证检验”的思路，基于《房屋建筑和市政基础设施项目工程总承包管理办法》(建市规〔2019〕12号)(以下简称“总承包管理办法”)、《建设项目工程总承包合同示范文本》GF—2020—0216(以下简称“示范文本”)、《标准设计施工总承包招标文件》(2012年版)(以下简称“标准文件”)和FIDIC系列合同条件，通过对20余个行业典型案例总结分析的基础上，对发包人、咨询人、承包人、审计人等强相关市场主体中有工程总承包项目经验的从业人员，运用网络问卷调查方法(为有效区分市场主体对隐性风险的关注程度，每人限选6项)，共收到有效调查问卷679份，高级和中级职称人员分别为362份和317份，其中有376人具有建设领域各类职业资格，工程总承包项目隐性造价风险因素调查统计结果如图4.3所示。

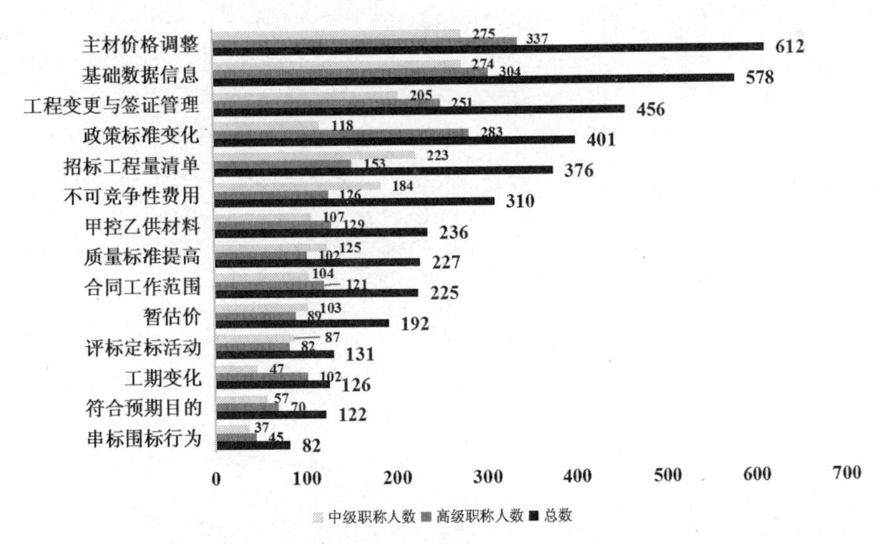

图4.3　工程总承包项目隐性造价风险因素统计

鉴于隐性造价风险的潜在性、难以识别性，尚需利用典型案例、疑难案例对隐性风险因素进行验证与完善。上图中后4项因素总数占比不足调查总人次的20%，分析其原因在于《总承包管理办法》执行时间较短，串标围标行为和评标定标活动还未引起市场主体的广泛重视，无论是《标准文件》还是《示范文本》中均没有直接体现要求总承包人达到符合预期目的的条款，工期变化对造价的较大影响往往在市场价格剧烈变动或者较长延误时才出现，尚未引起足够的重视。利用大数据检索裁判文书网的22个工程总承包项目造价争议的典型判例，对调查因素进行验证和完善，最终确认上述14项均为隐性造价风险因素。

2.探寻隐性造价风险因子

在识别隐性造价风险因素的基础上，采用头脑风暴法进行聚类分析，将其分为模式客观内生、双方主观外延和市场环境派生三大风险来源类别，运用专家函询法搜寻到36项潜在风险因子，采用黑板模型对风险因子发生概率和损益值量化，最终确认30项为隐性风险因子，得到工程总承包项目隐性造价风险结构层次表，如表4.7所示。

工程总承包项目隐性造价风险结构层次表 **表4.7**

序号	类别	风险因素	风险因子
一	模式客观内生类	1.基础数据信息	因子（1）：发包人不必然对其提供数据和信息等参照项的错误、不准确或遗漏等承担责任
		2.招标工程量清单	因子（2）：发包人不再提供招标工程量清单或不再对提供清单的准确性和完整性承担责任
		3.合同工作范围	因子（3）：合同工作范围不够明确，投标人对招标文件的理解承担责任； 因子（4）：节能、消防及环保等客观要求应完成的内容
		4.符合预期目的	因子（5）：总承包人必须满足发包人要求，实现项目使用功能； 因子（6）：发包人对设计文件的审核并不减轻总承包人的设计责任
二	双方主观外延类	5.主材价格调整	因子（7）：可调价材料、设备、人工等要素约定模糊，占造价的比重偏小； 因子（8）：采用造价信息调整价格差额法时，采用的基期价格偏高或者定义特殊的基准日期； 因子（9）：采用价格调整公式时，固定权重系数偏大，基期价格偏高，使用多样化的价格指数来源； 因子（10）：材料价格调整所需要的材料净用量和消耗量未明确
		6.工程变更与签证管理	因子（11）：设计优化与设计变更界限不清； 因子（12）：对工程变更及工程签证的管理苛刻，计算标准约定模糊； 因子（13）：工程变更等引起措施项目费的变化； 因子（14）：发包人对调价范围外的材料等进行价格签批； 因子（15）：签批时未明确价格是否含税
		7.不可竞争性费用	因子（16）：合同约定工程变更等导致的安全文明施工费、规费等DBB模式下的不可竞争性费用不予调整
		8.甲控乙供材料	因子（17）：招标文件给定部分材料、设备的选择范围，投标时从中选择报价
		9.质量标准提高	因子（18）：项目的质量标准整体或部分高于行业水平，造价计算参照社会平均水平

续表

序号	类别	风险因素	风险因子
二	双方主观外延类	10.暂估价	因子（19）：由总承包人组织实施，据实结算； 因子（20）：招标文件中对暂估价项目设定最高限价，由总承包人实施，未超时据实结算、超过时按最高限价结算； 因子（21）：暂估价占造价比重较大，现行计价方法总承包人不能获得该部分相应的管理费和利润
		11.工期变化	因子（22）：合同约定发包人原因工期增加仅补偿工期； 因子（23）：赶工措施费的计算方法不明确
三	市场环境派生类	12.政策标准变化	因子（24）：增值税税收政策变化引起造价改变； 因子（25）：最高投标限价计算方法模糊，盲目压低； 因子（26）：技术标准、规范变化及出台产生新项目或者引起设计、施工方案变化
		13.评标定标活动	因子（27）：不平衡报价引起进度款支付和工程变更价款的失衡； 因子（28）：普遍采用的综合评分法和探索推进的评定分离的定标方法均强化项目建议书和实施方案的比重，但实施方案并不是合同文件的组成部分
		14.串标围标行为	因子（29）：初步设计文件编制单位等前期单位为额外获利可能在前期设法提高造价； 因子（30）：具备双资质的总承包单位竞争不足，形成“寡头”，报价总体偏高

二、隐性造价风险的产生原因

1.客观内生类因素由总承包模式决定

1）基础数据信息

无论是国际上2017版FIDIC系列《银皮书》和《黄皮书》还是国内的《示范文本》和《标准文件》，都有条款对该项做出了约定，但是约定均不相同，基础数据信息准确性责任承担的差异性和市场主体的认知不足导致招标投标活动的混乱，而该风险分担的约定对造价影响巨大。

2）招标工程量清单

招标工程量清单中所列的项目和数量仅为投标人提供参考，甚至不再提供招标工程量清单，要求投标人结合类似工程经验等有关数据自主决策报价，总承包人要承担对工程量预测偏差较大导致投标报价偏低的隐性风险。

3）合同工作范围

工程总承包模式需要投标人以发包人要求（最深到初步设计）科学策划确定合同工作范围。由于投标时间较短，双方沟通往往不充分，不可避免产生理解偏差，投标人难以清晰界定工作范围、无法核实所有影响报价的因素，容易决策失误；节能、消防及生态环境保护等客观要求完成某些工作内容，投标人一旦忽视未对相应内容充分报价，导致隐性造价风险。

4）符合预期目的

总承包人承担部分设计和全部施工的责任，即使以合理的技能和谨慎进行设计、按照有关技术标准设计建造，如不能满足合同约定之目的，也应承担相应的责任；总承包人对所有相关设计文件的正确性承担责任，发包人对设计文件审核的目的在于确保项目功能和建设标准等的实现，但不因其审核而减轻总承包人的设计责任，总承包人设计缺陷而产生的变更不能增加造价。

2.主观外延类因素自发包人约定衍生

1）主材价格调整

招标文件中对可调价材料、设备、人工等要素的约定范围模糊或者占造价的比重偏小，造成实质上并不能达到双方合理分担主要材料等物价上涨风险分担之目的；合同中虽约定明确的风险范围，但发包人定义的基期价格偏高或者使用多样化的价格指数来源，均造成物价上涨时调价可能性降低和数额减少的情形；价格调整时的工程数量和消耗量等依据不确定导致价格调整出现争议。

2）工程变更与签证管理

工程总承包项目中设计变更与设计优化界限不清是长期以来发承包双方产生造价争议的重要原因；不同合同条件中对工程变更的界定有所不同，对变更价款的计算标准约定不够清晰造成计价争议；对工程签证的管理流程、签字权限及周期等提出了特殊要求，使得价款难以得到调整，给总承包人带来隐性造价风险。现场管理人员对可调价范围外的材料等进行价格签批，给发包人造成隐性造价风险。

3）不可竞争性费用

DBB模式下采用清单计价时安全文明施工费、规费等作为不可竞争性费用，由工程变更及工程签证等引起取费基础变化时上述费用相应调整，但在工程总承包模式下发包人通过合同约定对安全文明施工费、规费等不予调整或者难以明确具体的调整计算方法，产生隐性造价风险。

4）甲控乙供材料

建设单位为了确保材料设备品质，在招标文件中给出可供选择的范围（三种及以上），投标人选择其一进行报价，但未在投标文件的主要材料明细表中明确品种、型号、规格等唯一性指标，存在投标时采用的价格与实施时选定的材料设备不匹配，导致隐性造价风险。

5）质量标准提高

合同中包含的技术要求可能高于国家行业有关设计、施工标准规范，但造价计算仍参照社会平均水平进行，存在造价与质量标准不匹配甚至严重不符的问题，引起隐性造价风险。

6）暂估价

由于发包人要求，需要对项目的某些标准、功能等暂时不能确定或者难以较为准确计算的造价内容，招标文件中对部分专业工程和材料等设置暂估价，发包人为确保总承包人责任的一体化，明确由总承包人实施暂估价项目，但是暂估价按实结算的属性给发包人带来了隐性造价风险。发包人为避免暂估价项目失控，在招标文件中给暂估价的专业工程和材料等设定最高限价，在合同中做出实际价格未超限价时据实结算、超过时以限价结算的约定，给总承包人带来了隐性造价风险。暂估价占总造价比重较大，发包人给总承包人据实结算的方法并不能补偿总承包人相应的管理费和利润。

7）工期变化

发包人原因导致工期增加仅补偿工期的做法忽视了工程间接费用会随时间延长而增加的客观规律，仅按照合同约定对可调价材料的范围进行调整的做法看似合理，忽视了不可调价材料在工期延长期间物价往往上涨的市场常态，给总承包人带来了巨大的隐性造价风险；发包人要求赶工时相应措施费的计算并未形成较为明确的市场主体认可的统一计算方法，导致隐性造价风险。

3.环境派生类因素由法律法规政策导致

1）政策标准变化

工程总承包项目适用的增值税税率不同省市存在不同的认定，项目实施过程中增值税税率变化等税收政策调整均导致隐性造价风险的产生；最高投标限价形成过程模糊，往往采用设计概算下浮一定比例的方式确定，在总承包人将承担更多风险的情况下，其合理性不能保证；发包人为控制投资，存在人为盲目压低的情况，给总承包人带来了巨大的隐性造价风险；新实施的标准规范尤其是强制性标准规范必然引起设计、施工方案的变化，甚至产生新的项目，导致工程变更从而引起隐性造价风险。

2）评标定标活动

工程总承包项目应当采用的综合评估法强化承包人建议书及实施方案等技术文

件的质量，探索推进的评定分离的定标方法由招标人根据报价高低和技术文件优劣择优确定中标人，旨在突出技术文件在评标定标中的作用。但承包人实施方案不必然构成合同文件，若采用的实施方案低于投标时递交的实施方案，则可能对发包人产生隐性造价风险。同时，从国际仲裁案例来看，分部分项工程的投标单价进入合同文件时会作为进度款支付的重要依据和工程变更价款确定的参照。如果投标人采用不平衡报价，发包人不能有效识别并进行反制，则存在隐性造价风险。

3）串标围标行为

《总承包管理办法》中规定初步设计文件编制单位在招标人公开其已经完成的初步设计文件后可成为工程总承包单位，若初步设计文件编制单位通过设计施工方案或者设计概算的编制主体地位故意提高设计概算为后期偏高的投标报价提供空间，势必给发包人带来隐性造价风险；同时，由于工程总承包项目对总承包人要求高，具备能力的投标人数量偏少，竞争不充分或易合谋，导致报价总体偏高。

三、隐性造价风险的形成机理

我国工程总承包项目有关的法律、法规、规章、管理办法及社会规范等均处于转型与重塑过程中，工程总承包还是一个契约高度不完全的市场。市场主体对其认知是逐渐深化的，合同不可完全预设，双方就自身利益在合同签订及实施过程中博弈，将影响隐性造价风险的形成与分担。基于风险因子如何演变为双方隐性风险之考量，分类别揭示隐性造价风险的形成机理，如图4.4所示。

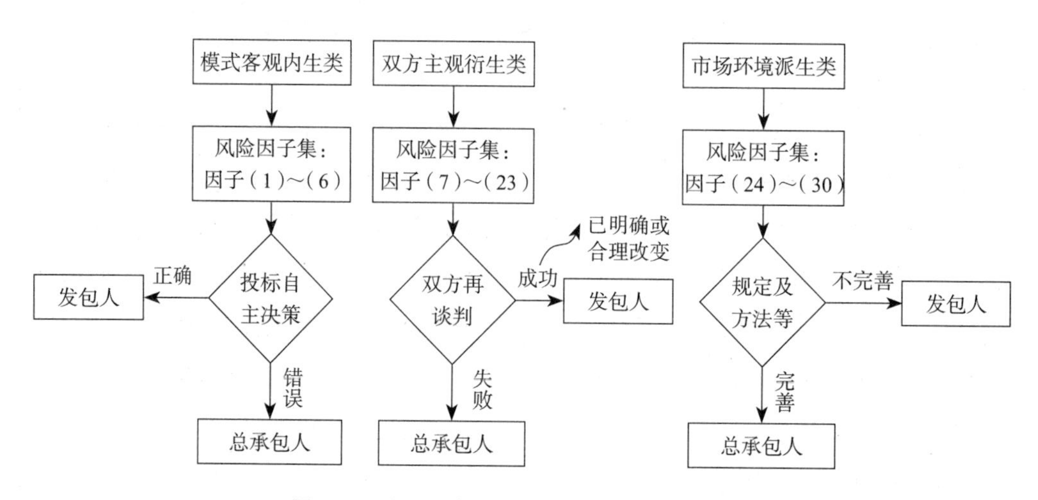

图4.4　工程总承包项目隐性造价风险形成机理

四、隐性造价风险管控策略

1.模式客观内生类隐性风险管控策略

市场主体改变理念认知是促进隐性造价风险显性化的必要前提。相较于DBB模式，发包人对项目建设的监管理应弱化，否则将导致变更或计价争议发生。发包人要求是招标文件的核心内容，其编制高度依赖技术标准，对其描述需要强化与项目类别、项目特征高度相关的专业技术力量，必要时应吸纳前期设计单位有关人员作为项目团队成员，组建设计人员、技术人员、造价人员和合同人员的一体化招标团队，以实现相关专业的深度融合，实现发包人要求足够明确清晰之目的。工程咨询人编制合同文件时不能简单引用《标准文件》或《示范文本》，应拟定符合现阶段项目需求的风险分担条款。

同时，现阶段总承包人对发包人要求的理解、初步设计文件等前期基础资料真实性的鉴别和相应设计施工标准规范的熟悉以及对所要完成工作内容和工程量的判断都面临极大的挑战，报价时应充分认知到该模式的风险，摒弃“低价中标、高价索赔”理念，提高决策水平；另外，总承包人要提高缺乏施工图设计进行项目实施策划的能力，组建设计与施工深度融合的项目团队，优化内部管理体系，强化设计人员的核心作用，确保对发包人要求的准确理解和完善工作内容；运用BIM和大数据等信息技术，建立自己的类似工程指标数据库，强化知识管理，提高投标决策能力。

2.双方主观外延类隐性风险管控策略

总承包模式客观要求总承包人理应承担更多的风险，但并不意味着发包人可随意转移风险。我国情境下，投标文件编制时间不仅仅限于满足法律法规的要求，更应根据项目特点确保必要的投标时间，利用投标预备会和质疑环节进行充分沟通，总承包人投标报价时做出科学决策；应通过招标文件尽可能合理、明确分担风险，在不发生较大实质性变更内容的情况下利用好签约环节，对风险因子进行充分谈判，促进合同的完备性和可执行性，杜绝出现约定不明或约定无效情形；加强项目实施过程的科学管理，重视项目管理的质量、工期等要素变化对造价的影响，做好隐性造价风险管理交底，杜绝管理不规范带来计价争议。

3.市场环境派生类隐性风险管控策略

完善规章政策，对初步设计文件编制单位可成为工程总承包单位的情况下，建立限制初步设计文件编制单位可能出现“道德风险”的相关制度，发挥全过程工程咨询人的作用，强化设计等方案论证，加大设计概算审核力度，确保相关成果质量。尽快出台总承包项目最高投标限价编制指南，建立最高投标限价的独立复核机制，可将全过程造价咨询服务范围往前延伸到限价审核，以提高限价的科学性和合理性。为避免综合评标法和评定分离的定标方法中对实施方案等技术文件作了着重考虑，但实施时总承包人更改实施方案导致计价争议的出现，必要时将部分实施方案等技术文件列入合同文件，从而限制总承包人的“道德风险”。合理划分标段，避免标段过大导致竞争不充分；评标标准对不平衡报价的识别、判定等做出明示，合同中对税收政策和技术标准及规范变化导致的造价调整方法予以清晰约定。

本章小结

我国工程总承包模式的发展必然受现有法规制度的约束，对政府投资项目而言尤为重要，这就决定了我们必然走中国特色的工程总承包发展之路。本章系统分析了不同项目发包阶段及对应造价、发包阶段及招标方式的选择，着重《发包人要求》编制方法与实务；系统分析了最高投标限价编审存在的六大计价问题并提出了改进策略；分析了工程总承包项目评标方法、评标中的核心问题和评定分离方法；基于我国政策环境建立工程总承包项目隐性造价风险结构表，探讨隐性造价风险的产生原因和形成机理，提出了造价风险管控策略。

第五章

总承包模式下工程价款调整及支付管理

工程价款调整一直是造价管理的重点与难点所在，尤其是现阶段工程总承包项目的价款调整，现有的总承包合同示范文本和标准设计施工合同文本中均缺少切实可行的价款调整方法，困扰着各方市场主体。围绕引起价款调整的工程变更、物价波动、工程签证和工程索赔四大要素进行详细探讨并给出切实可行的调整方法和管理措施，以其为市场主体提供有益的借鉴。在推行过程结算的宏观背景下，工程价款的支付管理也应引起应有的重视。

第一节　工程变更的界定及造价管控

工程变更不仅关系到工程工期，也直接关系到工程造价，对于发包人来说，进行工程变更是本着对工程有利角度去考虑，若处理不当将会对整个工程投资控制产生重大影响，带来工程投资失控等问题。由于总承包项目具有投资规模大、涉及面广、建设周期长、工程计价方法复杂等特征，因此，在工程总承包合同履行过程中，工程变更往往不可避免。

一、轨道交通项目工程变更概述

1.轨道交通项目工程变更的原因

（1）报建原因：指发改、规划、国土、住建、人防、消防、交管、环保、卫生防疫、城管等政府部门要求需要修改设计或用地拆迁困难无法满足建设需要的工程变更。

（2）勘察原因：指施工过程中提供的地形、地物资料、工程地质与水文地质、地下管线、地面地下构（建）筑物、用地红线等资料与实际不符而产生的工程变更。

（3）设计原因：指因设计文件缺陷、错误、遗漏、碰撞等需要修改、补充完善或优化而进行的工程变更。

(4) 技术标准或功能变化原因：指国家或行业技术标准、规范变化或使用功能变化或集团公司要求变化而引起的工程变更。

(5) 施工原因：指因施工工艺、施工设备、施工错误、工期、施工条件等发生变化而引起的工程变更。

(6) 设计新增原因：指根据工程实际需要，必须修改设计文件、补充完善或优化设计文件而进行的工程变更。

(7) 不可预见因素：指不可抗力或其他不可预见的外部因素变化等引起的工程变更。

(8) 其他原因：指不属于上述原因的工程变更。

2.轨道交通项目工程变更的分类

工程变更考虑其内容的重要性、技术复杂程度、对工程技术标准及功能影响程度、工程实施难度影响程度、对工期影响和增减投资额等因素，划分为Ⅰ、Ⅱ、Ⅲ类。

1）Ⅰ类工程变更

凡符合下列条件之一者属Ⅰ类变更设计：

(1) 特级风险工程施工图设计防护原则、工法等方面的较大调整。

(2) 涉及土建设计规模、功能、标准与技术原则或方案有重大变化的变更。主要包括以下几方面：

①原初步设计批准的运营功能标准的更改（如配线、出入段线等）；

②线路平纵断面的较大调整并影响线路技术标准或能力的变更；

③站位发生大的调整，如由路口一侧调整为跨路口、站位发生大的移动或加站、减站等；

④车站建筑规模或服务标准发生大的变化，包括车站层数增减、出入口数量增减或实施预留、风亭数量增减、车站长度或宽度发生大的增减、附属结构服务标准发生变化（如取消或增加扶梯、取消或增加无障碍直升梯等）；

⑤车站及区间主体结构工法发生大的变化，如明挖改暗挖、盾构改暗挖等；

⑥其他涉及全线技术标准或功能变化者，如：增加减震设施、声屏障设施、人防等级调整等；

⑦装饰风格及标准大的更改；

⑧政府方面规划、建设等相关部门要求的建设规模、标准的重大变更；

⑨属于土建初步设计规模、功能、标准与技术原则或方案有重大变化的情况；

⑩变更虽未涉及土建设计规模、功能、标准与技术原则或方案有重大变化，但

一次变更工程投资增减在300万元（含）以上者。

2）Ⅱ类工程变更

凡符合下列条件之一者属Ⅱ类工程变更：

（1）涉及土建设计规模、功能、标准与技术原则或方案有一般（普通）变化，且不属于Ⅰ类工程变更第2条规定范围的变更，主要有：

①车站及区间的主体结构和附属结构工程、临时施工竖井、结构预留孔洞、施工横通道等在平、纵面位置上范围较小的调整、桥墩桩位调整、增加或取消临时施工竖井、横通道等；

②施工过程中的变化，主要包括初支（基坑支护）加强变化、二衬变化、地层加固及注浆、建（构）筑物、管线、其他设施的保护、防水材料及工法变化、降水工程变化、明挖围护结构变化、盾构管片材料变化、结构预留孔洞、基础换填、钢结构调整等；

③出入口、风道与周边建筑结合、预留出入接口、增设人防门、预留换乘条件、站内二次结构调整、管线综合施工图调整、桥轨面标高调整等；

④装修过程的一般性变化；

⑤站前广场方案的局部调整。

（2）变更虽未涉及土建设计规模、功能、标准与技术原则或方案有一般变化，但一次变更工程投资增减费用在50万元（含）至300万元者。

3）Ⅲ类工程变更

一次变更工程投资增减费用小于50万元且不属于Ⅰ类、Ⅱ类工程变更范围的其他所有变更。

3.工程变更的风险

工程变更的风险，主要表现在：①工程变更的标准约定不明确的风险；②工程变更的责任范围约定不清的风险；③工程变更控制约定不明确的风险；④工程变更价款的确定不明确或不公正的风险。

二、总承包模式下工程变更的范围

（一）施工总承包模式下工程变更的范围

1.标准施工招标文件（2007年版）中工程变更的范围

根据《标准施工招标文件》（2007年版）第15.1条款的规定，除专用合同条款另有约定外，在履行合同中发生以下情形之一，应按照本条规定进行变更。

（1）取消合同中任何一项工作，但被取消的工作不能转由发包人或其他人实施；

（2）改变合同中任何一项工作的质量或其他特性；

（3）改变合同工程的基线、标高、位置或尺寸；

（4）改变合同中任何一项工作的施工时间或改变已批准的施工工艺或顺序；

（5）为完成工程需要追加的额外工作。

2.《建设工程施工合同（示范文本）》GF—2017—0201 中工程变更的范围

根据《建设工程施工合同（示范文本）》GF—2017—0201的规定，工程变更的范围和内容包括：

（1）增加或减少合同中任何工作，或追加额外的工作；

（2）取消合同中任何工作，但转由他人实施的工作除外；

（3）改变合同中任何工作的质量标准或其他特性；

（4）改变工程的基线、标高、位置和尺寸；

（5）改变工程的时间安排或实施顺序。

3.《建设工程工程量清单计价规范》GB 50500—2013 中工程变更的定义

根据《建设工程工程量清单计价规范》GB 50500—2013第2.0.15条规定，工程变更是指合同工程实施过程中由发包人提出或由承包人提出经发包人批准的合同工程任何一项工作的增、减、取消或施工工艺、顺序、时间的改变；设计图纸的修改；施工条件的改变；招标工程量清单的错、漏从而引起合同条件的改变或工程量的增减变化。

通过对比可以发现，不同合同文本下工程变更的范围并不完全一致，发承包双方应深刻理解不同文本可能对项目造价的影响，双方在合同中对于工程变更范围和内容可根据项目的具体特点做出有个性化的约定。

（二）工程总承包模式下工程变更的范围

1.《建设项目工程总承包合同（示范文本）》GF—2020—0216 未再界定变更范围

通过界定变更权来认定是否构成变更，一般而言，《发包人要求》变化、初步设计文件变更或缺陷、基础资料不准确等均可能引起工程变更的发生。根据《建设项目工程总承包合同示范文本（试行）》GF—2011—0216，变更范围主要包括勘察变更、设计变更、采购变更、施工变更等，具体内容如下：

1）勘察变更范围

发包人勘察计划的变更或承包人勘察过程中根据岩土工程条件及国家法律规定的勘察技术规范要求，需修改发包人委托的勘察任务书，及其所需要的附加工作，属于勘察变更的范围。

2）设计变更范围

（1）对生产工艺流程的调整，但未扩大或缩小初步设计批准的生产路线和规模或未扩大或缩小合同规定的生产路线和规模；

（2）对平面布置、竖面布置、局部使用功能的调整，但未扩大初步设计批准的建筑规模，未改变初步设计批准的使用功能；或未扩大合同规定的建筑规模，未改变合同规定的使用功能；

（3）对配套工程系统的工艺调整、使用功能调整；

（4）对区域内基准控制点、基准标高和基准线的调整；

（5）对设备、材料、部件的性能、规格和数量的调整；

（6）因执行新颁布的法律、标准、规范引起的变更；

（7）其他超出合同规定的设计事项；

（8）上述变更所需的附加工作。

3）采购变更范围

（1）承包人已按发包人批准的长名单，与相关供货商签订采购合同或已开始加工制造、供货、运输等，发包人通知承包人必须选择该名单中的另一家供货商；

（2）因执行新颁布的法律、标准、规范引起的变更；

（3）发包人要求改变检查、检验、检测、试验的地点和增加的附加试验；

（4）发包人要求增减合同中规定的备品备件、专用工具、竣工后试验物资的采购数量。

4）施工变更范围

（1）根据《建设项目工程总承包合同（示范文本）》GF—2020—0216第13.2.2款的设计变更，造成施工方法改变、设备、材料、部件和工程量的增减；

（2）发包人要求增加的附加试验、改变试验地点；

（3）根据《建设项目工程总承包合同（示范文本）》GF—2020—0216第5.3.1款第1项、第2项之外，新增加的施工障碍；

（4）发包人要求对竣工试验合格的项目，重新进行竣工试验；

（5）因执行新颁布的法律、标准、规范引起的变更；

（6）上述变更所需的附加工作。

5）赶工

承包人在工程实施过程中接受了按发包人的书面指示，以发包人认为必要的方式加快工程的勘察、设计、施工或其他任何部分的进度时，承包人为实施发包人的赶工指示，必要时应对项目进度计划进行调整。承包人增加的措施和资源的费用，应提出估算，作为一项变更。如果发包人未能批准此项变更，承包人有权按合同规定的相关阶段的进度计划执行。

6）调减部分工程

按《建设项目工程总承包合同（示范文本）》GF—2020—0216第4.7.4款承包人复工要求的规定，发包人的暂停超过45天，承包人请求复工时仍不能复工或因不可抗力持续而无法继续施工，应一方要求，可以以变更方式调减受暂停影响的部分工程。

7）其他变更

合同双方应根据工程的特点，在专用条款中规定其他变更。

需要注意的是，在黄皮书、银皮书中，对发包人发出不可预见物质条件的处理指令，在黄皮书中规定可能构成变更，在银皮书中未规定；基准日期后执行新技术标准和法规构成变更；发包人改变进行规定试验的位置或细节，或指示承包人进行附加试验，构成变更；暂停超出一定期限删减部分项目构成变更；由于承包人以外的原因导致修补缺陷费用的产生，构成变更等。

2.工程变更的分类

工程总承包项目发包基础的多样化和发包范围的灵活性，导致变更内容的丰富性，变更的范围和内容相比施工总承包项目均发生变化，比如勘察和设计内容及范围的变化构成变更，工程量清单的缺项和漏项、项目特征描述不准确不再视为工程变更等。工程总承包项目在建设规模、建设标准、功能要求和发包人要求变化导致工程价款发生变化的，均应视为工程变更的范畴。尤其需要注意的是以下两类问题是否属于工程变更的范畴：1）发包人在招标范围中明确由总承包人完成，但是在编制最高投标限价时遗漏的工作内容；2）招标时发包人没有列出危险性较大工程清单，或者编制最高投标限价时采用的施工方案经过专家论证后需要更改方案的措施项目。对于第1）类问题，虽然客观上造成了压低投标报价的后果，但投标报价的基础和参考依据中并没有最高投标限价，不应视为变更的范畴。若最高投标限价过低影响了投标报价的合理性，发包人可以合理利用招标投标阶段的质疑机制，或者构建投标人声明发包人是否有内容遗漏等问题以有效规避计价争议；对于第2）

类问题，由于发包人不负有工程量清单的准确性义务，总承包人投标时要确保施工方案可行性的基础上计算造价，也不应属于工程变更。

根据《建设项目工程总承包合同（示范文本）》GF—2020—0216，变更范围主要包括勘察变更、设计变更、采购变更、施工变更等。按照合同价款的影响是否属于建筑安装工程费和设备购置费，可将变更分为两大类：工程变更类和非工程变更类。部分设计变更、施工变更以及部分采购变更（比如材料设备替换等）对合同价款的影响可以归结到工程变更类中，除工程变更类之外的属于总承包其他费用的变更，比如勘察变更、设计变更、采购变更等导致的勘察费、设计费和采购费的变化，合同签订后发包人要求采用BIM技术、要求增加信息化系统集成等造成费用的增加，均应属于非工程变更类。

案例5.1：固定总价合同下工程总承包项目工程变更

2016年12月，某发包人经正式招标后，与总承包方（某设计院）就某“220kV总变电站项目”签订了《EPC工程总承包合同》(以下简称“总承包合同”)。根据总承包合同约定，总承包方“负责该变电站项目的全部详细设计、设备材料采购以及施工工作，协助发包人完成竣工验收，并对本项目的质量、安全、进度、费用等全面负责”。合同价格为固定总价3亿元人民币（含税）。

发包人在招标文件中并未明确对主变压器以及GIS等主要设备的品牌要求。答疑时，总承包方专门以书面形式询问招标人对此类设备是否有品牌档次要求，得到的答复是“按市场价报价即可”。因此，总承包方按国内一线品牌的档次报价。在中标通知书和双方签订的总承包合同正文及相关技术附件中，也并未明确对此类设备的品牌要求。合同签订后，发包人提出要求，本项目的主变压器以及GIS等主要设备均须采用进口品牌产品。总承包方认为无法接受该要求，因为当初的投标报价是基于采用国内一线品牌产品这一前提。如果采用进口品牌产品，将导致工程实际成本远远超出固定总价，总承包方无法自行承担该超支的成本。

总承包方认为，虽然总承包合同中未明确约定品牌档次，但是投标人在投标文件中已经明确了相关设备的品牌，在投标文件中附上了拟采购相关设备的厂家“名单”，发包人在发出中标通知书之前也一直未提出异议。如果发包人方要求主变压器以及GIS等主要设备均须采用进口品牌产品，应视为工程变更。

按照《建设项目工程总承包合同示范文本（试行）》GF—2011—0216中有关工程变更范围的界定，该案例中发包人要求提高属于设计变更中的“对设备、材料、部件的性能、规格和数量的调整”，应由发包人承担相应的责任。虽然在中标通知书和双方签订的总承包合同正文及相关技术附件中，也并未明确对此类设备的品牌要求，但是投标文件中所附的拟采购相关设备的厂家“名单”应作为价格清单的组成部分，应属于合同文件的组成。如果发包人能够证明承包人“名单”中列出的产品不能满足“发包人要求”，此时属于“承包人建议书”与“发包人要求”不一致，应以“发包人要求”为准调整“承包人建议书”的内容，则不再属于工程变更的情形。

三、有关工程变更估价原则的对比分析

（一）施工总承包模式下工程变更估价

1.《建设工程施工合同（示范文本）》GF—2017—0201中有关工程变更估价的规定

《建设工程施工合同（示范文本）》GF—2017—0201第10.4.1条变更估价原则，除专用合同条款另有约定外，变更估价按照本款约定处理：

（1）已标价工程量清单或预算书有相同项目的，按照相同项目单价认定；

（2）已标价工程量清单或预算书中无相同项目，但有类似项目的，参照类似项目的单价认定；

（3）变更导致实际完成的变更工程量与已标价工程量清单或预算书中列明的该项目工程量的变化幅度超过15%的，或已标价工程量清单或预算书中无相同项目及类似项目单价的，按照合理的成本与利润构成的原则，由合同当事人按照《建设工程施工合同（示范文本）》GF—2017—0201第4.4款〔商定或确定〕确定变更工作的单价。

此处“变更估价”原则的正确运用可从以下三个方面进行把握：

（1）直接采用适用的项目单价的前提是其采用的材料、施工工艺和方法相同，亦不因此增加关键线路上工程的施工时间；如某地面贴瓷砖，合同中写明工程量是7000m^2，在实际施工过程中，业主进行变更，增加了墙面贴瓷砖工程，面积增加至7600m^2。尤其需要注意的是，因为工程价款都具有一定的时效性，承包方所报的综合单价都是在一定的价格水平下提出的，故应充分考虑对实际施工时间的影响，比如混凝土结构主体加层，虽然原来的分部分项工程中存在相应的综合单价，但是由于会延长工期，若正好在这个时间阶段内商品混凝土价格上涨（超过合同约定的幅度），则“不适用”；

（2）采用类似的项目单价的前提是其采用的材料、施工工艺和方法基本相似，

人工、材料、机械消耗量不变，不增加关键线路上工程的施工时间，可仅就其变更后的差异部分，参考类似的项目单价由发、承包双方协商新的项目单价；如混凝土标号由C25变为C30；

（3）因为企业个别成本无法判定，合理成本应是指社会平均成本。采用的计价依据是当地消耗量的定额和信息价格，信息价格缺项时采用双方认可的市场价格。合理利润一般是指参考相应的社会平均水平的利润，即当地定额规定的利润取费水平；也应结合在合同订立时当事人双方确认的利润取费比例和建筑市场的收益惯例来进行确定。该条款对合理成本与合理利润的规定为原则性规定，可操作性较差，与国内造价管理环境不相容。

2.《建设工程工程量清单计价规范》GB 50500—2013中有关工程变更估价的规定

《建设工程工程量清单计价规范》GB 50500—2013中关于工程变更做出了如下规定：

情况一：因工程变更引起已标价工程量清单项目或其工程数量发生变化时，应按照下列规定调整：

（1）已标价工程量清单中有适用于变更工程项目的，采用该项目的单价；但当工程变更导致该清单项目的工程数量发生变化，且工程量偏差超过15%时，该项目单价应按照本规范第9.6.2条的规定调整；

（2）已标价工程量清单中没有适用但有类似于变更工程项目的，可在合理范围内参照类似项目的单价；

（3）已标价工程量清单中没有适用也没有类似于变更工程项目的，应由承包人根据变更工程资料、计量规则和计价办法、工程造价管理机构发布的信息价格和承包人报价浮动率提出变更工程项目的单价，并应报发包人确认后调整。承包人报价浮动率可按下列公式计算：

招标工程：承包人报价浮动率L=（1-中标价/招标控制价）×100%。

非招标工程：承包人报价浮动率L=（1-报价/施工图预算）×100%。

（4）已标价工程量清单中没有适用也没有类似于变更工程项目，且工程造价管理机构发布的信息价格缺项的，由承包人根据变更工程资料、计量规则、计价办法和通过市场调查等取得有合法依据的市场价格提出变更工程项目的单价，并应报发包人确认后调整。

分析：工程变更导致该清单项目的工程数量发生变化超过15%时进行相应价款综合单价调整，使得更加符合工程实际，也可以视为对承包人不平衡报价的再平衡，这对于采用模拟工程量清单招标时尤为重要。

承包人报价浮动率的计算发包人可以在合同中进行单独约定，存在暂列金额、暂估价的情况下，由于暂列金额、暂估价属于不可竞争的范畴，将暂列金额、暂估价以及所有的规费和税金等不可竞争性费用全部从中标价和招标控制价中扣除，更有利于体现承包人的竞争程度。按照该思路计算出来的报价浮动率会低于按照规范计算出来的报价浮动率，发生工程变更尤其是发生大量工程变更时对发包人有利。

通过市场调查等取得有合法依据的市场价格，在实际操作时如何获得各方市场主体的认可不是件容易的事情，如果该项目所需采购的材料价格总额超过必须招标的范围，采用公开招标的方式进行，通过程序合法以规避可能的风险。如果达不到必须公开招标的规模，应采用书面形式至少向三家以上供应商进行正式询价，并留好原始记录。

除“信息价格缺项”外，四新技术的出现还可能有“消耗量定额缺项”的情况，套用类似项目的消耗量定额或者需要在现场进行定额测算，经过双方签认后作为工程变更价款的调整依据。

某市轨道交通××号线项目中土建工程（含车辆段土建）新增工程项目，单价的确定按以下规定：

a.合同工程量清单中已有相同项目的适用综合单价，则沿用；相同项目有两个或以上不同单价的，采用低者；

b.合同工程量清单中已有类似项目的综合单价，则按类似项目的综合单价对相应子目、人工、材料消耗量、单价等进行调整换算，原管理费、利润水平不变；如类似项目综合单价的子目消耗量高于定额水平，则按照定额消耗量调整换算。如换算时原投标报价中已有的材料价格则采用，若出现类似项目中没有的材料单价，如此材料属于乙供可调差的材料范围，材料价格则用概算编制所采用的2017年一季度，由某市建设工程造价管理站《××建设工程造价信息》发布的“××地区建设工程常用材料综合价格”中的该材料价格计；如果不属于乙供可调差的材料范围，则用实际施工期所在季度，由某市建设工程造价管理站《××建设工程造价信息》发布的“××地区建设工程常用材料综合价格”中的该材料价格下浮5%计。对“××地区建设工程常用材料综合价格”中没有的价格，由甲乙双方协商确定。施工机具台班价格采用所选用的定额中该施工机具台班价格；

c.合同工程量清单中没有相同项目或类似项目的，按《新增项目综合单价分析表》及《本报价采用的管理费、利润、规费和税金费率列表》执行。

某市轨道交通××号线项目中综合体同步实施工程土建工程新增工程项目，单价的确定按以下规定：

a.已标价工程量清单或预算书中无相同项目，但有类似项目的，按类似项目的综合单价对相应子目、消耗量、单价等进行调整换算，原人工单价、机械费、管理费费率、利润率维持投标水平不变；如类似项目的综合单价有两个以上，则按消耗量最少、管理费和利润取费最低的优先顺序选择类似项目综合单价进行换算。如类似项目综合单价的子目消耗量高于定额水平，则按照定额消耗量调整换算。

b.合同中没有适用也没有类似于变更工程项目的，执行工程量清单中的新增项目计费程序，新增项目的材料价格如合同中有相同材料的，则沿用合同价格；如没有相同材料但有类似材料的，且新增材料需考虑品牌需求的，经双方协商后在《××地区建设工程材料（设备）厂家价格信息》名单中，则参考合同中规格、尺寸最接近的类似材料的投标材料价格，对比该类似材料在施工期中《××地区建设工程材料（设备）厂家价格信息》的价格水平，对新增材料的价格进行相同比例的下浮折算；

如没有相同及类似材料，则用某市建设工程造价管理站《××建设工程造价信息》发布的施工期工程所在地建设工程常用材料综合价格中钢筋下浮1.2%，混凝土下浮14.54%，其他材料价格下浮5%。对施工期广州地区建设工程常用材料综合价格中没有的价格，则参考《××地区建设工程材料（设备）厂家价格信息》价格并下浮：其中建筑、装修材料下浮30%，空调制冷设备类、冷却塔类、通风换气设备类、消防设备及器材类、泵类、供水设备类、污水提升设备类、油污处理及水箱类，空气净化设备类、电热设备类等均下浮40%，阀门、专业管道接头、金属软管类等下浮50%，其他机电类材料下浮35%。《××建设工程造价信息》及《××地区建设工程材料（设备）厂商价格信息》没有的材料，由承包人择优选择3家以上同等档次的候选品牌，以市场询价方式取得其书面盖章的报价单，上报发包人最后核准；如承包人上报价格低于发包人的市场询价，则以承包人上报价格为准；如承包人上报价格高于发包人的市场询价，则以发包人的市场询价为准。如消耗量与定额相比高于定额的，在办理新增项目变更时按定额消耗量办理合同变更；

类似材料的判别由发包人审定。新增项目的机械台班单价及消耗量沿用定额，如没有，双方另行协商确定。

c.相关变更所涉及的人工单价、机械费、管理费费率、利润率在合同有效期间维持投标水平不变。

d.特殊环境和条件下的人工降效费、建筑物超高增加的人工、机械及现行定额规定的其他人工机械增加费维持投标水平不予调整。

e.由承包人自身原因引起的工程变更，发包人不予增加费用和（或）延长工期。

情况二：工程变更引起施工方案改变并使措施项目发生变化时，承包人提出调整措施项目费的，应事先将拟实施的方案提交发包人确认，并应详细说明与原方案措施项目相比的变化情况。如果承包人未事先将拟实施的方案提交给发包人确认，则应视为工程变更不引起措施项目费的调整或承包人放弃调整措施项目费的权利。拟实施的方案经发承包双方确认后执行，并应按照下列规定调整措施项目费：

（1）安全文明施工费应按照实际发生变化的措施项目依据《建设工程工程量清单计价规范》GB 50500—2013第3.1.5条的规定计算；

（2）采用单价计算的措施项目费，应按照实际发生变化的措施项目，按情况一的规定确定单价；

（3）按总价（或系数）计算的措施项目费，按照实际发生变化的措施项目调整，但应考虑承包人报价浮动因素，即调整金额按照实际调整金额乘以情况一规定的承包人报价浮动率计算。

分析：对于安全文明施工费和按单价计算的措施项目费的规定可操作性较强，具有很强的指导意义，但是其主要考虑了工程变更导致的投资增加问题，对于工作删减时造成的管理费和利润的计算并未给出指导做法。对于按总价（或系数）计算的措施项目费，如果是新增项目，按照上述规定计算没有异议，但如果是已有的总价措施项目，由于工程变更导致总价措施项目取费基数发生变化后可按相应比例进行调整，由于已标价的工程量清单中已经体现了承包人的竞争程度，无须再考虑报价浮动率，同样的，对于工程变更导致的工作删减时造成的管理费和利润的计算也未给出指导做法。

情况三：当发包人提出的工程变更因非承包人原因删减了合同中的某项原定工作或工程，致使承包人发生的费用或（和）得到的收益不能被包括在其他已支付或应支付的项目中，也未被包含在任何替代的工作或工程中时，承包人有权提出并应得到合理的费用及利润补偿。

分析：该规定仅仅是原则性规定，具体操作时费用和利润的计取标准并未予以明确，容易导致双方的计价争议。

3.《建设工程造价鉴定规范》GB/T 51262—2017中有关工程变更估价的规定

情况一：当事人因工程变更导致工程量数量变化，要求调整综合单价发生争议的；或对新增工程项目组价发生争议的，鉴定人应按以下规定进行鉴定：

（1）合同中有约定的，应按合同约定进行鉴定；

（2）合同中约定不明的，鉴定人应厘清合同履行情况，如是按合同履行的，应向委托人提出按其进行鉴定；如没有履行，可按现行国家标准计价规范的相关规定进行鉴定，供委托人判断使用；

（3）合同中没有约定的，应提请委托人决定并按其决定进行鉴定，委托人暂不决定的，可按现行国家标准计价规范的相关规定进行鉴定，供委托人判断使用。

分析：遵从双方合同约定和参考现行国家标准计价规范的相关规定，融会贯通有关国家标准计价规范的实质性内容很有裨益。

情况二：因发包人原因，发包人删减了合同中的某项工作或工程项目，承包人提出应由发包人给予合理的费用及预期利润，委托人认定该事实成立的，鉴定人进行鉴定时，其费用可按相关工程企业管理费的一定比例计算，预期利润可按相关工程项目报价中利润的一定比例或工程所在地统计部门发布的建筑企业统计年报的利润率计算。

分析：明确了费用和利润的计取标准，利润的计算反映了当时当地的市场情况，可操作性较强。

通过对比上述三本国内现行的规范（文本）可以发现：不同规范（文本）对于同一事项的约定不完全相同，行业标准的多元化给建设单位的选择带来了较高的专业要求，直接采用某一现行的合同文本，根本不能满足建设投资管理需求，建设单位应加强相关规范（文本）的理解与深度学习，需要在招标文件编制环节细化完善投资控制条款。

（二）工程总承包模式下工程变更估价

发包方承担的工程变更可以分为工艺需求变更、建设标准变化、平面布置变化、规范调整、政策调整和物价波动六类。

（1）工艺需求变更：是指在合同已经签订后，由于业主提出新的工艺需求的变化导致工程投资发生调整的情况，如由重大非标设备方案细化带来的土建及安装专业投资的变化。

（2）建设标准变化：项目实施过程中，业主对合同范围内的材料等级、装修标准、设备指标参数提高或降低标准导致工程发生变更的情况。

（3）平面布置变化：因业主要求，对建筑物已实施完成的部分及整体平面布局进行调整导致变更发生的情形，如房间平面位置、用途的调整。

（4）规范调整：是指因国家新颁布的规范导致正在实施的工程产生变更的情形，如防火规范、抗震支架规范的实施引起的工程变更。

（5）政策调整：是指因国家政策导致的工程变更，如环保、雾霾防治等政策导致工程发生的变更。一般此类变更发生的费用应由发包方来承担。

（6）物价波动：项目实施过程中，材料价格发生变化是常态，鉴于建设工程合同具有承揽合同性质的本质属性，物价波动风险不应完全由承包人承担，秉持风险合理分担的理念，超出合同约定的风险范围应由发包人来承担。

1.工程变更类价款调整技术

2017版《银皮书》和《黄皮书》均规定如果合同中包含价格费率表，则采用价格费率表中相同或相近项目的价格，或根据相关价格由业主方制定新的临时价格；如合同中不含价格费率表，则采用成本加酬金的方式定价。《标准设计施工总承包招标文件》和《建设项目总承包合同（示范文本）》（建市〔2020〕96号）中工程变更的规定均体现了双方友好协商的原则性规定，但其运用依赖于均衡的发承包市场环境，目前市场主体对工程总承包模式的不适应、发包人要求变化的常态性，易导致计价争议。充分借鉴《建设工程工程量清单计价规范》GB 50500—2013中的工程变更估价原则，因工程变更引起价格清单项目发生变化，按照下列规定调整：

（1）价格清单中有适用于变更工程项目的，采用该项目的单价；

（2）价格清单中没有适用、但有类似于变更工程项目的，可在合理范围内参照类似项目的单价；

（3）价格清单中没有适用也没有类似于变更工程项目的，可参照工程造价管理机构发布的计价依据形成造价的，采用基于一定的定额计价原则费率下浮的方式确定价格。

下浮率L=（1−中标价中的相应费用/最高投标限价中的相应费用）×100%

上式中的相应费用是指工程总承包项目造价构成中的建筑安装工程费等。最高投标限价和投标报价中都应细分为勘察费、设计费、建筑安装工程费和设备购置费等，既有利于计算相应部分的报价浮动率，也有利于增值税发票的开具。如果最高投标限价和投标报价没有区分不同造价内容，浮动率可参照下式计算：

下浮率L=（1−中标价/最高投标限价）×100%

（4）价格清单中没有适用也没有类似于变更工程项目的，且无法参照工程造价管理机构发布的计价依据形成造价的，应由总承包人提出变更工程项的合理单价，报发包人确认后调整。

需要注意的是,《标准设计施工总承包招标文件》中建筑安装工程费清单列出的项目名称、工作内容和单价并不能满足确定综合单价的要求，为提高价格清单中项目单价的适用性及可参照性，在初步设计基础上发包的项目，建议改进该表格的内容，比如增加项目特征等。

根据《建设项目总承包合同（示范文本）》GF—2020—0216，发包人要求（或设计变更）导致施工方法的改变属于工程变更的范畴，但具体体现施工方案的承包人实施计划并不必然作为合同文件的组成部分，无法对比施工方案变化情况。同时，价格清单中默认的是采用全费用综合单价，并未体现措施项目费的信息，变更导致的措施费变化如何计算应需要完善。参照清单计价规范，单价措施项目费在增列的措施项目价格清单中明示，总价措施项目（安全文明施工费除外）分别按照上述3）和4）条确定。

2.非工程变更类价款调整技术

可参照行业相应计算方法得出变更价款的，则参照有关的取费文件、市场状况等因素考虑报价浮动率计算；涉及咨询服务的，可以采用人工成本加酬金方式详细计算，但是需要双方明确相应的单价和费率标准；其他不能计算的，采用成本加酬金的方式，双方协商确定。

四、工程变更估价原则的适用前提条件

合同中的价格之所以被适用和参考是因为基于合同价格中每一个子项价格都是科学合理的前提。但由于承包人采用不平衡报价、报价失误或者让利等原因，合同价格中某些子项价格可能会明显偏高或偏低，此时工程变更估价适用原则的前提条件已经失去，不能再采用。所以，无论是施工总承包模式还是工程总承包模式，均应约束严重不平衡报价，除了加大对不平衡报价的识别外，还可以有如下类似约定：①投标人的综合单价与招标人提供的模拟清单中相应综合单价的偏差不得高于10%或低于20%，超过上述幅度的，中标后出现工程量变化，比较投标人的综合单价与招标人综合单价，工程量增加部分执行较低的单价、减少部分执行较高的单价；②投标人中标后遇到发生该项目变更的，其综合单价与发包人及经有关部门审核（如需）的综合单价的偏差不高于5%且不低于20%的，则按中标人的综合单价执行；否则按实结算。

某市轨道交通××号线项目专用合同条款中对于变更的估价原则约定如下：

1.本项目实行总价承包，合同签订后任何一方不得擅自调整合同价格，但有下列情形之一的可作调整：

(1)发包人对建设方案、建设标准、建设规模和建设工期的调整以及非承包人原因引起的Ⅰ类变更设计；

(2)按国家有关规定需要调整的费用；

(3)项目专用合同条款约定额度以上由发包人承担的非承包人原因Ⅱ类变更设计。

2.总承包风险费是指由总承包单位为支付风险费用计列的金额，风险费用包括但不限于以下内容：

(1)非不可抗力造成的损失及对其采取的预防措施费用；

(2)实施性施工组织设计调整造成的损失和增加的措施费；

(3)工程保险费；

(4)由于变更施工方法、施工工艺所引起的费用增加；

(5)激励约束考核费用；

(6)项目专用合同条款约定额度内由承包人承担的Ⅱ类变更设计费用。

3.由于第1项原因引起的变更设计，依据批复调整合同价格。

4.因第2项原因引起的费用计算按照以下约定处理，由总承包风险费支付：

(1)已标价工程量清单中有适用于变更工作的子目的，采用该子目的单价；

(2)已标价工程量清单中无适用于变更工作的子目，但有类似子目的，可在合理范围内参照类似子目的单价，由监理人依合同商定或确定变更工作的单价，并征得发包人同意后执行；

(3)已标价工程量清单中无适用或类似子目的单价，由监理人依合同商定或确定变更工作的单价，并征得发包人同意后执行。

a.总承包风险费的支付：总承包风险费可采用据实验工、按比例控制、总额包干的计价方式。按发包人批准的季度实际完成的投资额乘以总承包风险费率确定每季度计价限额，每季度完成的应由总承包风险费解决的工程或费用，如果低于本季度计价限额，按实际计算费用计价，余额结转到下个季度的计价限额；如果高于本季度计价限额，则按本季度计价限额计价，末次计价总额包干。

本季度计价限额=每季度计价限额+结转余额

按规定支付激励约束考核费用。

b.安全生产费：根据国家、行业和铁路总公司相关规定，在季度结算工程款拨付时按规定比例一并支付。

c.其他款项的支付在项目专用合同条款约定。

五、工程变更的风险防范

从工程实践来看，因为工程变更发生在项目实施过程中，发包人此时与承包人谈价格，已经失去了发承包阶段的最有利环节，工程变更的发生总体而言对于发包人是不利的，所以，对于发包人而言，应尽可能地完善前期工作，规避工程变更的发生。同时，在政府审计强约束的社会背景下，工程变更的提出程序也可能面临审计风险。

1.工程变更的规避策略

（1）重视项目前期的勘察报告，尤其是地勘报告。地基处理包括砂石回填、土方回填工程等，变更一旦发生，产生的变更洽商金额较大。因此，在项目实施前期，设计单位要特别重视地勘报告，及早明确项目现场地质情况。如果确实无法得到明确的地质情况，应在EPC/DB合同里明确权利和责任，保留追索权。

（2）明确功能需求，重视方案论证。功能需求变化是引发总承包项目变更的最主要原因，这类变更对成本控制以及进度控制均会产生巨大影响。在实施前期，尽可能地与业主明确功能需求并落实主要施工方案，尤其是重大非标设备的方案论证。避免在已基本建成、实施设备安装时，发现不满足使用需求，发生大量的拆改工作，造成投资浪费。

（3）严格控制设计质量。对所承担的EPC/DB项目，应严格控制设计质量，尤其是细节部分的图纸设计；加强设计、采购、施工紧密配合，促进设计工程师、采购工程师和施工工程师之间的沟通、交流，取长补短，有效避免以往项目建设模式中设计、采购、施工无法有效沟通而产生的错误和问题。

2.工程变更责任范围的风险防范

（1）工程变更必须经过发包人的批准，未经发包人批准不得进行任何工程变更。

（2）承包人应当遵守并执行每一项工程变更，承包人在没有取得发包人批准的情况下，不得进行任何工程变更。

（3）工程变更有三种情形：①发包人直接发布工程变更指令进行工程变更，在这种情形下，承包人如认为难以取得变更所需的货物、变更将降低工程的安全性或适用性或对工程进度产生不利影响时，应当及时向发包人发出通知，发包人应谨慎做出取消、确认或改变原指示；②发包人在工程变更之前要求承包人提交建议书，承包人应当提出能否进行工程变更的理由和依据；③承包人可以随时向发包人提交工程变更的书面建议，但此建议的内容应当是：将加快竣工、降低发包人的工程施工或维护或运行费用、提高发包人的竣工工程的效率或价值或为发包人带来其他利益。

3. 工程变更控制的风险防范

（1）应当明确工程变更应采用书面形式，包括书面变更通知单、现场签证单等。轨道交通项目工程变更申请依据必须附有变更原因、变更依据、变更内容和范围、变更工程量及投资费用。对每项审批的工程变更要求做到“五要”，即工程变更理由要充分，方案要择优，技术要安全可靠，工程量要准确，文件资料要规范、齐全，同一分项工程的同类工程变更要一次到位，严禁拆分申报。

（2）应当明确工程变更的时限是在工程总承包合同生效后至工程竣工验收前的任何时间。在合同生效前或竣工验收后的更改不属于工程变更。

（3）应当明确工程变更的程序：①发包人的变更通知应采用书面形式；②承包人在接到通知后的合同约定期限内向发包人提交书面建议报告，包括可以接受工程变更或不接受工程变更的理由和依据、工程变更对工程造价和工期的影响等；③发包人在接到承包人的书面建议报告后在合同约定期限内做出批准、撤销、改变或提出进一步要求的决定并书面通知承包人。

（4）如果工程变更涉及费用增加的估算和竣工日期的延长，承包人必须在书面建议报告中就此提出要求，否则，视为工程变更不涉及合同价款的调整和竣工日期的延长。另外，承包人在等待发包人回复的时间内，不得停止或延误任何工作。

（5）发包人应当在下达的变更指令中未能确认对此项变更提出的估算或竣工日期延长亦未提出异议的，在合同约定期限内视为发包人已经批准承包人提出的变更估算和工期延长。

第二节　合同价款调整方法及运用

一、合同价款调整的事项

（一）施工总承包模式下合同价款调整的事项

合同价款往往不是发承包双方的最终价款，在项目实施阶段由于项目实际情况与招标投标时相比经常发生变化，所以发承包双方在施工合同中应约定合同价款的调整事项、调整方法及调整程序。

一般来说，发承包双方在合同中约定的调整合同价款的事项可分为五类：①法律法规政策变化导致的调价；②工程变更导致的调价；③物价波动导致的调价；④工程索赔导致的调价；⑤其他因素导致的调价。常见的合同价款调整的因素、调整内容以及风险承担主体如表5.1所示。

常见的调价因素一览表　　表5.1

<table>
<tr><th>序号</th><th colspan="2">因素</th><th>风险主体</th><th>调整内容</th></tr>
<tr><td>1</td><td colspan="2">法律、法规、规章、政策因素</td><td>发包人</td><td>人工及国家定价或指导价材料的价差</td></tr>
<tr><td>2</td><td colspan="2">工程变更</td><td>发包人</td><td>单价项目调整相应的综合单价；总价项目调整总价</td></tr>
<tr><td rowspan="3">3</td><td rowspan="3">招标工程量清单缺陷</td><td>清单缺项</td><td>发包人</td><td rowspan="3">调整单价项目的综合单价</td></tr>
<tr><td>清单项目特征描述不符</td><td>发包人</td></tr>
<tr><td>工程量偏差</td><td>发包人、承包人</td></tr>
<tr><td rowspan="2">4</td><td rowspan="2">物价波动（含暂估的材料、工程设备）</td><td>材料、工程设备</td><td>发包人、承包人</td><td>调整材料、工程设备价差</td></tr>
<tr><td>施工机械</td><td>承包人</td><td>/</td></tr>
<tr><td rowspan="4">5</td><td rowspan="4">索赔</td><td>工程索赔</td><td>发包人、承包人</td><td rowspan="2">费用、工期、利润</td></tr>
<tr><td>不可抗力</td><td>发包人、承包人</td></tr>
<tr><td>赶工补偿</td><td>发包人</td><td rowspan="2">费用</td></tr>
<tr><td>误期赔偿</td><td>承包人</td></tr>
<tr><td>6</td><td colspan="2">计日工</td><td>发包人</td><td>工程量</td></tr>
<tr><td>7</td><td colspan="2">工程签证</td><td>发包人</td><td>工程量及综合单价</td></tr>
</table>

（二）工程总承包模式下合同价款调整的事项

1.国家及部分省市的有关规定

（1）《房屋建筑和市政基础设施项目工程总承包管理办法》（建市规〔2019〕12号）中明确，建设单位承担的风险主要包括：

a.主要工程材料、设备、人工价格与招标时基期价相比，波动幅度超过合同约定幅度的部分；

b.因国家法律法规政策变化引起的合同价格的变化；

c.不可预见的地质条件造成的工程费用和工期的变化；

d.因建设单位原因产生的工程费用和工期的变化；

e.不可抗力造成的工程费用和工期的变化。

（2）上海市《建设项目工程总承包管理办法》（沪住建规范〔2021〕3号）中规定的建设单位承担的主要风险一般包括：

a.建设单位提出的工期或建设标准调整、设计变更、主要工艺标准或者工程规模的调整；

b.建设单位提供原始资料不准确引起的工期或建设标准调整、设计变更、主要工艺标准或者工程规模的调整；

c.因国家政策、法律、法规变化引起的工程费变化；

d.主要工程材料、设备、人工价格和招标时基价相比，波动幅度超过总承包合同约定幅度的部分；

e.难以预见的地质自然灾害、不可预知的地下溶洞、采空区或障碍物、有毒气体等重大地质变化，其损失与处置费由建设单位承担；

f.其他不可抗力所造成的工程费的增加。

（3）江苏省《房屋建筑和市政基础设施项目工程总承包招标投标导则》（苏建招办〔2018〕3号）中规定的招标人承担的主要风险一般包括：

a.招标人提出的建设范围、建设规模、建设标准、功能需求、工期或者质量要求的调整；

b.主要工程材料价格和招标时基价相比，波动幅度超过合同约定幅度的部分；

c.因国家法律法规政策变化引起的合同价格的变化；

d.难以预见的地质自然灾害、不可预知的地下溶洞、采空区或者障碍物、有毒气体等重大地质变化，其损失和处置费用（因工程总承包单位施工组织、措施不当等造成的上述问题，其损失和处置费应由工程总承包单位承担）；

e.其他不可抗力所造成的工程费用的增加。

（4）福建省《房屋建筑和市政基础设施工程总承包模拟清单计价与计量规则》（2020年版）中规定的合同价款调整的情形有：

a.建设单位变更发包人要求的；

b.人工费调整的；

c.主要材料设备价格、施工机械租赁价格变动的；

d.其他应当调整或合同约定的。

2.工程总承包项目合同价款调整影响因素识别

建筑安装工程费仍是项目合同价款的最重要组成部分，其造价构成始终体现为

"量、价、费"三部分，合同价款调整影响因素的识别与探究应围绕该三项实质内容展开。

遵循"政策研究→专家问卷→因素筛选"的思路，以《房屋建筑和市政基础设施项目工程总承包管理办法》(建市规〔2019〕12号)和各省出台的有关工程总承包项目管理办法为研究对象，进行总结归纳，并向来自建设单位、总承包单位、咨询公司、政府审计、高等院校等单位的从事工程总承包项目的中高级职称人员进行问卷调查，共发放问卷150份，收回有效问卷126份，进行统计分析，将占比超过70%的选项识别为影响合同价款调整的因素和典型问题，将占比超过90%的选项作为市场主体高度关注的影响因素及问题，具体内容如表5.2所示。

工程总承包项目合同价款调整的因素识别及典型问题 **表5.2**

序号	类别	调整因素	典型问题	实现途径
1	法律法规类	(1)国家法律法规变化； (2)国家政策变化； (3)国家行业标准规范变化	(1)安全文明施工费、规费和税金的计算合同中缺少取费基数*； (2)新的技术标准、规范产生新的项目或者方案的更改	变更及取费
2	市场变化类	(1)主要工程材料、设备与基期价相比，波动幅度超过合同约定幅度的部分*； (2)发布的人工工日信息单价变化	(1)现有价款调整计算办法与市场主体常用的计算方式不相衔接； (2)计算最高限价时采用的信息价格与合同约定的基期价格变化较大； (3)人工费是否可以调整	物价波动
3	项目管理类	(1)招标人提供的前期工作的相关文件(初步设计、方案设计等)不准确、不及时； (2)建设标准调整、设计变更、主要工艺标准或者工程规模的调整； (3)工期调整	(1)进度拖延期间费用增加是否调整产生争议； (2)变更价款确定存在争议； (3)工期局部调整或者整体变化，赶工费的计算存在争议	变更及物价波动
4	不可预见类	(1)不可预见的地质条件(包括环境保护、气象水文、地质条件等)； (2)不可抗力	(1)如何界定为不可预见需进一步具体化； (2)如何界定不可抗力需进一步具体化	变更及索赔
备注		标注*号为市场主体高度关注的影响因素及问题		

调查结果显示，有两类影响因素是市场主体高度关注的，一是不可竞争性费用，二是物价波动。下面分别对其进行深入探讨。

1)不可竞争性费用仍作为合同价款调整的因素

从国际惯例来看，安全文明施工费、规费和税金三项费用属于(全费用)综合单价的范畴，综合单价是由总承包人竞争得到的，费用变化风险由总承包人承担。

施工总承包模式下之所以将其规定为不可竞争性费用，与建筑市场环境和宏观政策变数较大的客观情况密不可分。在我国建筑业客观环境尚未有根本变化的情况下，工程总承包项目中该三项费用尚应作为不可竞争性费用，其变化风险由发包人承担，理由主要有如下两点。第一，违反规章一般情况下不影响合同效力，但该规章的内容涉及金融安全、市场秩序、国家宏观政策等公序良俗的，应当认定合同无效，税金的调整往往属于国家宏观政策的范畴，安全文明施工费、规费等在现阶段属于影响市场秩序的重要因素；第二，国家和各地出台的推进工程总承包项目有关的管理办法中明确因国家政策变化引起的合同价格的变化应由发包人承担，安全文明施工费、规费、税金多由各地按照规章政策的形式发布，多数地区界定为由发包人承担的风险。

2）物价波动风险不宜约定由总承包人完全承担

物价上涨的风险能否完全由总承包人承担，与工程总承包项目的合同性质紧密相关，其性质本质上属于建设工程合同、建设工程施工合同还是承揽合同，从司法实践中均可寻求到支持判例，目前尚无定论，但是无论定性为哪种意见，均具有承揽合同的性质，工期较长的项目中物价波动只能由总承包人承担部分风险。

二、法律法规变化引起的合同价款调整

因国家法律、法规、规章和政策发生变化影响合同价款的风险，发承包双方可以在合同中约定由发包人承担。由于法律法规变化导致价格调整的需要，还应明确基准日期的价格或相关造价指数、结算期的价格或价格指数，以便调整价差。

1.法律法规政策变化风险的主体

根据《建设工程工程量清单计价规范》GB 50500—2013，法律法规政策类风险影响合同价款调整的，应由发包人承担。这些风险主要包括：

（1）国家法律、法规、规章和政策发生变化；

（2）省级或行业建设主管部门发布的人工费调整，但承包人对人工费或人工单价的报价高于发布的除外；

（3）由政府定价或政府指导价管理的原材料等价格进行了调整。

根据《建设项目工程总承包合同示范文本（试行）》GF—2020—0216中明确，除合同另有约定外，承包人完成设计工作所应遵守的法律规定，以及国家、行业和地方的规范和标准，均应视为在基准日期适用的版本。基准日期之后，前述版本发生

重大变化，或者有新的法律，以及国家、行业和地方的规范和标准实施的，承包人应向工程师提出遵守新规定的建议。发包人或其委托的工程师应在收到建议后7天内发出是否遵守新规定的指示。如果该项建议构成变更的，按照承包人的合理化建议的约定执行。在基准日期之后，因国家颁布新的强制性规范、标准导致承包人的费用变化的，发包人应合理调整合同价格；导致工期延误的，发包人应合理延长工期。

2.基准日期的确定及调整方法

1）基准日的确定

为了合理划分发承包双方的合同风险，施工合同中应当约定一个基准日，对于基准日之后发生的、作为一个有经验的承办人在招标投标阶段不可能合理预见的风险，应当由发包人承担。对于实行招标的建设工程，一般以施工招标文件中规定的提交招标文件的截止时间前第28天作为基准日；对于不实行招标的建设工程，一般以建设工程施工合同签订前的第28天作为基准日。

基准日期除了确定了调整价格的日期界限外，也是确定基期价格（基准价）和基期价格指数的参照，基准日期和基期价格共同构成了调价的基础。

2）调整方法

施工合同履行期间，国家颁布的法律、法规、规章和有关政策在合同工程基准日之后发生变化，且因执行相应的法律、法规、规章和政策引起工程造价发生增减变化的，合同双方当事人应当依据法律、法规、规章和有关政策的规定调整合同价款。

但是，也要注意如果由于承包人的原因导致的工期延误，在工程延误期间国家法律、行政法规和相关政策发生变化引起工程造价变化的，造成合同价款增加的，合同价款不予调整；造成合同价款减少的，合同价款予以调整，如图5.1所示。

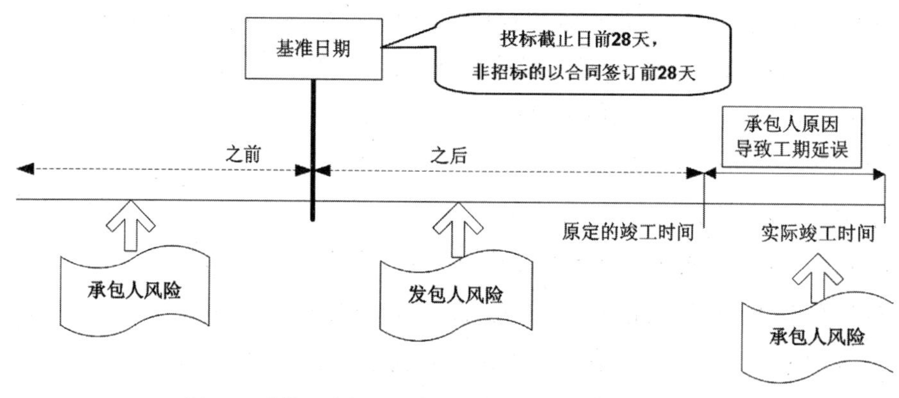

图5.1　法律、法规、规章、政策变化价款调整责任界定

图5.1可从定性的角度清晰表达责任划分，但是实践操作中的关键在于能够准确界定延误责任的承担主体和将责任定量化计算。

3.工期延误期间的特殊处理

由于承包人的原因导致的工期延误，按不利于承包人的原则调整合同价款。在工程延误期间国家的法律、行政法规和相关政策发生变化引起工程造价变化的，造成合同价款增加的，合同价款不予调整；造成合同价款减少的，合同价款予以调整，从而避免客观遭遇法律变化的当下已经出现工期延误，尤其是在原定的工期内本可规避此类法律变化时，承、发包双方就极有可能对遭遇法律变化而产生的进一步工期或费用损失的承担主体产生争议。比如承包人施工组织不力或其他原因造成工期延误，且延误期间某原定材料因不够环保被新颁布的法律、法规禁止使用，对于替换环保材料所需要的差价，发包人可要求承包人自行承担。

三、总价包干和单价包干项目合同价款调整

某市轨道交通××号线项目中总价包干和单价包干项目合同价款调整原则做出了如下约定：

1.采用概算下浮方式总价包干项目变更合同价款调整原则

因政府或发包人原因引起的相对于初步设计图纸发生的规划调整、实施范围变化、重大方案变化、工法变化、地质灾害、政策性调整等属初步设计范围外项目，经政府（综合体同步实施工程项目经政府或发包人）同意，办理初步设计概算调整程序后，按调整后对应初步设计概算金额和本合同约定的下浮率调整总价包干项目价款。

2.单价包干项目变更合同价款调整原则

因政府或发包人原因引起的相对于招标工程量清单发生的工程量变化和项目增减，按应予计量的实际完成工程量调整合同价款。

单价包干项目变更合同价款调整方法有：

（1）工程量变化，按发生相应的增减量变化调整。当项目存在相同名称且项目特征和工作内容相同的开项时，若发生合同变更，则增加工程量按最低的报价计算增加的费用；减少工程量按最高的报价计算减少的费用；

（2）岩土勘察综合单价在合同执行期间不作调整；

（3）管线迁改新增工程项目，单价按以下顺序确定：

a.合同工程量清单中已有相同项目的适用综合单价，则沿用；相同项目有两个或以上不同单价的，采用低者，且最高不超过经某市财政投资评审中心审核的该项目单价；

b.合同工程量清单中已有类似项目的综合单价，则抽换类似项目综合单价（若该综合单价高于经某市财政投资评审中心审核的该项目单价时，则采用低者）的主材单价，按施工期主材差价进行调整，计勘察设计费（工程费的4%）。换算时材料价格按施工期某市建设工程造价管理站《××建设工程造价信息》发布的“××地区建设工程常用材料综合价格”中的该材料价格（该材料价格下浮5%）。对“××地区建设工程常用材料综合价格”中没有的价格，由甲乙双方协商确定；

c.合同工程量清单中没有以上a、b两种情况，但在《某市道路扩建工程办公室2008年度市政工程管线迁移单位工程概算（修改稿）》（以下简称“道扩办2008概算”）中有相同项目的，则采用“道扩办2008概算”中的工程费单价，另计勘察设计费（工程费的4%），并按投标报价相应下浮率下浮，此单价为全费用（含规费、税金）单价；

d.合同工程量清单中没有以上a、b、c三种情况，但在“道扩办2008概算”中有类似项目的，则采用“道扩办2008概算”单价（工程费单价，另计勘察设计费4%），按投标报价相应下浮率下浮后抽换类似项目的主材单价，按施工期主材差价进行调整，此单价为全费用（含规费、税金）单价。换算时材料价格按施工期某市建设工程造价管理站《××建设工程造价信息》发布的“××地区建设工程常用材料综合价格”中的该材料价格（该材料价格下浮5%）。对“××地区建设工程常用材料综合价格”中没有的价格，由甲乙双方协商确定；

e.合同工程量清单和“道扩办2008概算”中无相同项目且无相似项目的，按对应专业定额及对应计费程序计算建安工程费。在建安工程费基础上计勘察设计费（工程费的4%）后按投标报价相应下浮率下浮。人工、材料价格采用实际施工期所在季度，由某市建设工程造价管理站《××建设工程造价信息》发布的“××地区建设工程常用材料综合价格”中的人工价格、材料价格（该材料价格下浮5%）。对“××地区建设工程常用材料综合价格”中没有的价格，由甲乙双方协商确定。施工机具台班价格采用所选用的定额中该施工机具台班价格。

3.非综合体同步实施工程调整总价措施项目清单与计价表的方法

在基准日期后，因国家、省、市及行业政策性文件引起安全生产、文明施工、绿色施工、环境保护标准变化，可按政策文件规定的费用调整办法予以调整安全文明施工费。

四、物价变化引起的合同价款调整

（一）施工总承包项目物价变化合同价格调整

施工合同履行期间，因人工、材料、工程设备和施工机械台班等价格波动影响合同价款时，发承包双方可以根据合同约定的调整方法，对合同价款进行调整。因物价波动引起的合同价款调整方法有两种：一种是采用价格指数调整价格差额，另一种是采用造价信息调整价格差额。承包人采购材料和工程设备的，应在合同中约定主要材料、工程设备价格变化的范围或幅度，如没有约定，则材料、工程设备单价变化超过5%，超过部分的价格按两种方法之一进行调整。

1.采用价格指数调整价格差额

采用价格指数调整价格差额的方法，主要适用于施工中所用的材料品种较少，但每种材料使用量较大的土木工程。

1）价格调整公式

因人工、材料、工程设备和施工机械台班等价格波动影响合同价款时，根据投标函附录中的价格指数和权重表约定的数据，按以下价格调整公式计算差额并调整合同价款：

$$\Delta P = P_0\left[A+\left(B_1\times\frac{F_{t1}}{F_{01}}+B_2\times\frac{F_{t2}}{F_{02}}+B_3\times\frac{F_{t3}}{F_{03}}+\cdots+B_n\times\frac{F_{tn}}{F_{0n}}\right)-1\right] \tag{5.1}$$

式中：

ΔP——需调整的价格差额；

P_0——根据进度付款、竣工付款和最终结清等付款证书中，承包人应得到的已完成工程量的金额。此项金额应不包括价格调整、不计质量保证金的扣留和支付、预付款的支付和扣回。变更及其他金额已按现行价格计价的，也不计在内；

A——定值权重（即不调部分的权重）；

B_1，B_2，B_3，…，B_n——各可调因子的变值权重（即可调部分的权重）为各可调因子在投标函投标总报价中所占的比例；

F_{t1}，F_{t2}，F_{t3}，…，F_{tn}——各可调因子的现行价格指数，指根据进度付款、竣工付款和最终结清等约定的付款证书相关周期最后一天的前42天的各可调因子的价格指数；

F_{01}，F_{02}，F_{03}，…，F_{0n}——各可调因子的基本价格指数，指基准日的各可调因子的价格指数。

以上价格调整公式中的各可调因子、定值和变值权重，以及基本价格指数及其来源在投标函附录价格指数和权重表中约定。价格指数应首先采用工程造价管理机构提供的价格指数，缺乏上述价格指数时，可采用工程造价管理机构提供的价格代替。

在计算调整差额时得不到现行价格指数的，可暂用上一次价格指数计算，并在以后的付款中再按实际价格指数进行调整。

2）权重的调整

按变更范围和内容所约定的变更，导致原定合同中的权重不合理时，由承包人和发包人协商后进行调整。

3）工期延误后的价格调整

由于发包人原因导致工期延误的，则对于计划进度日期（或竣工日期）后续施工的工程，在使用价格调整公式时，应采用计划进度口期（或竣工日期）与实际进度日期（或竣工日期）的两个价格指数中较高者作为现行价格指数。

由于承包人原因导致工期延误的，则对于计划进度日期（或竣工日期）后续施工的工程，在使用价格调整公式时，应采用计划进度日期（或竣工日期）与实际进度日期（或竣工日期）的两个价格指数中较低者作为现行价格指数。

从我国建筑业的实践情况来看，使用价格指数调整价格差额法进行价款调整的情况还不多见，市场各方主体对其还存在诸多疑惑。为提高各方对该工具的准确理解与使用能力，现编写《价格指数调整价格差额法》使用指南，主要内容如下：

第一部分，招标文件中投标函附录：价格指数权重表的编制。

通过上述公式分析可以看出，最终决定最终调价金额的因素主要可以分为调价项目、加权系数、价格指数三大类：

调价项目指在实际调价过程中，选择的调价项目的类别，即变值权重B_n所指代的权重项目。应选择几种用量大、价格高、具有代表性的典型工费和材料作为调价项目，便于找到权威的价格信息或价格指数来源，使得价格信息的权威性能够受到发承包双方认可。

加权系数指在实际调价过程中，选择的调价项目权重，即变值权重B_n的数值大小以及定值权重A的数值。合理选择调价项的权重系数，避免因为权重值太大或太小而导致的价格调整值有较大偏差，伤害其中一方利益；提前对已有价格信息进行分析，找出未来可能有较大物价波动的因子，并适当合理处置权重数值。

价格指数值在实际调价过程中，选择的调价项目的价格指数情况包括了现行价格指数F_{tn}与基本价格指数F_{0n}。发承包双方应通过对所履行过的不同合同的长期跟踪，结合项目背景，选择最能够准确反映价格变化的价格信息来源。

第一步，招标文件编制时参考社会平均消耗量，根据分部分项工程量清单和相应综合单价分析表中人材机的消耗量确定人工、材料、机械的实际具体数量；

第二步，招标文件编制时参考信息价格，了解可采购的市场价格区间，确定人材机的单价水平及变化区间；

第三步，实际具体数量与相应确定的人材机单价（区间）相乘，得出每种人工、材料、机械的具体价款（区间）；

第四步，根据各省计算管理费和利润的计价依据计算出包含管理费和利润的每种人工、材料、机械价款占总价款（含管理费、利润）的百分比；

第五步，确定不可调值部分的权重，确定各种可调值因子及其允许的变化范围。

第二部分，投标文件中投标函附录：价格指数权重表的编制。

第一步，参考企业定额中的消耗量，根据分部分项工程量清单和相应综合单价分析表中人材机的消耗量确定人工、材料、机械的实际具体数量；

第二步，参考人材机市场价格并预测市场价格变化，确定人材机的单价水平（区间）；

第三步，实际具体数量与相应确定的人材机单价（区间）相乘，得出每种人工、材料、机械的具体价款（区间）；

第四步，根据企业定额计算出包含管理费和利润的每种人工、材料、机械价款占总价款（含管理费、利润）的百分比；

第五步，与招标文件中不可调值部分的权重、各种可调值因子及其允许的变化范围进行对比分析，在允许范围内选取唯一确定值。

取值技巧分析：

（1）预计调值因子上涨幅度较大时，权重在允许范围内取较大值；

（2）自行计算的调值因子区间比招标文件中的调值因子权重偏高时，权重取较大值；

（3）招标文件中要求承包人承担的风险范围较小时，权重取较大值。

同时，应注意调值公式使用时与合同中约定的风险范围相衔接，目前采用的造价信息调整价格差额的方法是仅仅对超过部分风险范围部分进行调整。但是利用调值公式时虽然可以在风险范围内不予以调整，但是一旦超过风险范围，直接使用调值公式时就是据实调整了。如果仍然延续仅对超过部分风险范围部分进行价格调整，需要对调值公式进行改进。改进后的公式如下：

$$P=P_0[A+B_1(F_{t1}/F_{01}-x\%)+B_2(F_{t2}/F_{02}-x\%)+B_3(F_{t3}/F_{03}-x\%)+\cdots+B_n(F_{tn}/F_{0n}-x\%)] \quad (5.2)$$

其中$x\%$为承包人承担的价格风险范围，不同的调值因素可以根据合同进行不同范围的约定。

2.采用造价信息调整价格差额

采用造价信息调整价格差额的方法，主要适用于使用的材料品种较多，相对而言每种材料使用量较小的房屋建筑与装饰工程。

施工合同履行期间，因人工、材料、工程设备和施工机械台班价格波动影响合同价格时，人工、施工机械使用费按照国家或省、自治区、直辖市建设行政管理部门、行业建设管理部门或其授权的工程造价管理机构发布的人工成本信息、施工机械台班单价或施工机械使用费系数进行调整；需要进行价格调整的材料，其单价和采购数应由发包人复核，发包人确认需调整的材料单价及数量，作为调整合同价款差额的依据。

1）人工单价的调整

人工单价发生变化时，发承包双方应按省级或行业建设主管部门或其授权的工程造价管理机构发布的人工单价调整合同价款。

2）材料和工程设备价格的调整

材料、工程设备价格变化的价款调整，按照承包人提供主要材料和工程设备一览表，根据发承包双方约定的风险范围，按以下规定进行调整：

a.如果承包人投标报价中材料单价低于基准单价，工程施工期间材料单价涨幅以基准单价为基础超过合同约定的风险幅度值时，或材料单价跌幅以投标报价为基础超过合同约定的风险幅度值时，其超过部分按实调整。

b.以基准单价为基础超过合同约定的风险幅度值时，或材料单价涨幅以投标报价为基础超过合同约定的风险幅度值时，其超过部分按实调整。

c.如果承包人投标报价中材料单价等于基准单价，工程施工期间材料单价涨、跌幅以基准单价为基础超过合同约定的风险幅度值时，其超过部分按实调整。

d.承包人应当在采购材料前将采购数量和新的材料单价报发包人核对，确认用于本合同工程时，发包人应当确认采购材料的数量和单价。发包人在收到承包人报送的确认资料后3个工作日不予答复的，视为已经认可，作为调整合同价款的依据。如果承包人未报经发包人核对即自行采购材料，再报发包人确认调整合同价款的，如发包人不同意，则不作调整。

3）施工机械台班单价的调整

施工机械台班单价或施工机械使用费发生变化超过省级或行业建设主管部门或其授权的工程造价管理机构规定的范围时，按照其规定调整合同价款。

某市轨道交通××号线项目专用合同对物价波动引起的调整做出了如下约定：

（1）人工、乙供主要材料按季度进行调差。构成永久工程或设计施工工艺必需的工程所需要的人工及乙供主要工程材料可进行调差，可调差乙供主要材料范围：

土建：钢筋、钢材（指型材、板材、钢管）、商品混凝土、水泥；

轨道：钢筋、商品混凝土；

供电：接触网铜材类（接触导线、架空地线）、接触网铝材类（汇流排）；

通信、信号：电缆；

机电设备安装：电缆、DN150及以上钢管；

综合体同步实施工程：钢筋、商品混凝土。

其他人工、乙供材料和设备在实施期间，无论市场价格波动程度如何，发包人均不予调差；其价格波动的风险因素已体现并包含在合同价款的风险包干费中。

（2）调差方式：仅当实施期人工、材料信息价格涨落幅度超过合同工程基准期（概算编制期）材料信息价格5%时，方对超过5%部分价差进行调整。

（3）如因承包人原因未能在约定的工期内竣工的，则对原约定竣工日期（包括承包人按合同索赔得到的顺延工期）后继续施工的工程，只采用材料价格下跌时的调整公式调整工程造价。

（4）调整的人工、材料价差，仅计取工程计价办法规定的规费、税金。

（5）关于可调差材料的其他约定：

①上述非综合体同步实施工程可调差材料，按招标阶段经政府批准的初步设计概算内列出的规格及型号计，实际使用不一致不予调整规格及型号；

②非综合体同步实施工程可调差材料的调差总量以招标阶段经政府批准的初步设计概算列出的总承包范围内符合调差要求的总价包干项目对应的该材料的汇总量为准，如果概算内未列出量的，不予调差，周转性材料不予调差；

③除接触网铜材类、接触网铝材类调差材料外，如果《××建设工程造价信息》没发布与调差材料相同的规格型号的，则以同类材料最相近的规格型号为参照进行计算；如果《××建设工程造价信息》施工期内未发布某材料或同类材料的价

格，则不予调差。

（6）价差计算方法

①人工调差的计算方法

人工价格上涨，且$K>1.05$时，$R_i=m\times I_t\times(K-1.05)$　（5.3）

人工价格下跌，且$K<0.95$时，$R_i=m\times I_t\times(K-0.95)$　（5.4）

式中：

K——人工的调差系数，$K=I_i/I_0$；

R_i——人工实际施工期的累计调整工程造价；

m——人工实际施工期的总用量；非综合体同步实施工程可调差总量按照招标阶段政府批准的初步设计概算对应的汇总量（为初步设计概算第一部分工程费用对应的汇总量），以每季度实际完工形象进度比例折算到对应概算的数量，装修人工含量按1.6工日/平方米计算，平方米指车站总建筑面积。综合体同步实施工程可调差总量按照图纸实际数量，以每季度实际完工数量分别进行统计。

I_i——施工期人工信息价，指某市建设工程造价管理站《××建设工程造价信息》发布的实际施工期人工的信息价；

I_0——基准期人工信息价，指概算编制所采用的2017年一季度人工信息价；

I_t——人工投标单价，指承包人投标文件中的人工投标单价。非综合体同步实施工程采用概算编制期所在季度的人工信息价。

②材料调差的计算方法

材料价格上涨时，且$K>1.05$；

$$c_i=q\times P_t(K-1.05) \tag{5.5}$$

材料价格下跌时，且$K<0.95$；

$$c_i=q\times P_t(K-0.95) \tag{5.6}$$

式中：

K——某种材料的调差系数，$K=p_i/p_0$；

c_i——某种材料实际施工期的调整工程造价；

q——某种材料实际施工期的总用量。非综合体同步实施工程可调差总量按照招标阶段政府批准的初步设计概算对应的汇总量（为初步设计概算第一部分工程费用对应的汇总量），以每季度实际完工形象进度比例折算到对应概算的数量。综合体同步实施工程可调差总量按照图纸实际数量，以每季度实际完工数量分别进行统计；

p_i——某种材料施工期信息价，指某市建设工程造价管理站《××建设工程造价信息》发布的实际施工期××地区建设工程常用材料综合价格中的该材料的价格。接触网铜材类、接触网铝材类：指每月计量截止日的上一个月度的铜三月、铝三月收盘价的月平均价，此价按月度调整。

p_0——某种材料基准期信息价，指概算编制所采用的2017年一季度该材料信息价。接触网铜材类、接触网铝材类：指概算编制所采用的2017年3月铜、铝收盘价月平均价。

P_t——某种材料投标单价，指承包人投标文件中的某种材料投标单价。非综合体同步实施工程采用概算编制期所在季度的该材料信息价。

（二）工程总承包项目物价变化合同价格调整

工程总承包项目工程量的风险由总承包人承担，总承包人提交的价格清单中并不包含综合单价分析表，相应的消耗量也无从体现，使得工程价款调整缺少计算基础，因物价波动引起的调整值如何计算是需要深入探讨的问题。

1.采用价格指数调整价格

总价合同形式下，因人工、材料和设备等价格波动影响合同价格时，根据投标函附录中的价格指数和权重表约定的数据，按以下公式计算差额并调整合同价格。

$$\Delta P=P_0\left[A+\left(B_1\times\frac{F_{t1}}{F_{01}}+B_2\times\frac{F_{t2}}{F_{02}}+B_3\times\frac{F_{t3}}{F_{03}}+\cdots+B_n\times\frac{F_{tn}}{F_{0n}}\right)-1\right] \quad (5.7)$$

式中：

ΔP——需调整的价格差额；

P_0——付款证书中承包人应得到的已完成工作量的金额；

A——定值权重；

B_1；B_2；B_3；$\cdots B_n$——各可调因子的变值权重；

F_{t1}；F_{t2}；F_{t3}；$\cdots F_{tn}$——各可调因子的当期价格指数；

F_{01}；F_{02}；F_{03}；$\cdots F_{0n}$——各可调因子的基本价格指数。

对于上述公式的适用，存在以下关键问题：

1）承担风险的处理

若仅对超过风险范围部分进行价格调整，改进后的公式如下：

$$\begin{aligned}\Delta P=P_0[A&+B_1(F_{t1}/F_{01}-X_1\%)+B_2(F_{t2}/F_{02}-X_2\%)\\&+B_3(F_{t3}/F_{03}-X_3\%)+\cdots+B_n(F_{tn}/F_{0n}-X_n\%)-1]\end{aligned} \quad (5.8)$$

其中X_n%为总承包人承担的价格风险范围，不同的调值因素可以根据合同进行不同范围的约定，信息价格与市场价格的差异程度是影响风险范围的重要因素。

2）调值因素和权重的确定

理论上来说，调值公式中选用的材料、设备等品种越细越多，越能反映工程的实际情况，为便于调整，一般只选择用量大、价格高且具有代表性的主要材料和设备。由于人工费不纳入风险的范畴，人工费必须在调值因素中列出，并且上式中人工费部分的X_n=0。权重的确定不仅受造价占比的影响，还与价格变化的幅度、市场价格走势等密切相关。因约定的变更导致原合同中的权重不合理时，由双方协商调整相应的权重数值。

3）P_0的确定

由于招标工程量清单中并没有相应的分部分项工程数量或者数量不作为最终结算的依据，在进行工程价款调整时P_0的确定非常关键，尤其需要注意以下四个问题：

（1）正常情况下总承包人设计优化后的实际工程量会小于投标时的估计工程量，采用实际完成的工程量作为确定P_0的基础更有利于发包人，也更具有操作性；但是若投标人出现投标失误，投标时估计的工程量不能满足工程需要，导致实际完成的工程量必然大于投标时估计工程量时，也可通过合同约定以投标时的估计工程量为准进行调整。

（2）若发包人仅允许对分部分项工程做出调价，此时应将分部分项工程和措施项目等分别计算，仅将分部分项工程及对应的规费和税金作为P_0。

（3）若发包人仅允许调整人工和材料价差，不调相应的管理费和利润，此时把综合单价分析表仍作为合同文件的组成部分，并将其中的人工费、材料费和施工机械使用费分别统计，同时调整相应的规费和税金作为P_0。

（4）由于承包人原因落后于合同进度计划的，对于落后部分的工程，在使用价格调整公式时，应采用合同约定日期与实际施工日期两个价格指数中较低的一个作为当期价格指数。

2.造价信息调整价格差额法

该方法计算量较大，但结果准确，从理论上分析，工程总承包项目不具有使用该方法的基础，以常见的材料费调整为例分析原因。材料费=材料消耗量×材料单价，材料消耗量=材料净用量+材料损耗量，无论是材料净用量还是材料损耗量合同中都没有计价基础，管理费和利润的费率也缺少依据。

使用该方法需要解决清单净量、相应的消耗量和费率等关键数据的来源。

（1）工程量的来源可参照以下办法：①按照投标人在价格清单中所列出的工程量；②按照经发包人批准的施工图设计依据清单计算规则进行计算。

（2）人工消耗量的来源可参照以下办法：①如果综合单价分析表中的人工费高于社会平均水平下的人工费，则人工消耗量执行定额消耗水平；②如果综合单价分析表中的人工费低于或等于社会平均水平下的人工费，则新增项目的消耗量将参照类似项目的消耗量与定额消耗量的比例进行调整。

（3）材料消耗量的来源可参照以下办法：①清单计价模式下的综合单价分析表中主材料明细部分能够体现主要材料损耗量，若承包人在提交的价格清单中包括了相应的综合单价分析表，则可以作为价款调整的依据；②借用社会消耗量定额中的数值。

（4）管理费和利润的费率来源可参照以下办法：①与综合单价分析表中体现的费率一致；②借用社会计价依据中的数值。

综上所述，采用该方法时既可以借用社会计价依据中的相应数据，也可以是综合单价分析表中体现的相应数据。由于借用社会计价依据中的数据不能体现中标人的竞争性，建议在初步设计后发包的项目，要求承包人提交的价格清单中附上综合单价分析表，并作为合同文件的组成部分。

第三节　工程签证及索赔管理

一、工程签证与工程索赔的联系和区别

由于施工生产的特殊性，在施工过程中往往会出现一些与工程合同约定不一致或未约定的事项，这时就需要发承包双方用书面形式记录下来。根据《工程造价术语标准》GB/T 50875—2013，现场签证（Site Instruction）是指发包人现场代表（或其授权的监理人、工程造价咨询人）与承包人现场代表就施工过程中涉及的责任事件所做的签认证明。总承包模式不仅仅是指施工图阶段的工程发承包，还包括设计施工总承包阶段，因此采用工程签证的概念。工程签证是指工程承发包双方的法定代表人及其授权代表等在设计及施工过程中对确认工程量、增加合同价款、支付各种费用、提前或顺延日期、赔偿损失、承担违约责任等内容达成的一致意见的补充协议。根据《工程造价术语标准》GB/T 50875—2013，工程索赔（Claim）是指工程承包合同履行中，当事人一方因非己方的原因而遭受经济损失或工期延误，按照合同约

定或法律规定，应由对方承担责任，而向对方提出工期和（或）费用补偿要求的行为。

工程签证和工程索赔都是建设工程实践中的行业惯例，同时又都是对建设工程施工合同履行过程中发生的变更进行应对和处理的法律手段。从二者的关系来看，工程索赔的外延应当比工程签证的外延更大，即工程索赔包括工程签证，而工程签证应为工程索赔的一种方式或结果；从另一个角度来说，工程索赔是合同一方当事人先行提出索赔报告，经合同相对方审核确认后即形成工程签证，因此，两者从整体上看应是一种联系极为紧密的统一关系。但是，工程签证与工程索赔之间又存在诸多区别，具体表现在如下几个方面：

（1）工程签证是双方协商一致的结果，是双方法律行为，工程签证可视为建设工程施工合同中出现新的补充合同，是整个建设工程施工合同的组成部分。基于此，工程签证一旦获得双方的确认，即成为规范合同双方行为的依据。

工程索赔并非双方协商一致的结果，仅是单方主张权利的表示，是单方行为。工程索赔是工程合同的任何一方自认为理应获得支付各种费用、顺延工期、赔偿损失而未获得，向另一方提出应当补偿的主张。因此，工程索赔不是合同双方意思表示一致的结果，而只是追求这种结果的手段。

（2）工程签证涉及的利益已经确定，可直接作为工程结算的凭据。在工程结算时，凡已获得双方确认的签证，均可直接在工程形象进度结算或工程最终造价结算中作为计算工程量及工程价款的依据。

工程索赔涉及的利益尚待确定，是一种期待权益。工程索赔款与签证后拖欠不付的拖欠款的性质不同，其是否应当支付尚待确定。证据确凿充分，方能获得确认，证据不足或并无证据佐证则难以确认。因此，工程索赔是一种单方的意愿和要求，未经认可，索赔所涉及的追加或赔偿款项，不能直接作为对方付款的凭据。作为一种期待权益，提出索赔的主张和请求需要有一个过程，通过一定的程序才有可能得到确认。

（3）工程签证是工程施工过程中的例行工作，一般不依赖于证据。工程施工过程中往往会发生不同于原设计、原计划安排的变化，这些变化对原合同进行相应的调整，是常理之中的例行工作。正是因为工程签证双方是在没有分歧意见的情况下，对这些调整用书面方式互相确认，双方认识一致，因此并不需要证据。

工程索赔要求未获确认的权利主张，必须依赖证据。工程索赔提出的前提是对施工过程中发生的情况变化、责任承担以及涉及费用增减的数量双方持有不同认识，一方对另一方提出的签证要求持有异议，双方未达成一致意见或者当时未履行签证手续，日后又达不出一致意见。在这种双方认识有分歧的情况下，一方坚持提出自己的主张，而要获得对方的认可，当然只能依靠确凿、充分的证据来证明自己提出的主张，这也是工程索赔能否成功的关键。

二、工程签证管理

1.工程签证的类型

（1）发包人的口头指令，需要承包人将其提出，由发包人转换成书面签证；

（2）发包人的书面通知如涉及工程实施，需要承包人就完成此通知需要的人工、材料、机械设备等内容向发包人提出，取得发包人的签证确认；

（3）若施工中发现实际情况与招标工程量清单不符情形，比如土方类别、出现流沙等，需承包人及时向发包人提出签证确认，以便调整合同价款；

（4）由于发包人原因，未按合同约定提供场地、材料、设备或停水、停电等造成承包人的停工，需承包人及时向发包人提出签证确认，以便计算索赔费用；

（5）合同中约定的材料等价格由于市场发生变化，需承包人向发包人提出采购数量及其单价，以取得发包人的签证确认；

（6）其他由于合同条件变化需要签证确认的事项等。

2.有效工程签证的构成要件

（1）签证主体：须是承包方双方当事人共同签字确认，单方的意思表示不能构成双方法律行为，因此只有一方签字书面文件不能构成有效的工程签证。

（2）签证权限：双方当事人必须对行使签证权利的人进行必要的授权，无权限人员签署签证单并非有效签证，仅能属于效力待定的签证，需得到有权签证的主体追认后才能发生效力。

（3）签证内容：须是涉及合同工期顺延、费用变化或工程量变化等内容，并且准确完整，其他内容的文件不属于工程签证。

（4）当事人对签证内容协商一致：通常表述为双方一致同意、发包人同意、发包人批准等。如果发包人签署意见为已阅，则只能作为费用与工期索赔的证据，并非可直接作为结算依据的有效签证。

签证形式可以多样化，如签证单、会议纪要、往来信函、经发包人（或其代表）认可的形象进度表、质量评定表、监理证明等文件，只要满足前述构成要件，均可作为有效的工程签证。

3.工程签证的鉴定

《建设工程造价鉴定规范》GB/T 51262—2017对当事人因工程签证费用发生争议和工程签证存在瑕疵发生争议作出了推荐性规定。

1）当事人因工程签证费用而发生争议，鉴定人应按以下规定进行鉴定：

（1）签证明确了人工、材料、机械台班数量及其价格的，按签证的数量和价格计算；

（2）签证只有用工数量没有人工单价的，其人工单价按照工作技术要求比照鉴定项目相应工程人工单价适当上浮计算；工程签证中没有人工单价的，参照行业惯例和以往经验数据，可比照鉴定项目相应工程人工单价上浮20%左右计算；

（3）签证只有材料和机械台班用量没有价格的，其材料和台班价格按照鉴定项目相应工程材料和台班价格计算；

（4）签证只有总价款而无明细表述的，按总价款计算；

（5）签证中的零星工程数量与该工程应予实际完成的数量不一致时，应按实际完成的工程数量计算。

2）当事人因工程签证存在瑕疵而发生争议的，鉴定人应按以下规定进行鉴定：

（1）签证发包人只签字证明收到，但未表示同意，承包人有证据证明该签证已经完成，鉴定人可作出鉴定意见并单列，供委托人判断使用；

（2）签证既无数量，又无价格，只有工作事项的，由当事人双方协商，协商不成的，鉴定人可根据工程合同约定的原则、方法对该事项进行专业分析，做出推断性意见，供委托人判断使用；

3）承包人仅以发包人口头指令完成了某项零星工作或工程，要求费用支付，而发包人又不认可，且无物证的，鉴定人应以法律证据缺失为由作出否定性鉴定。

三、工程索赔管理

根据《工程造价术语标准》GB/T 50875—2013，工程索赔（Claim）是指工程承包合同履行中，当事人一方因非己方的原因而遭受经济损失或工期延误，按照合同约定或法律规定，应由对方承担责任，而向对方提出工期和（或）费用补偿要求的行为。工程索赔包括工期索赔和费用索赔两种类型。工期索赔（Claim for Extension of Time）是指工程承包合同履行中，由于非承包人原因造成工期延误，按照合同约定或法律规定，承包人向发包人提出合同工期补偿要求的行为；费用索赔（Claim for Loss and Expenses）是指工程承包合同履行中，当事人一方因非己方的原因而遭受费用损失，按合同约定或法律规定应由对方承担责任，而向对方提出增加费用要求的行为。

轨道交通项目的特殊性导致工程索赔是客观存在、无法避免的事实。原因主要有以下几点：①项目本身存在周期长、技术性强的特点。如法律的变化，人工、材料、机械费的变化，不可抗力事件的发生等，都会导致合同实际履行的情况与合同签订时不符，合同价款或工期发生变化，从而导致索赔的发生。②建设工程合同是在工程开工前双方当事人基于经验对未来合同履行过程中可能发生事件的预测而签订的，而工程项目的复杂性使合同不可能涵盖所有可能发生的事件，而当事人无法预见、合同未约定的特殊事件的发生往往导致合同双方当事人的争议。③受到合同签订双方专业水平的限制，合同常会有措辞不当、语义不明，甚至是合同前后约定矛盾等情况，使双方对合同的理解不一致，从而导致索赔的发生。④项目参与主体众多，包括发包人、承包人、监理人、设计单位、工程师、材料供应商等，各工序环环相扣、互相影响，任何一方的失误和延误都可能使工程费用增加、工期延误，导致损失的发生，并直接影响整个项目的工程款及工期。

1.发承包双方索赔的情形

工程索赔的风险，主要表现在：一是工程索赔的依据约定不明确风险；二是工程索赔的责任范围不明晰的风险；三是工程索赔的控制约定不明确的风险；四是工程索赔的工期和费用确定不明确的风险。索赔是双向的，通过梳理《建设项目工程总承包合同（示范文本）》GF—2020—0216、2017版FIDIC合同《银皮书》和《黄皮书》的通用合同条款，分别汇总为《建设项目工程总承包合同（示范文本）》GF—2020—0216中承包人有权提出索赔的事项（表5.3）和发包人有权提出索赔的事项（表5.5），2017版FIDIC合同《银皮书》和《黄皮书》中承包人有权提出索赔的事项（表5.4）和发包人有权提出索赔的事项（表5.6），通过有效识别通用合同条款中的索赔风险以期强化对该类事项的管控。

《建设项目工程总承包合同（示范文本）》GF—2020—0216中承包人有权提出索赔的事项 表5.3

序号	事项	类别
1	政府相关设计审查部门批准时间较合同约定时间延长	发包人承担责任的风险事件
2	因不可抗力造成开工日期延误的	
3	质检、消防、环保部门对工程材料等的检查造成工期延误、费用增加	

续表

序号	事项	类别
4	违反保密义务给承包人造成损失	发包人未履行合同义务
5	违反安全保证义务造成承包人损失和损害	
6	未按合同约定提供项目基础资料和现场障碍资料等相关资料造成工期延误或费用损失	
7	未按合同约定支付预付款造成工期延误或费用损失	
8	未能按照合同约定的时间安排设计阶段审查会议造成工期延误和费用损失	
9	承包人纠正坐标资料中的错误造成工期延误和费用损失	
10	发包人对工程物资未按时参检，经重检，如合格，造成工期延误或费用增加	
11	发包人对施工质量（包括隐蔽工程）重检，如合格，造成工期延误或费用增加	
12	因发包人原因违反安全规定导致人身伤害和财产损失	
13	因发包人原因未能通过竣工试验或延误竣工试验	
14	因发包人原因造成工程暂停导致承包人费用增加或关键路径工期延误	发包人原因妨碍承包人履行义务
15	因发包人采购原因造成工期延误或费用增加	
16	因发包人原因未能提供进场条件导致承包人不能按时开工	
17	因发包人代表和（或）监理人指令失误造成工期延误或费用增加	
18	因发包人要求对隐蔽工程和中间验收延期造成的工期延误或费用增加	

《黄皮书》和《银皮书》中承包人有权提出索赔的事项　　表5.4

序号	事项	备注
1	对有经验的承包人难以发现的发包人要求中的错误	《黄皮书》承包人有权提出索赔，《银皮书》没有此规定
2	对有经验的承包人不能合理发现基准资料中的错误	
3	发包人接受和（或）使用部分工程导致承包人费用增加	
4	对不可预见的物质条件	《黄皮书》承包人有权提出索赔，《银皮书》明确规定不可以
5	发包人原因未能及时给予承包人现场进入和占用的权利造成延误和费用增加	
6	由于现场发现化石、文物等导致承包人延误或费用增加	
7	由于服从发包人试验指示或发包人负责的其他原因导致延误或费用增加	
8	发包人原因暂时停工导致承包人延误或费用增加	
9	发包人对竣工试验的拖延造成延误或费用增加	
10	由于发包人对竣工后试验拖延造成承包人费用增加	
11	发包人拖延承包人对未通过竣工后试验原因调查、修正导致承包人费用增加	

续表

序号	事项	备注
12	因法律改变导致承包人延误或费用增加	
13	因不可抗力导致延误或费用增加	

《建设项目工程总承包合同（示范文本）》中发包人有权提出索赔的事项　表5.5

序号	事项
1	违反保密义务给发包人造成损失
2	未能按合同约定的时间和深度要求提交设计文件造成损失或关键路径延误
3	因承包人原因不能按时开工
4	因承包人原因造成竣工日期延误
5	承包人未按合同约定时间对发包人提供的资料提出进一步要求造成损失或工期延误
6	承包人未按合同约定对基准坐标资料进行实测复验并纠正错误的导致费用增加或工期延误
7	因承包人未能按时提交临时占地、临时用水、临时用电资料或办理审批手续
8	因承包人设计原因造成费用增加或工期延误
9	因承包人原因造成设计缺陷导致费用增加或工期延误
10	因承包人采购原因导致工期延误或费用增加
11	加工制造的工程物资未经发包人现场检验已覆盖、包装或运抵启运地点造成的工期延误或费用增加
12	发包人对工程物资未按时参检，经重检，如不合格，造成工期延误或费用增加
13	承包人未按合同约定进行施工试验和检测
14	承包人施工质量不符合要求
15	发包人对施工质量（包括隐蔽工程）重检，如不合格，造成工期延误或费用增加
16	因承包人原因违反安全规定导致工期延误或费用增加
17	因承包人的原因造成竣工试验未能通过或延误

《黄皮书》和《银皮书》中发包人有权提出索赔的事项　表5.6

序号	事项
1	承包人未履行避免干扰的义务造成发包人承担损害赔偿费、损失和开支
2	承包人未履行货物运输的义务造成发包人承担损害赔偿费、损失和开支
3	承包人未履行支付电、水和燃气应付金额义务的
4	承包人未履行支付使用发包人设备的应付金额义务的
5	发包人对生产设备、材料、设计或工艺拒收或再次试验使发包人增加了费用
6	承包人未能遵守发包人的生产设备、材料更换或修补工作的指示导致发包人费用的增加
7	承包人原因赶工导致发包人增加费用
8	承包人原因导致工期延误向发包人支付误期损害赔偿费

续表

序号	事项
9	由于某项缺陷导致工程或主要生产设备不能按原定目的使用，发包人有权提出缺陷通知期限延长的索赔
10	承包人未能修补缺陷导致发包人费用增加
11	承包人原因导致竣工后试验未通过和重新试验造成发包人费用增加
12	未能通过竣工试验减少合同价格

2.工程索赔应遵循的原则

在索赔中坚持有关的基本原则，不仅是索赔要求成立的前提，也是索赔取得成功的关键。根据有关法律、法规以及建设工程合同示范文本，建设工程的索赔应当遵循以下基本原则：

1）以合同为依据原则

索赔的提出首先应当以承发包双方之间存在有效的合同条款为依据。合同是双方当事人经过平等协商后达成的合意，对双方均有法律上的约束力，记载着双方的权利义务及合同风险分配的内容。索赔人提出索赔要求，被索赔人首先需要确定的是其索赔事件和程序是否在合同中存在相应约定，以此来确认索赔提出的要求是否合理、合法。因此，合同条款是索赔合理、合法性的第一判断标准。

2）实际损失原则

索赔权利人提出索赔的前提是实际损失的存在，包括实际的经济损失或者权利损害的存在。实际损失至少包括两层含义：一是损失必须已经产生或者必然产生；二是这类损失必须能被反映在成本费用之中，并构成经营成本的一部分。比如工期延误往往带来人员的窝工，窝工人工费就是一种实际损失。

3）合理分担风险原则

因建设工程工期长、合同关系复杂、不可控因素较多，不可避免会发生各种风险。建设工程的合同风险无法全部消灭，只能通过自身的努力使其发生的可能性降到尽可能低的程度，而合同则是应对风险的重要手段。它不仅要对风险的发生进行预测，更为重要的功能是依据合同能够对风险发生之后的损失进行合理的分担。索赔就是因一方当事人承担了本不应该由自己承担的风险，而向对方要求补偿的行为，因此工程索赔是建设工程合同当事人在工程建设中的风险再分配。在缔结合同时，索赔事件还未发生，因此对于索赔是否发生、表现形式如何、带来的损失有多大等问题，合同双方均不能作出较为精确的预测和计算。因此，作为一种事前对风险分配的设定，合同也只能是风险分担的依据之一。当合同对风险的分担与实际的风险损失两者不相匹配甚至严重失衡而显失公平时，应该从民法及合同法的公平原则出发，对风险责任进行合理的再次分配，以达到或恢复到一种公平状态。

4）及时主张原则

《建设工程施工合同（示范文本）》GF—2017—0201中承包人和发包人的索赔期限及程序作出如下表述：若建设工程合同一方当事人在知道或应当知道索赔事件发生之日起28天内，未向合同相对方发出索赔意向通知书的，丧失要求追加（赔付）金额和（或）延长工期（缺陷责任期）的权利，从而确立了“索赔逾期失效制度”，索赔逾期失效制度对索赔权利人递交索赔意向通知书的时间和程序提出了更加严格的要求。

自2021年1月1日起施行的最高人民法院《关于审理建设工程施工合同纠纷案件适用法律问题的解释（一）》中规定，当事人约定顺延工期应当经发包人或者监理人签证等方式确认，承包人虽未取得工期顺延的确认，但能够证明在合同约定的期限内向发包人或者监理人申请过工期顺延且顺延事由符合合同约定，承包人以此为由主张工期顺延的，人民法院应予支持。当事人约定承包人未在约定期限内提出工期顺延申请视为工期不顺延的，按照约定处理，但发包人在约定期限后同意工期顺延或者承包人提出合理抗辩的除外。确立了承包人“逾期不必然失权”制度，分析其原因在于，合同约定顺延工期应当经发包人或者监理人签证等方式确认，但承包人往往提出工期顺延申请后，发包人或者监理人并未给予确认，这使得承包人实际处于比较被动的地位。在这种情况下，如果人民法院继续按照合同约定一概以发包人或者监理人未确认为由认定工期不顺延，对承包人是不公平的。从某种意义上看，发包人或者监理人针对承包人的合理申请未予确认，本身就是一种违约行为。因此，承包人申请工期顺延未得到确认（发包人未予认可），但只要能举证证明其是在约定的期间内申请，且申请的事由符合合同约定，人民法院就可以支持承包人提出的工期顺延的主张。

5）有理有据原则

索赔是一方向另一方索取补偿的权利要求。对于索赔权利人来说，索赔成功的一个标准就是被索赔人对索赔请求的承认。索赔的理由事实应当尽可能充分，索赔证据应当尽可能确凿。索赔权利人能否提出一份足以支撑起索赔请求的事实材料，是索赔成功与否的关键。因此，坚持索赔活动有理有据的原则，就要求索赔权利人在平时的工作中做好各种文件的收集和管理，积累一切可能涉及索赔论证的资料，包括技术资料、数据的积累、会议记录的整理等。

6）友好协商原则

从预防索赔的目的出发，承发包双方之间应当建立交换意见和沟通的平台和程序。作为一项投资大、周期长的系统工程，在建设工程实施过程中，各方之间的沟通与合作尤为必要。发包人应当时刻关注工程的进度、材料的选用以及施工与设计的要求是否相符等方面的情况，还应根据自身的需要通过监理工程师发出指令，对相关要求做出调整和变更。但是，发包人的这些调整与变更指令在做出之前应当充分听取承包人的意见，否则，单方面的任意指令将会给承包人带来工程进度的延迟、费用的增加等方面的问题，这也是索赔发生的一个重要原因。

索赔事项发生后，双方更应该本着友好协商的原则进行沟通和互动。否则，一旦双方之间合作关系破裂或合同被解除，带来的后果往往是合同双方当事人合同目的的落空。由于索赔关系到承发包双方的切身利益，谈判就成为双方解决索赔问题的常用方式，而成功的索赔谈判往往是在友好协商的气氛中完成的。因此，索赔活动中应坚持友好协商的基本原则。

3.工程签证与工程索赔的转化

（1）工程签证对提出期限未作必要限制的，只要一方在合理期限内提出签证申请，则进入签证审批程序。上述合理期限应从签证事件发生的当时起算，避免因签证事件的相关证据无法获取而损害签证双方的合法权益。

（2）工程签证要求在适当期限提出的，若一方逾期未提出相应的签证要求，则无法再主张签证；如果在索赔期限内，则可转化为工程索赔。

（3）承包人在合理期限内向发包人提出签证申请的，发包人明确表示认可且签证要件齐全、形式合法的，为有效签证，作为主合同的补充，直接成为工程款支付的依据。

（4）承包人在合理期限内向发包人提出签证申请而发包人未予答复或迟延答复的，若合同对发包人审核签证的期限有明确约定，且约定了如发包人逾期未答复或迟延答复即视为同意该签证的，则该签证申请即转化为有效的签证。

（5）承包人在合理期限内向发包人提出签证申请的，发包人若表示只认可该申请的一部分，如只认可事实，但不认可价款的，就认可部分达成的签证为有效签证。承包人可就发包人不认可的部分在合理期限内提出工程索赔。

（6）承包人在合理期限内向发包人提出签证申请，签证主体或内容不适格的，如现场签证一般需要业主、监理、施工单位三方共同签字，现场签证的内容也应该具体明确。但实际操作中却存在诸多问题，有的现场签证缺少一方甚至两方的签字，签证内容也往往存在较多缺项。对于此种效力有瑕疵的签证，若得到有权签证主体的追认，则转化为有权签证。若得不到有权签证主体的追认，则进入索赔程序，签证可作为工程索赔时的证据提出。

（7）承包人在合理期限内向发包人提出签证申请的，发包人在合同约定期限内明确不予认可的，签证无法达成。承包人可就此在合理期限内提出索赔。

四、新冠肺炎疫情等影响时间较长的不可抗力引起的工期和造价调整

1.新冠肺炎疫情对合同的影响及风险分担

2020年2月10日，全国人大常委会法制工作委员会新闻发言人以答记者问形式明确："当前我国发生了新冠肺炎疫情这一突发公共卫生事件。为了保护公众健康，政府也采取了相应疫情防控措施。对于因此不能履行合同的当事人来说，属于不能预见、不能避免并不能克服的不可抗力"。大部分省市已发布的有关价款和工期调整的类似文件中，新冠肺炎疫情均被定性为不可抗力事件。《合同法》第117条："因不可抗力不能履行合同的，根据不可抗力的影响，部分或者全部免除责任，但法律另有规定的除外。当事人延迟履行后发生不可抗力的，不能免除责任"。

1）新冠疫情对合同的影响

受新冠疫情影响的合同有三类：

（1）签订合同已实施的工程；

（2）签订合同但尚未实施的工程；

（3）已发出中标通知书但尚未签订合同的工程。

对于第（1）类型的合同适用法定的不可抗力免责条款和情势变更原则。根据《民法总则》第180条和《合同法》第117条第2款的规定，不可抗力是指订立合同时不能预见、不能避免且不能克服的客观情况。《最高人民法院关于适用〈中华人民共和国合同法〉若干问题的解释（二）》第26条规定："合同成立以后客观情况发生了当事人在订立合同时无法预见的、非不可抗力造成的不属于商业风险的重大变化，继续履行合同对于一方当事人明显不公平或者不能实现合同目的，当事人请求人民法院变更或者解除合同的，人民法院应当根据公平原则，并结合案件的实际情况确定是否变更或者解除"。根据该条规定，情势变更是指合同依法有效成立后，因不可归责于双方当事人的客观情况变化，发生了当事人在订立合同时无法预见的

不属于商业风险的重大变化，继续履行合同对于一方当事人显失公平，合同的基础动摇或丧失，允许变更合同内容或者解除合同。

不可抗力属于可免责事件。受疫情影响期间开复工的工程，其实际所受影响已不能再归类于不可抗力事件“不可克服”的情形。疫情防控期间实现工程开复工，发承包双方为克服疫情防控影响需要付出的代价远不是承发包双方订立合同时能够和应当合理预见得到的。工程开复工后，受疫情影响必然发生的疫情防控措施投入、施工降效和可能发生的受疫情影响的人材机等生产要素市场价格波动等成本增加，既不是发承包双方在订立合同时能够合理预见，也不属于发承包双方应当合理预见的商业风险范畴，是合同订立时本应合理预见的正常商业风险范围之外的风险，继续按原合同履行对承包人有失公平（尽管尚不足以称之为明显不公平）。受疫情影响人材机等生产要素的价格出现较大幅度的波动时，合同目的则难以实现，故不适宜沿用原合同设定的风险承担机制。参照《最高人民法院关于适用〈中华人民共和国合同法〉若干问题的解释（二）》第26条，为维护建筑市场交易秩序的稳定性，保证工程质量和安全，发承包双方应当参照情势变更原则，通过友好协商，以签订补充协议方式恢复和保证合同的公平性，确保合同能够继续履行，建筑市场秩序平稳有序。但是需要注意的是，情势变更原则的适用条件比较严苛，如出现正常商业风险以外的重大变化、合同明显不公平或者不能实现合同目的等；人材机价格波动是否足够明显；虽然疫情防控措施增加投入、增加企业成本，是合同订立时无法合理预见的费用，也在一定程度影响着原合同的公平性，但仅凭疫情防控措施投入，相对于工程总造价，尚不足以撼动原合同继续履行的基础。

对于第（2）和第（3）类合同，不同省市有不同的意见。第一种观点：山东省住房和城乡建设厅2020年2月17日发布的《新型冠状病毒肺炎疫情防控期间我省建设工程计价有关事项通知》中明确，已发出中标通知书但尚未签订合同的工程、签订合同但尚未实施的工程，应充分考虑疫情对工程造价的影响，协商调整工程造价，并签订补充协议。最高人民法院第八次全国法院民事商事审判工作会议纪要（2015年12月）第31条明确：“招标人和中标人另行签订改变工期、工程价款、工程项目性质等影响中标结果实质性内容的协议，导致合同双方当事人就实质性内容享有的权利义务发生较大变化的，应认定为变更中标合同实质性内容”，结合本条意见，如果补充协议并未造成实质性内容较大变化的，仍然合法有效。第二种观点：北京市建设工程造价管理处2020年3月《关于受新冠肺炎疫情影响工程造价和工期调整的指导意见》中认为已经签字盖章的合同，以及已经开标的合同，拟签订合同条款内容在开标后事实上已经确定，从合同工期、价款和风险分配角度，与已经成立的合同并无区别。根据《招标投标法》第46条的规定，施工招标人与中标人之间的施工合同依据招标文件和中标人投标文件签订，在开标后已经不能变更招标文件和投标人的投标文件。且无论是依法必须进行招标的项目，还是依法无须招标但自愿依法进行招标的项目，均适用该条规定，《最高人民法院关于审理建设工程施工合同纠纷案件适用法律问题的解释（一）》第2条第1款中也明确做出了规定“招标人和中标人另行签订的建设工程施工合同约定的工程范围、建设工期、工程质量、工程价款等实质性内容，与中标合同不一致，一方当事人请求按照中标合同确定权利义务的，人民法院应予支持。”我们认为应维护法律的权威性，倾向于第二种观点。

2）不可抗力风险分担原则

合同没有约定或者约定不明的，应以《建设工程工程量清单计价规范》GB 50500—2013的相关条文作为缺省性规则，工期顺延和费用承担均可按照其中有关不可抗力的规定处理。理由如下：《合同法》第61条规定：“合同生效后，当事人就质量、价款或者报酬、履行地点等内容没有约定或者约定不明确的，可以协议补充；不能达成补充协议的，按照合同有关条款或者交易习惯确定”。《建设工程工程量清单计价规范》GB 50500—2013作为国家计价标准，其第9.10.1条和第9.10.2总结了实践中的规范做法，具有普遍代表意义的交易习惯。《建设工程工程量清单计价规范》GB 50500—2013第9.10.1条规定：“因不可抗力事件导致的人员伤亡、财产损失及其费用增加，发承包双方应按以下原则分别承担并调整合同价款和工期：①合同工程本身的损害、因工程损害导致第三方人员伤亡和财产损失以及运至施工场地用于施工的材料和待安装的设备的损害，应由发包人承担；②发包人、承包人人员伤亡由其所在单位负责，并承担相应费用；③承包人的施工机械设备损坏及停工损失，应由承包人承担；④停工期间，承包人应发包人要求留在施工场地的必要的管理人员及保卫人员的费用应由发包人承担；⑤工程所需清理、修复费用，应由发包人承担。”

2.工期调整

受疫情防控影响的停工时间属于不可抗力事件的影响，合同约定应当顺延工期的，其停工期间为顺延工期期间。因承包人原因导致无可争辩的工期延误而受到疫情防控影响的，依法则不属于本条因不可抗力可顺延工期的范畴。四川省建设工程造价总站2020年4月13日发布的《关于进一步做好新冠肺炎疫情防控期间建设工程施工合同管理的指导意见》中将工期调整具体分为如下三种情况考虑：①启动突发公共卫生事件一级应急响应期间（2020年1月24日至2020年2月25日）复工的工程，复工前延误的工期应予以顺延，合同工期工期顺延天数=实际复工日期-原计划复工日期；②启动突发公共卫生事件二级应急响应（2020年2月26日）至疫情解除之日止期间复工的工程，发承包双方可根据实际情况，参考工期顺延天数计算公式，协商确定该期间内的合同工期顺延天数；③因疫情影响导致疫情防控期间复工工程承包人的实际人员投入少于计划人员投入时，发承包双方可结合现场签证记录及相关证明材料，在上述工期顺延的基础上，协商确定工期顺延补偿天数，工期顺延补偿天数=实际人员投入与计划人员投入不同的日历天×（1-折算系数），其中折算系数=平均每日实际人员投入/平均每日计划人员投入或折算系数=实际产值/计划产值。江苏省住房和城乡建设厅发文明确：受新冠肺炎疫情防控影响，造成工期延误，工程复工后发包人确因特殊原因需要赶工的，必须确保工程质量和安全。赶工天数超出剩余工期10%的必须编制专项施工方案，明确相关人员、经费、机械和安全等保障措施，并经专家论证后方可实施，严禁盲目赶工期、抢进度，相应的赶工费用由发包人承担。

3.费用调整

下列费用计取税金后应列入工程造价，据实调整合同价款：

1）疫情防控措施费用

期间受疫情防控影响，根据国家和本地有关疫情防控规定增加的防疫物资、现场封闭隔离防护措施、隔离劳务人员工资、通勤车辆和其他相关投入等发生的费用，发承包双方应当按照实际发生情况办理同期记录并签证，作为结算依据。

2）人工费

受疫情影响增加的劳务工人工资，由发承包双方根据建筑工人实名登记结果、市场人工工资和疫情影响期间完成的工程量确定。发承包双方应当本着实事求是的原则，办理同期记录并签证，作为结算价差的依据。受疫情影响期间增加的人工费可以有以下两种确定方法。

（1）根据市场人工工资水平签认平均工资单价。先按市场人工工资，协商确认项目工资单价；核实到场实际人数做好同期记录并签证；根据同期记录签认的劳务工人数量和签认的工资单价计算实际劳务工人工资的总费用（以下简称“签证人工费”）；按合同综合单价计算同期实际完成工程量对应的合同价款中所含人工费（以下简称“合同人工费”）；用签证人工费扣减合同人工费，即为所增加的劳务工人工资的价差；按价差乘以税率的金额，调整合同价款。竣工结算时，此部分工程价款不再另行调整。

(2)据实确认实际支出的工资。与上述方式不同之处在于需要分阶段确定实际支出的各工种劳务工人工资和区别各工种人数，充分体现据实原则，但持续时间和程序相对复杂，管理成本较高。具体操作时，先由承包人在劳务工人进场时即申报各工种日工资，由发包人根据市场人工工资水平进行核实确认；承包人实际发放劳务工人工资后，向发包人提交劳务工资发放记录和必要的支付凭证，由发包人审核确认；各工种劳务工人数量需要结合实际到场人数做好同期记录并签证；发包人按照不同阶段审核确认的各工种劳务工人工资和人员数量，按照就低不就高的原则，计算实际劳务工人工资总费用，也即签证人工费。

3)材料和机械价格

受疫情影响造成材料(设备)、施工机械等价格异常波动的，由发承包双方根据实际材料(设备)、施工机械的市场价格确定相应的价差，发承包双方应当及时进行认价、办理同期记录并签证，作为结算价差的依据。需要注意三点：1)施工机械能够据实签认数量的，按照有关人工费价差调整的方法执行；不能据实签认数量的，需要考虑上文的施工降效增加成本；2)调整前需核实当期完成的工程量；3)签认单份与合同中单价的费用口径不同时，可参照上述人工费的价差调整方法执行。

4)施工降效增加成本

因疫情防控措施要求导致工人和机械设备施工降效增加的费用，由发承包双方根据实际情况协商确定；协商不能达成一致的，受疫情影响的人工和机械消耗量可按照当地现行预算定额人工和机械消耗量标准的5%调增，价格由发承包双方根据相关签证确定。

施工降效增加成本可按下列方法和原则确定：

施工降效主要是具体工程在当前客观条件下，施工必须发生的劳动作业时间与正常状态下作业时间的差，应严格区分施工降效费用(主要受具体工程及其自然环境条件等客观物资条件的限制)与生产要素涨价费用(主要受市场供求和个人主观愿望等因素影响)之间的不同。发承包双方不能就施工降效增加的成本协商达成一致的，可采用下列方法：

a.生产效率比较法。鉴于具体工程项目的特定性，同时考虑到可操作性，双方可根据实际情况，以当地现行预算定额的消耗量标准为基础(准确地评估干扰事件的影响是国际国内工程管理中普遍性的难题，根源主要在于缺少可用于同类项目的准确历史记录和相应条件)，采取抽样调查分部分项工程主要工序的方式，现场分别核定主要工序的因降效增加的人机消耗量，并采取类比方法确定其他工序增加的消耗量，分别用相应的增加消耗量乘以签认单价确定增加成本，最终确定整个疫情影响期间完成所有分部分项工程的施工降效增加成本。

b.增加投入的人工和施工机械清单法。该方法可分为理论分析法和据实核算法。发承包双方拟事先商定降效所增加成本的，可采用理论分析法，也即双方根据协商确认的最优延期施工方案，计算并列出完成施工所需投入的人员总工日数和施工机械总台班数清单，并结合合同综合单价对应的人工和施工机械消耗数量分析，同口径计算出增加的人工和机械的消耗量，辅助确定降效增加成本；据实核算法区别于理论分析法的是根据同期记录和签证，计算并列出实际投入的人员总工日数和施工机械台班数清单。

5）赶工补偿费的计算

复工后发包人要求赶工的，或复工后因施工人员不足，材料、设备供应及疫情防控要求等造成的施工降效实际影响工期的，发承包双方应根据批准的赶工施工方案和实际情况确定赶工补偿费并签订补充协议。

6）其他费用

包括但不限于疫情防控增加现场管理人员投入、因顺延工期发生的其他额外费用等，由发承包双方办理同期记录并签证，据实核算。

国际工程实践中的同期记录是经过当事人双方签认的有证明效力的记录，同期记录应保证所记录的事实真实，所记录时间与事实发生同步。考虑到当前合同管理的现状，同期记录既可以是发承包双方共同记录也可以是承包人和发包人单方分别记录。单方的同期记录及时进行核对并共同签认也即转化为“签证”。

签证首先是确认事实，是证明性质的文件，不必然直接等同于付款意向、付款责任和付款金额（除非签证上明确费用和费用承担方），是否涉及价款调整应依据合同或补充协议确定。为消除相对方办理签证的顾虑，发承包双方对签证可能涉及的费用承担未达成一致意见前，可采取附注“仅作为确认事实之用”或类似表述的方式。疫情防控期间，常见的五类签证：

（1）停工期间滞场物资和人员签证。未能按原计划复工时间复工时，发承包双方应当对施工现场进行共同核验，做好现场周转材料、设备和留守看护人员和已完永久工程保护措施等的记录并签认，滞场实际复工日期前发生变化的，应当做好同期记录并签证。

（2）工程复工时已完永久工程形象进度签证。工程复工前，发承包双方就复工日期已完永久工程的详细形象进度部位（工程量）等共同进行必要的勘查、记录并确认，并做好相关技术资料和必要的影像资料等收集留存，这是为核算据实结算的人工费，为计算每天、每月或每个计量支付周期实际完成的工程量也需要办理类似签证。

（3）人材机价格签证。人工、材料、机械或疫情防控物资的市场价格出现异常波动时，承包人应当在采购前或签订相关合同前应及时与发包人沟通相关情况，按合同约定的“认质认价”程序或常规“认质认价”程序将相关资料报发包人，发包人应即刻给予核实并确认；经发包人认可后，承包人完成采购或签订合同；承包人采购完成或实际支出相关费用后应及时向发包人报送相关采购文件或结算支付证明，由发包人给予签认。公平合理的原则是“就低不就高”，也即“认质认价”阶段认可的价格与实际支出的价格相较，价格较低者视为合理的实际发生金额。

（4）实际进场工人数量签证。疫情影响期间，承包人应根据劳务工人实名制登记系统记录情况，按天做好实际进场的各工种劳务工人姓名和人员数量等的同期记录，及时报送发包人签认；发包人收到承包人报送的记录后，应当及时给予核对并签认。如果实名制系统能够满足同期记录所需信息要求，发承包双方亦可以分别指定专人共同管理现场实名制登记系统，以实名制登记系统记录和存储的数据为准，定期办理签证。

（5）疫情防控措施投入的签证。项目各参建单位在过程中应按职责分工，分别指定专人共同做好疫情防控期间的防控措施；劳务人员组织调遣和保障；隔离设施新改扩建；临时外租场地（包括租房）所投入的人员、物资、材料、设备、资金、车辆等的数量、价格、时间等信息的同期记录并共同签认，保存好原始票据。

第四节　工程价款支付管理

一、《保障农民工工资支付条例》对价款支付的影响及应对

（一）对轨道交通项目造价管理的影响

2019年12月4日，国务院第73次常务会议通过《保障农民工工资支付条例》（国务院令第724号），自2020年5月1日起施行，是我国首部以法规形式保障农民工工资支付的文件，对建设单位及施工单位的造价管理等均有较大影响，具体分析如表5.7所示。

条例重要条文对轨道交通项目的影响分析　　表5.7

序号	条文号	核心内容	影响分析
1	第二十四条	建设单位应当向施工单位提供工程款支付担保。 建设单位与施工总承包单位依法订立书面工程施工合同，应当约定工程款计量周期、工程款进度结算办法以及人工费用拨付周期，并按照保障农民工工资按时足额支付的要求约定人工费用。人工费用拨付周期不得超过1个月	首次明确建设单位应当向施工单位提供工程款支付担保，这是落实建设单位确保建设资金的有效举措，将从根本上遏制建设单位拖欠工程款的现象； 需修改完善施工合同条款，满足人工费支付的有关规定
2	第二十五条	施工总承包单位与分包单位依法订立书面分包合同，应当约定工程款计量周期、工程款进度结算办法	工程款进度结算办法应在分包合同中予以明确，对总包单位的进度结算管理提出了更高的要求
3	第二十九条	建设单位应当按照合同约定及时拨付工程款，并将人工费用及时足额拨付至农民工工资专用账户，加强对施工总承包单位按时足额支付农民工工资的监督。 因建设单位未按照合同约定及时拨付工程款导致农民工工资拖欠的，建设单位应当以未结清的工程款为限先行垫付被拖欠的农民工工资	明确建设单位对人工费用及时足额拨付和监督施工总承包单位按时足额支付农民工工资的责任，建设单位宜安排专人管理
4	第三十条	分包单位对所招用农民工的实名制管理和工资支付负直接责任。 施工总承包单位对分包单位劳动用工和工资发放等情况进行监督。 分包单位拖欠农民工工资的，由施工总承包单位先行清偿，再依法进行追偿。 工程建设项目转包，拖欠农民工工资的，由施工总承包单位先行清偿，再依法进行追偿	施工总承包单位对农民工工资支付承担清偿责任，要求总承包单位加强分包单位工资支付管理，应安排专人进行管理
5	第三十五条	建设单位与施工总承包单位或者承包单位与分包单位因工程数量、质量、造价等产生争议的，建设单位不得因争议不按照本条例第二十四条的规定拨付工程款中的人工费用，施工总承包单位也不得因争议不按照规定代发工资	质量合格是进行价款结算的前提，但是该条规定要求不得因争议不拨付工程款中的人工费用（或者不代发工资），这就要求有关主体务必加强项目的过程管理，及时发现质量问题，避免较长时间施工后质量不合格也应支付人工费的情况出现
6	第三十六条	建设单位或者施工总承包单位将建设工程发包或者分包给个人或者不具备合法经营资格的单位，导致拖欠农民工工资的，由建设单位或者施工总承包单位清偿。 施工单位允许其他单位和个人以施工单位的名义对外承揽建设工程，导致拖欠农民工工资的，由施工单位清偿	明确建设单位违法发包应承担清偿责任，施工总承包单位被挂靠或者违法分包应承担清偿责任。要求责任主体应加强项目实施的合法合规性管理

续表

序号	条文号	核心内容	影响分析
7	第三十七条	工程建设项目违反国土空间规划、工程建设等法律法规，导致拖欠农民工工资的，由建设单位清偿	明确“违反国土空间规划、工程建设等法律法规，导致拖欠农民工工资”属于建设单位的清偿责任，这是对建设单位应当依法进行项目建设的强化

（二）轨道交通项目支付管理的应对

首先，建设单位与施工总承包单位均应重视自己承担的清偿责任的情形，做好项目总体统筹和策划，确保项目的合法合规，避免承担清偿责任情形的出现。建设单位承担清偿责任的情形有：①建设单位将建设工程发包给个人或者不具备合法经营资格的单位，导致拖欠农民工工资的；②工程建设项目违反国土空间规划、工程建设等法律法规，导致拖欠农民工工资的。施工总承包单位承担清偿责任的情形有：①分包单位拖欠农民工工资的；②工程建设项目转包，拖欠农民工工资的；③施工总承包单位将建设工程分包给个人或者不具备合法经营资格的单位，导致拖欠农民工工资的；④施工总承包单位允许其他单位和个人以施工单位的名义对外承揽建设工程，导致拖欠农民工工资的。

其次，对建设单位而言，应合理选择提供工程款支付担保的方式，加强人工费支付合同管理。工程款支付担保可以银行保函、专业担保公司保函等形式出具，修改完善施工合同，明确约定工程款计量周期、工程款进度结算办法以及人工费用拨付周期，应在合同中区分工程款与人工费，宜适当加大人工费占工程款的比例，避免由于人工费支付额度不足以支付农民工工资情形的出现，比如，《某市建设领域工人工资支付分账管理实施细则》规定，依法必须进行招标的工程项目，工程进度款中的工人工资款比例参照施工招标的中标通知书中单列的人工费金额除以中标金额计算；其他工程项目的工程进度款中的工人工资款参照比例为15%～20%。因工程变更引起工程量增加，建设单位与施工单位未对新增工程量中的工人工资比例进行约定的，按原合同约定的工人工资比例执行。同时，应加强工资支付规范性的监管。对施工总承包单位而言，应当确保劳动用工的规范性，修改完善分包合同，对工程款计量周期、工程款进度结算办法等予以明确，加强对分包单位的管理和指导。

二、单价合同的价款支付

单价合同每期的支付以合同中单价和实际完成工程量为基础进行计算，工程价款的结算依赖于准确的工程计量，工程计量依据合同条款的相关规定对承包商已完工程量的确定过程，是工程价款支付的前提。承包商认为所有因工程项目实施的工作都应该进行结算；而业主倾向于按项目实际形成的工程量结合实施中发生的工程变更进行结算。为此，发承包双方通常因应予计量的工程量范围而产生纠纷。

招标文件作为合同的重要组成部分，招标工程量清单所列工程量是形成合同价格的基础，但此工程量不能作为支付承包商工程价款的基础。根据《建设工程工程量清单计价规范》GB 50500—2013中的第8.2.1条及第8.2.2条规定的内容可知，施工中结算的工程量应依据合同约定的计量规则和方法对承包商实际完成的工程数量进行确认和计算，具有"重新计量"的属性。若发现招标工程量清单中出现缺项、工程量偏差，或因工程变更引起工程量的增减，均按承包商正确履行合同义务中完成的工程量计算。因此，厘清承包商正确履行合同义务的工程量是解决发承包双方对应予计量工程量范围界定的根本依据。根据《合同法》相关规定，签订合同双方的义务包括合同中明确约定的义务和补充协议中的义务。因此，承包人在施工合同中履行的合同义务就包括合同约定的义务和发承包双方就一些问题进行协商后签订补充协议的义务，包括经批准的工程变更所修订的工程量、工程量清单缺漏项增减的工程量、现场签证、索赔等合同事后的补充、修改、调整而增减的工程量。但值得注意的是，并不是承包人实际完成的全部工程量都予以计量，根据《建设工程价款结算暂行办法》(财建〔2004〕369号)中第十三条以及《建设工程工程量清单计价规范》GB 50500—2013中第8.1.3款规定的精神，合同义务的工程量范围是承包商实际按图施工、正确履行所完成的工程量，但承包商超出设计图纸(含设计变更)范围和因承包商原因造成返工的工程量除外。

合同履行期间对工程量的重新计量后，若某子目应予计量的实际工程量与招标工程量清单所列的工程量出现偏差，承包商施工成本的分摊会受到影响。若不对综合单价进行调整，容易产生承包商超额盈利或超额亏损。因此，发承包双方应在合同签订过程中协商约定一个工程量偏差幅度，当工程量偏差超过本幅度时，即对综合单价进行调整。综合单价的调整方式：一是发承包双方协商确定；二是与最高投标限价相联系。由《建设工程工程量清单计价规范》GB 50500—2013中第8.2.6条、第11.2.6条和第11.3.1条的内容可得，竣工结算由历次期中结算支付结果和工程价款直接汇总而来，简化了竣工结算流程，提高了结算效率。

三、总价合同的价款支付

如果采用总价合同，每期的支付并不以合同中单价和实际完成工程量为基础进行计算，双方会约定一个支付计划表（Schedule of Payments），以确定每期支付的对应当期完成工程及承包商文件价值的金额。

1.分期按约定金额或比例计价与支付

（1）内涵：将合同价格在合同工期内按期（每月或其他时间间隔）拆分成一定的金额或比例，各期金额累计应等于合同价格或比例累计应为100%。承包商每期按照该金额或比例提交期中支付申请报表，并附支持资料，申请对应金额的支付。

（2）特点：简单明了；在执行过程中很可能出现实际工程进度与支付计划表所依据的进度计划不一致的情况，工程师（或业主代表）如果发现支付计划表所依据的进度计划与实际进度不一致，有权调整支付计划表，会导致支付计划表频繁变动，产生很多争议。

（3）适用条件：比较适合非常简单的工程项目，现实中大型复杂工程项目使用较少。

2.按里程碑计价与支付

（1）内涵：承包商应在投标时提交里程碑支付计划表，列明完成每个里程碑应支付的金额或比例，在签订合同后开工前，双方可对里程碑支付计划表进行修正。工程实施期间承包商每完成一个里程碑（或每期），根据里程碑支付计划表提交期中支付申请报表，并附对应的支持材料（包含证明里程碑完成的资料），申请对应金额的支付。

（2）特点：支付里程碑应结合工程具体情况科学且合理地设置，不宜太粗，否则容易造成承包商完成了很多工作但无法申请期中支付，导致承包商现金流压力较大；也不宜太细，否则设计深化或设计变更造成工作内容变化，容易导致支付里程碑频繁修改。工作周期短的施工工作项，可以划分为两个节点：开工和完工；对于工作周期较长的工作项，可以划分为多个节点，并确定完成每个节点应计的工程量百分比。

（3）适用条件：适合容易清晰明确地确定支付里程碑的工程，若里程碑完成不易判断，双方容易对里程碑是否完成产生争议，有时虽然里程碑主体已经完成，仍有极少部分扫尾工作需要持续很长时间才能完成，由此承包商迟迟拿不到相应的进度款；工业项目因设备金额占比大，设备下单、发货及安装比较清晰明了，适合设置支付里程碑。

需要注意的是，里程碑式的付款方式借鉴国外的成功经验，按绩效进行付款，最简单的处理方式是质量检验结果不合格的里程碑项目，不能将其计算在完成的进度内。对不合格工作的认定通常按业主方下达的“质量违规报告”（NCR）通知中的内容为准。较为复杂的绩效付款方式还可以根据工程的实际施工质量水平，给出相应的支付价款。通常的处理办法是：对实际施工质量水平较低的里程碑的价款支付上，在约定应支付的合同价格的基础上扣除一部分费用以作为将来维修、养护等的补偿；而对实际施工质量水平较高的里程碑的价款支付上，是在约定应支付的合同价格的基础上增加一笔费用作为承包商尽力提高施工质量的鼓励金。

3.按照约定的永久工程主要工程量清单（Bill of Principal Quantities of the Permanent Works，BPQPW）

（1）内涵：在开工之前，承包商将分部分项工程进行细化，并挑选主要的工作组成BPQPW中的项，然后测算这些项的预计完工工程量和单价，各项预计完工工程量乘以单价的合计金额应等于合同价格，每项单价应为综合考虑临时工程、设计以及其他未包含在BPQPW中但为完成该项工作而实施的其他工作的价值后的综合单价。承包商将该BPQPW提交给工程师（或业主代表），并附支持材料和计算过程，经工程师（或业主代表）审核同意后使用。在接收证书颁发之前，可能会由于设计变更导致BPQPW与实际不一致，此时承包商应重新提交修改后的BPQPW。在工程实施过程中，承包商应根据当期实际完成的工作和BPQPW计算期中支付金额，并编制期中支付申请报表，附支持资料，申请期中支付。

存在多种变形：①将合同价格按照主要工作拆分后，得到每一项工作的金额；②当期完成工程价值以每项工作当期完成百分比乘以该项工作的金额合计获得，每项工作当期完成百分比以当期该项工作实际完成工程量和预计完工工程量为基础计算；此外，可以将临时工程、设计、专题报告或资料等工作在BPQPW中单列。

（2）特点：相比于按里程碑支付，BPQPW方式无须设置详细的支付里程碑，也避免了双方对里程碑完成难以达成一致的问题。应使用全费用单价计价，不应包含设计或临时工程的计价项目。

（3）适用条件：对于工期较长、分部分项工程容易拆分的项目，BPQPW方式更有利于计价。

四、工程总承包合同价款支付实务

工程价款的支付表现为在施工过程中业主对承包商开工前预付款的支付、期中结算进度款的支付、工程完工后竣工结算款的支付以及合同解除的价款支付。无论是哪个阶段的支付，业主支付给承包商的工程价款都需要按照合同约定的时限及程序进行，通常包括申请、审核、支付三个环节。工程总承包模式下工程价款的支付可参照如下进行：

（1）工程勘察设计费的支付。根据勘察、初步设计、施工图设计等完成节点及内容，具体约定各节点工程勘察设计费的支付。

（2）建筑安装工程费的支付。过程结算节点之间的间隔时间超过2个月的，进度款按已完工程款的约定比例（比如80%～90%）按月支付。

（3）设备及工器具购置费的支付。按订立采购合同、进场安装就位、竣工验收等阶段约定的比例进行分解。订立采购合同时，根据实际设备情况，按相应设备的购置费支付约定比例（比如20%～30%）预付款；进场安装时按相应设备的购置费支付至约定比例（比如50%～80%）；竣工验收时支付至90%，余款待结算金额确定时一次性付清。

（4）工程建设其他费。服务类费用按完成节点支付，施工类费用归入建筑安装工程费支付。

某市轨道交通××号线项目专用合同调整对工程款支付作出如下约定：

1.工程进度款支付

1）勘察、设计费支付

勘察、设计费按比例分阶段支付，以完成的数量、质量、进度作为衡量标准。

（1）施工图设计费的支付

承包人收到开始工作通知后，支付施工图设计费的20%；

施工图设计进度费占施工图设计费的35%，根据实际完成的设计工作量按比例每半年支付一次。待施工图设计全部完成并达到发包人要求的深度后，施工图设计进度费累计支付至施工图设计费的35%；

设计施工配合费占施工图设计费的20%，根据施工配合总工期按比例每半年支付一次，设计施工配合完成，并达到发包人要求的深度后，设计施工配合费累计支付至施工图设计费的20%；

施工图设计费的15%作为设计考核费，根据考核情况计付，考核标准和计付比例按发包人制定的设计考核管理办法执行。合同工作完成后，按设计考核情况，支付设计考核费；

承包人完成合同规定的全部设计工作，合同规定的设计工作结算经政府部门审核完成，且施工图设计文件按发包人要求完成归档后，支付施工图设计费的10%。

（2）岩土工程勘察费的支付

a.每次支付经勘察咨询单位审核的完成勘察费的70%，每季度支付一次；

b.全部勘察完成并通过审查，完成勘察资料归档，支付经勘察咨询单位审核的完成勘察费的20%；

c.勘察结算经政府部门审核完成，且按发包人要求完成归档后，支付尾款。

岩土工程勘察费将结合各阶段勘察工作考评结果进行，考评标准和支付比例按发包人制定的勘察质量考评办法执行。

（3）过江段水上钻探作业相关费用

对应的勘察成果审查后（1个月内）支付至过江段水上钻探作业相关费用的90%，可根据勘察成果分批验收情况多次支付。

2）工程费的支付

（1）安全文明施工措施费：承包人应制定专项的安全措施费使用计划，经监理人和发包人审查符合开工条件支付该费用总额50%；其余费用按照施工进度以及发包人、监理人、承包人共同核定的安全措施落实情况按月支付。

安全文明施工措施费用实行单列支付、专款专用。承包人应在财务账目中单独列项备查，不得挪作他用，否则发包人有权责令其限期改正；逾期未改正的，可以责令其暂停施工，由此增加的费用和（或）延误的工期由承包人承担。

（2）工伤保险费：合同签订后发包人一次性支付合同总造价的1‰。承包人应当在建设项目开工前按要求办理工伤保险并一次性缴纳工伤保险费。

（3）工程价款（不含安全文明施工措施费、工伤保险费）：根据专用合同条款计量的有关约定，按月进行计量支付。根据确定的工程计量结果，承包人向发包人提出支付工程进度款申请，经发包人审核确认并扣减相应款项（安全文明施工措施费、工伤保险费等）后，向承包人支付工程进度款。承包人须执行《关于印发某市建设领域工人工资支付分账管理实施细则的通知》的文件精神，设“工人工资支付专用账户”，由发包人按月度与工程进度款同期拨付。

（4）进度款支付限额：发包人按不高于工程价款（包含合同内计量及材料调差

总额）的90%支付进度款。其中进度款的1%作为考核金，发包人每月对承包人进行包括安全质量在内的综合指标检查考核，根据考核分数支付考核金，扣留部分考核金不再支付。

剩余工程价款按此原则支付：合同工程结算经政府部门审核完毕后，档案资料按发包人要求完成归档，最高支付至政府合同结算审定金额的99.5%。余款待发包人全面组织实施的整个工程正式通过国家验收后支付。

3）场地准备及建设单位临时设施费支付

以单位工程或专业工程为单位计量，经监理人和发包人审查，符合开工条件按各单位工程占总的工程费比例支付该费用。

4）安全生产保障费支付

按安全生产保障费占工程费的比例与工程费同期支付。

5）交通疏解费、道路恢复费、绿化迁移费、土地复垦费支付

按工程形象进度支付。

6）综合体同步实施工程BIM费用支付

按BIM费用占工程费的比例与工程费同期支付。

7）涉及征借地范围内建（构）筑物的恢复、房屋复建以及根据现场情况可能发生的其他零星复建工程项目费的支付

按工程形象进度支付。

8）合同变更价款的支付

合同变更清单在合同结算未经某市财政局审批之前，由发包人审核后，签订补充协议后按此变更的实施进度支付。合同变更子目金额为正的支付至合同变更（不含材料调差）金额80%，变更子目金额为负则100%扣减。合同变更结算最终以政府终审部门审定为准。

合同变更清单在合同结算未经某市财政局审批之前，由政府主管部门或政府主管部门授权的单位（部门）批准后，签订补充协议后按此变更的实施进度支付。合同变更中变更子目金额为正的，支付至合同变更（不含材料调差）金额的90%。变更子目金额为负的按100%扣减。

2.竣工结算款支付

（1）单价包干项目以应予计量的承包人实际完成工程量和合同约定单价进行结算。

单价包干结算金额=合同金额+合同变更+调差。

综合体同步实施工程的工程费单价包干项目结算金额=竣工图工程量金额+签

证工程量金额+调差。

（2）总价包干项目结算以经政府批准的最终调整初步设计概算对应金额和本合同约定下浮率进行结算。结算时未实施的单位工程、分部工程及车辆段（停车场）未实施工作内容按对应初步设计概算（含调整初步设计概算）金额和本合同约定下浮率进行扣除。

设计费（非综合体同步实施工程）结算金额=调整后初步设计概算 × 合同约定的设计费费率+其他合同价款调整。

总价包干项目结算金额（除设计费）=调整后初步设计概算 ×（1-合同约定下浮率）+调差+其他合同价款调整。

因政府或发包人原因引起的规划调整、实施范围变化、重大方案变化、工法变化、地质灾害、政策性调整等属初步设计范围外项目，经政府批准可调整初步设计概算。

费率包干项目结算金额=综合体工程费用项目结算审定金额 × 合同约定费率。

（3）本合同的最终结算以政府终审部门审定的金额为准。

本章小结

工程价款调整是造价管理的重点和难点，工程变更、物价波动、工程签证及工程索赔是引起造价调整的四项最重要因素。本章较详细地列举了轨道交通项目工程变更的情形、施工总承包模式和工程总承包模式下工程变更的范围，对比分析了有关工程变更估价原则和深入探讨了工程变更估价原则的适用前提条件，并提出了工程变更风险防范策略；着重分析了工程总承包项目合同价款调整的因素识别、典型问题和物价变化引起的合同价款调整方法；在较为系统的论述工程签证管理和工程索赔管理的基础上，侧重分析了新冠肺炎疫情等影响时间较长的不可抗力引起的工期和造价调整；区分单价合同和总价合同对价款支付进行了系统总结，并对工程总承包合同价款支付给出了实务典型做法。

第六章

总承包模式下轨道交通项目造价风险管理

轨道交通项目相对于普通建设项目而言会面临更大的造价风险。运用风险管理的相关方法和理念进行定性分析，识别轨道交通项目的风险影响因素，运用科学的量化工具对其评价，有助于明确造价管理风险的重点。对造价风险的有效防范和监控应是造价管理遵循的基本思路，除前述章节中已经做过论述的内容外，围绕设计变更、设计优化、一体化管理体系等方面提出了风险管控措施。

第一节　总承包模式下轨道交通项目风险管理概述

一、总承包项目风险管理的流程

风险管理是一个管理过程，包括风险的定义、度量、评价和应对策略。项目风险管理是指在项目实施过程中，运用专有技术手段识别和评价各种风险并对不定期进行有意义的风险监控，最终提出风险控制策略、制定风险应对计划来减轻风险带来的损失。风险识别、评估、控制是总承包项目风险管理不可缺失的三个阶段。

1.风险识别

项目风险识别是项目管理者识别风险来源、确定风险发生条件、描述风险特征并评价风险影响的过程。主要在按照项目的背景、内容、特征等对利用某种技术方法从项目中识别出的各种风险源或不确定性因素进行科学的界定与分类。也就是说，评估之前就应该确定影响类型，记下特征，以便分类，对后期风险管理的有效性提供了依据。项目风险因素识别包括以下几个过程：确定风险识别目标与要求、就相关的项目资料和信息进行整理分类、选择项目风险识别的方法和技术、识别项目风险产生的原因以及产生的结果、编制项目风险识别报告。具体步骤如图6.1所示。

2.风险评估

风险评估是指在识别的结果之上，用识别获得的结果作为依据，对这些风险识

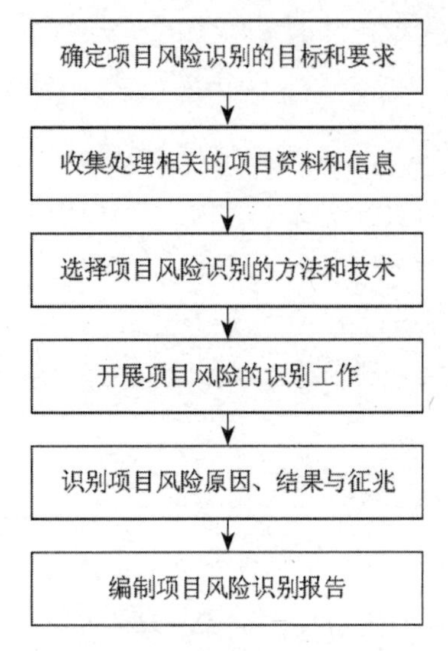

图6.1　项目风险识别的过程

别结果影响程度大小进行分析评估。在实际情况中，由于风险的出现概率往往不一致，很难对风险发生顺序进行排序，因此需要衡量风险与风险之间的比重，反复比对，直至得到合适的判断评估。通过风险评估能够确定项目的风险等级、主要风险因素及各因素间潜在的关系等，有利于下一步过程中对项目风险的监控与应对，实现减小损失或增加收益的目的。项目风险评估过程主要有：收集项目风险背景信息、确定项目风险评估标准、分析项目风险发生的概率和原因，推测产生的后果、采用适用的风险评价方法确定项目整体风险水平、采用适用的风险评价工具分析项目各风险之间的相互关系，确定项目重大风险、对项目风险进行对比和排序、输出项目风险的评估结果。具体步骤如图6.2所示。

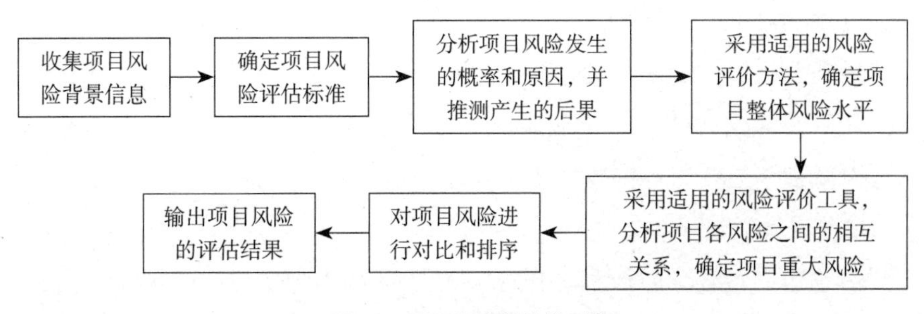

图6.2　项目风险评估的过程

3.风险控制

在项目风险识别与评估之后，项目部门根据识别与评估的结果制定相应的应对不同风险的防范措施或应急预案，尽可能地保持对项目风险管理进行动态跟踪监督，并最后对项目风险控制成效结果进行评价并继续改进。项目风险控制过程主要包括：确定项目风险控制指标、选择适用的风险控制方法和工具、对风险进行动态监测并更新风险防范级别、识别和评估新的风险并提出应对措施和方法、风险预警、组织实施应对措施、专项方案或应急预案、评估和统计风险损失。具体步骤如图6.3所示。

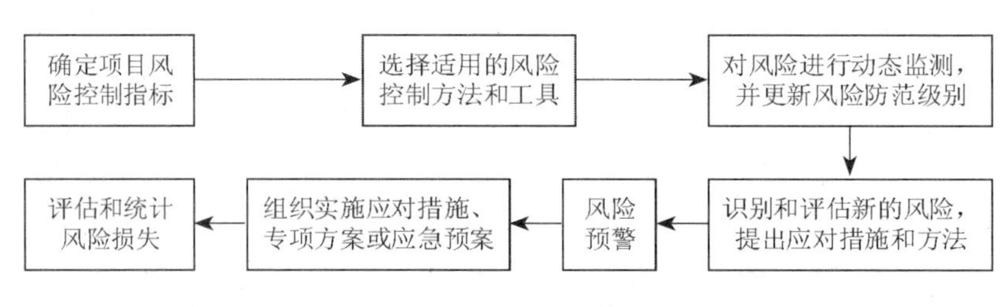

图6.3　项目风险控制的过程

二、总承包项目风险的主要特征

1.多样性

总承包项目的专业类型不同，风险也不尽相同，对安全要求较高、技术要求较高的轨道交通项目，意味着轨道交通建设项目的设计、材料设备采购以及施工的风险都很高。

2.复杂性

在工程总承包项目中，总承包商所要处理的风险要比设计或施工等传统分段承包复杂得多，所涉及的利益相关者较多，关系复杂，风险也大得多。因此，总承包项目风险管理的难度必然更大。

3.全过程性

由于工程总承包模式下，承包商的工作任务贯穿于项目的设计、采购、施工、试运行以及维护全过程，风险也将贯穿于整个工程生命周期的全过程。

4.关联性

工程总承包项目各个阶段都存在风险，但各个阶段的风险并不是独立的，相互之间具有一定的关联性。例如，设计风险的出现可能导致采购工作的推迟，从而影响施工进度。材料、设备质量不合格，会影响施工安装环节的工作，其风险具有关联性。

5.三维性

通常风险可以描述为风险出现的概率和风险产生后果的组合，除概率和后果可以作为描述风险的维度外，时间也是影响风险的一个重要维度。

如果以R代表风险，P代表风险概率，C代表风险后果，T表示时间，则可以把风险表述为函数：

$$R=f(P, C, T) \tag{6.1}$$

在风险的维度中，随着时间的推移，风险出现产生概率降低但风险后果增大。风险出现产生概率与风险后果曲线依据风险特性分布有所不同。

三、总承包项目风险分担理论

风险分担是风险管理不可或缺的一部分，分配风险归属权决定着最终由合同中哪一方来承担。合理分担风险，保证各参与方都会承担自身需要承担的责任，充分发挥他们在风险管控中主动性和创造性，提高整体效益，是实现建设市场交易公平性的具体体现。

1.风险分担原则

1）风险可控原则

通常总承包项目运行时间较长，可能会出现政府和项目公司无法预计到的风险变化，这将会致使风险发生的概率上升或风险管理成本增加。为了能够把风险损失控制在风险承担者合理承担范围内，在项目合同中应根据项目参与方的财务能力、技术能力、管理能力等因素来明确承担风险损失的上限。风险发生后，如果承担风险的一方并没有能力来控制风险，将会导致风险得不到良好的事后补救，使项目产生一定的损失。风险由最有控制能力的一方承担，不仅能够降低风险发生概率并且能够减少风险发生后造成的损失，使得风险不论是在事前还是事后都能得到很好的控制，风险发生以后能够进行及时的补救，从而使整个项目能够顺利实施。

2）上限原则

当对风险发生的概率以及风险发生后可能会造成的损失预估出现偏差时，可能会导致风险应对措施的错误，使风险分担失败。当项目在建设和运营过程中出现了预料之外的风险时，可能会超出项目参与方中任何一方的承受范围，这种情况下，不能让风险仅由其中某一方来独自承受，这样会给承担风险的一方造成巨大的损失，使得项目无法顺利进行，这时需要项目各风险承担方共同承担风险。即遵循风险有上限的原则。项目实施过程中，可能会出现始料不及的风险或风险伤害，需要及时分担或转移风险，以免影响项目进行和风险承担者的积极性。

3）承担的风险程度与获得的收益应匹配

在进行风险分担时，应当将风险发生的概率、损失程度进行综合考量，还应将承担风险所付出的代价和控制风险的成本一并考虑在内，尽量做到风险承担的程度与获得的收益是相匹配的。假如风险承担者的风险收益低于风险承担成本，将会直接影响风险承担者承担风险的意愿。承担的风险与所得收益相匹配，即风险与收益成正比。风险与收益相匹配符合金融市场的一般规律，也是项目双方形成利益共同体的公平前提。

4）诚信原则

通常而言，在风险最终发生的情况下，风险承担方应按照合同相应规定承担相应后果，而不应将由此产生的费用和损失转移给合同的另一方。

5）归责原则

若风险可抗，即风险本可不必发生，则由导致风险发生的参与方承担相应的责任。如若不止一方引起风险，则应根据具体责任大小制定具体的分担方案。

2. 风险分担影响因素

1）风险控制度

广义的风险控制包括在总承包项目全生命周期内对风险发生前后严格控制，包括前期充分预防、中期积极应对、后期积极减少损失的一系列管控手段，狭义的风险控制对风险有全面系统的认识，能把风险掌控在可控范围内，主要指对风险的预测、现场应对能力、控制风险管理成本。

2）风险收益度

主要指在总承包项目的全生命周期内，项目参与方在风险中投入与收益比例。回报率往往对参与方做贡献的力度有极大关系，一般来说，经济效益数值越大，参与方越偏好风险分担。

3）风险高效度

主要指项目参与方对风险的承担能力，强调承担者能通过自身经济实力、技术手段及管理制度有效应对风险的正面袭击，并能在风险发生后迅速采取强有力的对策，最大程度减少风险损失。

4）风险相关度

主要指项目相关人参与风险的程度，表现在总承包项目的全生命周期内，相关人对风险成因有多大的责任度，对风险投入了多少人、材、机资源，风险对其有多大的影响程度。

5）风险主导度

主要指项目参与人在项目中的经济地位、合同地位、社会地位，表现相关人对包括风险管理在内的一切管理的决定性话语权及总承包项目本身所存在的问题（包括项目是否具有唯一性、时限性特征）。

6）风险积极度

主要指项目参与方对主动承担风险这一行为的意识和积极为实现项目共同目标而做贡献的意愿，这些都取决于项目各参与方自身的潜在属性，之前的实践经验和未雨绸缪的长远性思维方式对风险分担的积极参与度都有影响。

第二节　基于扎根理论的轨道交通项目造价风险识别

扎根理论作为一种质性研究方法，被用在很多领域的专业研究中。以总承包项目相关学术文献、国家（地方）出台的规范性文件、对专业人员访谈中获取需要的原始资料，系统提炼在总承包模式下各个阶段风险概念范畴，构建基于扎根理论总承包模式下轨道交通建设全过程风险因素概念模型，对其风险因素进行识别。

一、扎根理论方法概述与数据来源

1.扎根理论方法概述

扎根理论是一种较为科学和典型的从下往上建立实质理论的方法，是在系统化程序对各种文献、访谈内容、合同文件等原始资料进行收集概况的基础上建立起来的一种理论。原始数据来源只要是与研究问题相关的都可以进行比较、分析、形成概念，最终总结出概念模型。扎根理论主要是过程分析，其本质是对问题要素进行抽象化提取总结，该类项目本质上也是抽象化各方主体之间每个阶段风险关系，通过扎根理论进行分析研究有其必然之处。

扎根理论包括理论基础、理论目的和理论意义。其中，理论基础是指扎根理论是建立在原始数据收集的基础上，原始数据又杂又乱，通过对原始数据的逐一分析，可发现并形成理论；理论目的是根据理论研究者的需要构建理论；理论意义是指寻找原始数据之间、原始理论与构建理论之间的联系。扎根理论编码首先要对原始数据整理命名，然后抽象化的分类整合。扎根理论模型构建流程如图6.4所示。

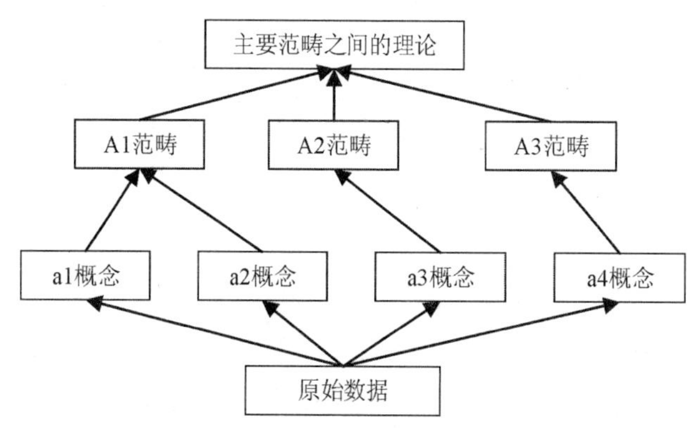

图6.4　扎根理论流程图

2.数据收集

运用文本分析与半结构访谈的方法对数据进行收集，对关于“轨道交通总承包项目各阶段风险”主题有关资料进行收纳整理。

第一部分，基于现有国家（地方）文件的资料分析。在现有的国家（地方）规范性文件资料中，主要寻找总承包项目从项目立项到竣工验收各个阶段可能会出现风险的相关内容，再对这些内容进行提取，共收集到34项。

第二部分，基于文献研究的资料分析。文本搜索主要以数据库CNKI为主，在高级检索中输入“总承包项目各阶段风险”“轨道交通建设风险”以及“总承包风险管理”等关键词，搜索并提取文献中对于总承包项目风险内容的描述，其中文献40篇，相关会议纪要10篇。

第三部分，基于访谈内容的分析。为了更加全方位、客观的识别出总承包模式下轨道交通项目各阶段风险因素，围绕“总承包项目从立项到竣工各个阶段可能会出现的风险”的话题，深入建设实施现场，选择项目实施全过程中至少三年以上的工作经验各相关工作人员分别进行访谈或者组成访谈小组，同时，将在高校工作多年、具有丰富理论经验的老师也作为访谈对象。共选取了20个访谈对象，具体情况如表6.1所示。

受访对象信息　　表6.1

	特征	人数	百分比（%）
性别	男	17	85
	女	3	15

续表

	特征	人数	百分比(%)
年龄	30～40周岁	2	10
	40周岁以上	18	90
学历	大专及以下	5	25
	本科及以上	15	75
职位	项目经理	2	10
	工程师	6	30
	技术员	7	35
	相关专业高校学者	5	25

二、基于扎根理论的轨道交通项目造价风险因素识别

1.开放性编码

开放性编码就是按照已经确定好的类属属性和维度，将大量的资料记录加以逐级缩编与命名，用概念和范畴来正确反映资料内容，并打碎原始资料记录以及抽象出来的概念再重新界定。这项研究资料来源广泛，样本多又杂，故决定在概念化阶段从原始数据中筛选出190条信息，其中154条用于扎根理论建模，剩余的36条用于理论饱和度检验。对上述154个标签所表征的现象赋予154个概念，并分析归类为一个范畴，对频次为3次及以上的初始概念再进行范畴化，最终提炼出经济风险、自然风险、业主履约风险、合同条款自身不足风险等49个范畴。因篇幅过长，数据过于庞大复杂，仅节选表示，如表6.2所示。

开放性编码形成范畴部分示例　　表6.2

原始语句	概念化	范畴化
工程项目业主的经济实力能否达标	a001业主支付能力	A01经济风险(a001、a002、a003、a004)
资金链不稳，垫资收不回	a002资金链	
项目周期长，材料价格波动	a003物价波动	
汇率变动	a004汇率风险	
...	...	...
合同订立时不能预料的自然或暴乱危险	a008不可抗力	A03自然风险(a008)
...	...	...
业主拖延支付尾款或扣留保证金	a012业主合同执行意识差并违约	A06业主履约风险(a012)

续表

原始语句	概念化	范畴化
...	...	...
投标报价时，措施项目清单漏项或者不准确，最终导致其投标报价不完备	a017措施项目清单漏项、不准确	A09措施项目计价风险（a017）
...	...	...
承包商的技术水平要达标	a020承包商技术水平	A11技术风险（a020）
合同条款欠缺或是出现歧义等	a026合同条款出现歧义	A13合同条款自身不足风险（a026、a027、a028、a029、a030）
在合同中仅约束一方	a027合同条款责权失衡	
合同条文中界定范围不清晰，如：如何区分设计变更与优化	a028合同条款约定界定不明	
合同中经常有业主对任何潜在的问题所引起的损失不负责，或条款过于绝对与苛刻	a029发包商提出过于苛刻合同条款	
...	...	...
设计人员责任心不强，缺乏管理	a057设计人员综合素质不高	A23设计人员风险（a057）
...	...	...
设计变更过多及设计变更不及时	a065设计变更	A26设计变更风险（a065）
...	...	...
供应设备及材料厂家的资质与信誉度	a071供应商资质与信誉	A30供应商资质与信誉风险（a071）
...	...	...
业主对项目功能变更要求	a081业主变更要求	A34业主不合理行为风险（a081、a082）
很多业主在前期了解不充足的情况下让承包商提前进入施工现场	a082业主施工前期准备工作不到位	
...	...	...
人、材、机械设备供应不及时	a106人、材、机械设备供应不及时	A39施工工期风险（a106、a107）
没有及时拟定有效的施工方案	a107施工方案不合适	
...	...	...
签证是否规范有效	a150签证合理有效性	A48签证及洽商费用风险（a151）
...	...	...
	（共计154个概念）	（共计49个范畴）

2. 主轴式编码

主轴编码是在开放性编码的基础上更具抽象概念化的编码，主轴译码的核心任务是对开放性编码提炼的初始概念继续进行分析比较，搭建概念与范畴之间桥梁，按照逻辑顺序进行分类，选取最相关的范畴作为主范畴。因此，对开放性译码中得到的154个概念和49个范畴进行归类后形成18个次要范畴，然后再进一步归纳为6个主要范畴，即：项目招标投标风险、项目合同风险、项目设计风险、项目采购风险、项目施工风险、项目结算风险，如表6.3所示。

主轴式编码形成主范畴 **表6.3**

主要范畴	次要范畴	开放性译码形成的范畴
AB01项目招标投标风险	B01招标投标外部环境风险	A01经济风险、A02政治风险、A03自然风险
	B02业主自身招标风险	A04业主管理风险、A05业主要求准确性风险、A06业主履约风险、A07业主资料完整性风险
	B03总承包商自身投标风险	A08承包商专业能力风险、A09措施项目计价风险、A10垫资承包及融资风险、A11技术风险、A12承包商履约风险
AB02项目合同风险	B04合同管理风险	A13合同条款自身不足风险、A14合同制定人员能力不足风险、A15合同漏项风险
	B05合同计价风险	A16工程量清单、定额风险
	B06合同履约风险	A17履约风险
	B07合同责任风险	A18合同责任总额争执风险
	B08合同外部环境风险	A19法律及政策风险、A20不可抗力风险、A21技术经济环境风险
AB03项目设计风险	B09总承包商自身设计风险	A22设计管理风险、A23设计人员风险、A24设计接口管理风险、A25设计沟通协调风险、A26设计变更风险、A27设计深度风险
	B10业主对承包商产生的设计风险	A28业主信息风险、A29业主效率风险
AB04项目采购风险	B11供应商自身风险	A30供应商资质与信誉风险、A31供货进度风险
	B12设备材料数量、质量风险	A32设备材料库存风险、A33设备材料质量风险
AB05项目施工风险	B13业主对承包商产生的施工风险	A34业主不合理行为风险、A35业主履约风险
	B14总承包商自身施工风险	A36设计给施工带来的风险、A37施工质量风险、A38施工安全风险、A39施工工期风险、A40施工管理风险
	B15其他参与方对承包商产生的风险	A41勘察不当风险、A42监理单位风险、A43分包商风险
	B16施工外部环境风险	A44施工环境风险
AB06项目结算风险	B17结算管理风险	A45结算资料风险、A46结算人员工作技能风险、A47结算单位选择的风险
	B18结算资金风险	A48签证及洽商费用风险、A49变更价款风险

3.选择性编码

选择性编码是对开放性编码和主轴编码两个阶段概念范畴再进行聚焦，并把概念化尚未发展完备的范畴补充完整的过程。继续把核心范畴更具体化，达到使分析更具有连贯性的目的。在表6.3中，对主范畴又一次重复编码过程对其聚类与降维，进一步挖掘核心范畴，并建立联系。B01招标投标外部环境风险、B02业主自身招标风险、B03总承包商自身投标风险为招标投标阶段风险；B04合同管理风险、B05合同计价风险、B06合同履约风险、B07合同责任风险、B08合同外部环境风险为合同风险；B09总承包商自身设计风险、B10业主对承包商产生的设计风险为项目设计阶段风险；B11供应商自身风险、B12设备材料数量、质量风险为项目采购阶段风险；B13业主对承包商产生的施工风险、B14总承包商自身施工风险、B15其他参与方对承包商产生的风险、B16施工外部环境风险为项目施工阶段风险；B17结算管理风险、B18结算资金风险为项目结算阶段风险，这些范畴构成一个完整的总承包项目造价风险因素指标体系，如图6.5所示。

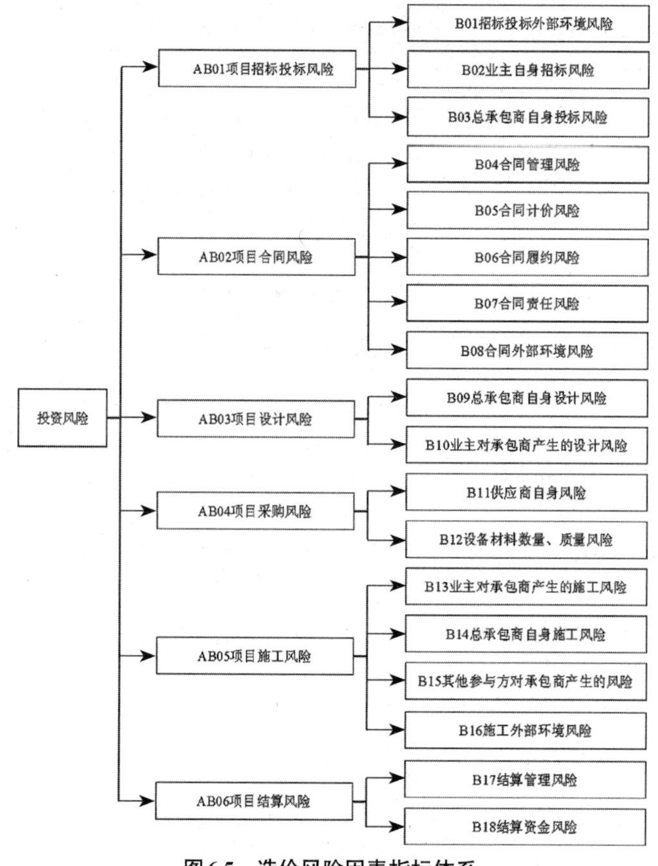

图6.5　造价风险因素指标体系

4.理论饱和度检验

理论饱和是指再也收集不到新的理论数据以及新范畴。也就证明了得到的研究成果是有效可信的。因此对上述文中还未处理的36条信息进行理论饱和度检验。这36个信息经过上述文中同样的编码步骤后未出现新的范畴，主范畴也没有新的补充。到这里就完成了运用扎根理论方法对总承包模式下轨道交通项目风险因素的识别。

第三节　基于三角模糊数故障树法轨道交通项目造价风险评估

本节在综合考察研究的基础上，凭借故障树和模糊数学各自的优点，将二者巧妙地联络起来，形成模糊故障树分析方法。模糊故障树有多种形式，又因为三角模糊数的数学范围明确且容易理解，故选用三角模糊故障树来构建模型与分析。

一、故障树分析方法

1.故障树分析法的概述

故障树分析法主要是依据从上到下、由果推因的逻辑和部分元素将顶事件、中间事件、底事件进行组合，并分析与预测。其中，把故障树中最不希望出现产生的事件或状态称为顶事件；所有引起顶事件可能出现产生的直接原因称为中间事件；引起中间事件出现产生的全部部件状态，称为底事件。

故障树分析法可用于定性定量分析。在定性分析时，明确目标对象，了解认知其影响范围和程度，这样做可为管理者提供一个可进行安全管理的环境，并且可以作为防控策略的依据。在定量分析时，我们能够知道系统每个事件出现产生故障的概率及每个底事件对顶事件产生的影响度，为减少故障出现的概率提供了数据支撑。

2.故障树分析法的步骤

故障树分析法的步骤如下，具体流程分析如图6.6所示。

（1）选择顶事件。顶事件也就是我们将要进行对更具我们所需要而构建的故障树的树冠，换算到项目中也就是当项目中所有人都不希望它产生出现的事件。将投资造价增加作为故障树的顶事件。

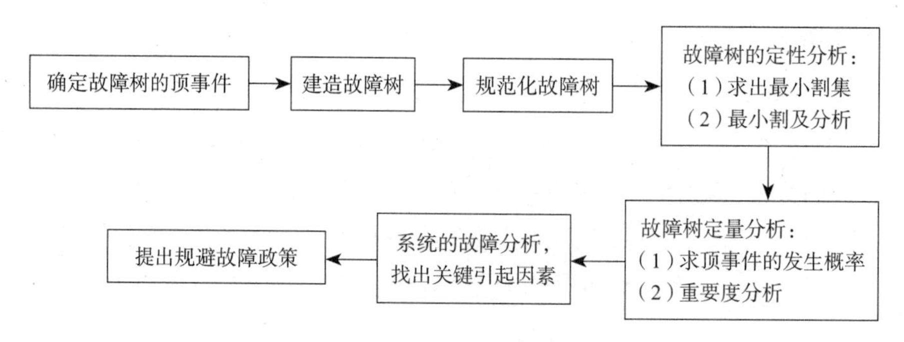

图6.6　故障树分析法的基本流程

（2）建造故障树。在定下我们想要去研究的目标后，按照故障树从上到下、从整体到局部的原则，充分利用其理论知识与技术数据，分析事件与事件之间的逻辑相关性，并将我们所有人都不希望它产生出现的事件作为顶事件，接着寻找每个故障事件之间的逻辑关联，了解导致每层中间事件出现产生的直、间接原因，得出底层事件。

（3）规范化故障树。通常使用的是一种人为演绎方法去修筑故障树，对树进行改造或排除一些故障，使故障树变成仅含底事件、结果事件及“与”“或”“非”三种逻辑门。

（4）故障树的定性分析。是对底事件的一种系统性的全面大规模的找出使顶事件出现产生故障的各种失效聚合模式的因果结构分析方法。

最小割集就是使顶事件出现产生的最起码可容许的割集，转化最小割集可运用布尔运算。

例如图6.7故障树的布尔代数的化简过程为：

$$T=M_1 \cdot M_2=X_1X_3+X_1X_4+X_2X_3+X_2X_4 \tag{6.2}$$

所以得到的最小割集为：

$$K_1=\{X_1,X_3\};K_2=\{X_1,X_4\};K_3=\{X_2,X_3\};K_4=\{X_2,X_4\} \tag{6.3}$$

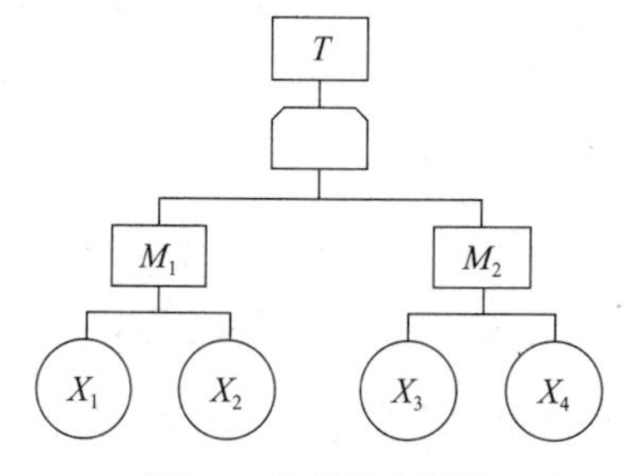

图6.7　简单故障树图

（5）故障树的定量分析。向专家调查可得到底事件出现产生概率，依照逻辑门的算法可算出顶事件出现的概率，并在最后对事件进行重要度分析。

在进行轨道交通总承包项目各阶段风险分析时，利用扎根理论定性分析出各阶段会出现的风险因素，作为底事件，在接下来的定性定量概率分析中，首先假设所有底事件都互不相关，其中任何一个风险事件出现产生，都会引起总承包项目投资造价的增加。故以每个风险作为单独的最小割集构造或门结构故障树。设有n项风险，出现产生的概率依次为P_i，那么顶事件（即整个总承包项目造价增加）的概率为：

$$P_F = 1 - \prod_{i=1}^{n}(1 - P_i) \tag{6.4}$$

（6）系统的故障分析并提出预防策略。在定性定量分析之后，寻觅出造成引起故障出现产生的关键因素，提出应对策略并进行预防规避。

二、模糊数学理论方法

1.模糊概率计算

在实际工程项目中，不可能准确地把握故障事件出现产生的概率，所以把这样的概率作为底事件放到故障树计算中并不是一个精确地准确数值，而经过上述整个故障树运转计算后得到的顶事件的出现概率也会因为误差累积而出现较大的偏差。所以更多的研究者开始寻求解决这一问题的方法，最终将解决方式寄托在模糊数学上，希望能够结合模糊学的模糊特性使得误差在合理的范围内，从而使顶事件的结果更加精确。

三角模糊数定义：设$\tilde{F}$是论域X至[0，1]的一个映射，即$\tilde{F}: X \to [0, 1]$，$x \to \tilde{F}(x)$。称$\tilde{F}$是X上的模糊集，$\tilde{F}(x)$为模糊集$\tilde{F}$的隶属函数（或称为x对模糊集$\tilde{F}$的隶属度）。在中，统一将$\tilde{F}$写成F。其隶属函数为：

$$F(x) = \begin{cases} \dfrac{x - m + a}{a} & (m - a \leqslant x < m) \\ \dfrac{m + b - x}{b} & (m \leqslant x \leqslant m + b) \\ 0 & \text{其他} \end{cases} \tag{6.5}$$

其隶属函数曲线如图6.8所示。

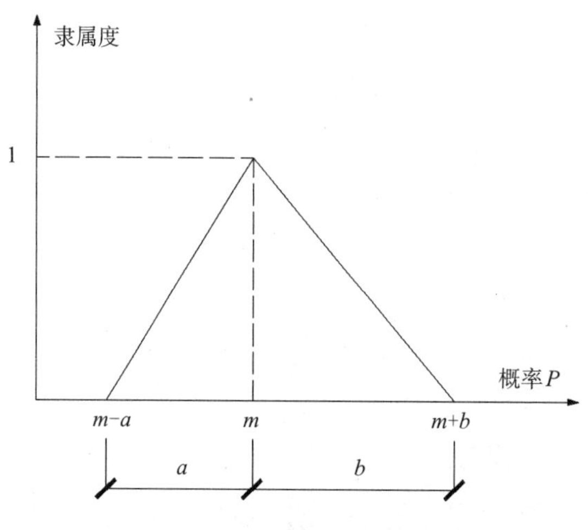

图6.8　三角模糊数的隶属函数曲线

选用专家打分的方式，依据其经验给出各基本事件出现产生的概率进行估值，设该基本事件的精确概率均值为m。用三角模糊数表示可能性分布，比如说某风险出现产生的可能性分布为P=(0.1，0.2，0.3)，表示该风险出现产生概率为0.2(即以前的精确概率)的可能性为1(完全属于)，同时也给出上、下限，其模糊概率的分布范围为(0.1～0.5)。扩展程度越大，P就越模糊。将事件出现产生的概率进行模糊化处理，所以P叫作模糊概率。

将上述F记为($m-a$，m，$m+b$)作为底事件，F_1和F_2的代数运算法则如下：

加法⊕：

$$F_1 \oplus F_2 = (m_1-a_1, m_1, m_1+b_1) \oplus (m_2-a_2, m_2, m_2+b_2) = (m_1+m_2-a_1-a_2, m_1+m_2, m_1+m_2+b_1+b_2) \tag{6.6}$$

减法⊖：

$$\ominus F_1 = \ominus (m_1-a_1, m_1, m_1+b_1) = (-m_1+a_1, -m_1, -m_1-b_1) \tag{6.7}$$

$$F_1 \ominus F_2 = (1-m_1+a_1, 1-m_1, 1-m_1-b_1) = (m_1-a_1, m_1, m_1+b_1) \ominus (m_2-a_2, m_2, m_2+b_2) = (m_1-a_1-m_2+a_2, m_1-m_2, m_1+b_1-m_2-b_2) \tag{6.8}$$

$$1 \ominus F_1 = 1 \ominus (m_1-a_1, m_1, m_1+b_1) \tag{6.9}$$

乘法⊗：

$$
\begin{aligned}
& F_1 \otimes F_2 \\
& =(m_1-a_1,\ m_1,\ m_1+b_1)\otimes(m_2-a_2,\ m_2,\ m_2+b_2) \\
& =((m_1-a_1)\times(m_2-a_2),\ m_1\times m_2,\ (m_1+b_1)\times(m_2+b_2))
\end{aligned}
\tag{6.10}
$$

因此，如式（6.4）的或门结构，上述底事件出现产生概率为模糊数时，顶事件同样也是一个模糊数，表示为：

$$
\begin{aligned}
P_F &= 1 \ominus \prod_{i=1}^{n}(1 \ominus P_i) \\
&= 1 \ominus \prod_{i=1}^{n}(1 \ominus (m_i - a_i, m_i, m_i + b_i)) \\
&= \left[1-\prod_{i=1}^{n}(1-m_i+a_i)\right],\ \left[1-\prod_{i=1}^{n}(1-m_i)\right],\ \left[1-\prod_{i=1}^{n}(1-m_i-b_i)\right]
\end{aligned}
\tag{6.11}
$$

即“顶事件出现产生的概率大约为m”。更具体地表述是，“顶事件出现产生的概率在（$m-a \sim m+b$）之间，但出现产生概率在m的可能性最大”。顶事件出现产生概率的模糊性以及模糊程度是由底事件出现产生概率的模糊性以及模糊程度所决定的。

2. 模糊重要度分析的中值法

对于模糊故障树理论选择采用中值法进行计算分析。

模糊数中值的定义1：模糊数隶属函数中，其横轴上有一点m_e，在点m_e上画一条垂线并以此为界限界定线，在隶属函数曲线中此线左边函数区域内面积等于右边函数区域内面积。即：

$$
F_1 = \int_{-\infty}^{m_e} L(x)\mathrm{d}x,\ F_2 = \int_{m_e}^{+\infty} R(x)\mathrm{d}x,\ F = F_1 + F_2 \tag{6.12}
$$

称m_e为该模糊数的中值。

模糊数中值的定义2：设m_{1e}和m_{2e}分别是有界闭模糊数m_1和m_2的中值，若$m_{1e} > m_{2e}$，那么$m_1 > m_2$，记为$m_1 > m_2$；若$m_{1e}=m_{2e}$，那么$m_1=m_2$，记为$m_1=m_2$；若$m_{1e} < m_{2e}$，$m_1 < m_2$，记为$m_1 < m_2$。

3. 模糊概率重要度

在实际中，研究数据数量不是特别充足，对于部件的可靠性指标是模糊的，这时再进行常规的重要度分析意义不大，鉴于此模糊概率重要度相应而现。概率重要度含义是基本事件中在只有第i个事件故障生成时，顶事件发生概率的变化率：

$$\Delta g_i\left[q(t)\right]=\frac{\partial g\left[q(t)\right]}{\partial q_i(t)}=g\left[1_i,q(t)\right]-g\left[0_i,q(t)\right] \tag{6.13}$$

即：第i个基本事件的发生故障状态为1和0时，第i个基本事件的概率重要度就是第i个基本事件的状态取1值时顶事件概率和第i个基本事件取0值时顶事件概率值之差。

要依据模糊数中值大小来对模糊数大小进行判断时。设全部的事件出现产生时的顶事件模糊概率的中值设为m_{Te}，当第j个底事件不出现产生，而其他事件均出现产生时顶事件模糊概率的中值设为m_{Tje}。最后称$S_{Tj}=m_{Te}-m_{Tje}>0$为事件f_j的模糊概率重要度。若$S_{Ti}>S_{Tj}$，则认为事件f_i比事件f_j重要，即事件f_i对系统的影响大于事件f_j对系统的影响。因此，若想减小系统出现故障的概率，首当其冲的是从事件f_i的改进做起。

4.模糊成本重要度

在评估总承包模式轨道交通项目风险时，不能简单地以$(p_j\times c_j)$（第j项风险的出现产生概率为p_j，出现产生后造成的经济损失为c_j）的大小作为判断准则，还要考虑这一风险事件的发生会引起多大的概率值波动，从而增加整个轨道交通项目的成本，造成多大的投资损失。综上，模糊成本重要度为：

$$I_j=S_{Tj}\times c_j=(m_{Te}-m_{Tje})\times c_j \tag{6.14}$$

式中：I_j为模糊成本重要度；S_{Tj}为第j项风险的模糊重要度；c_j为第j项风险出现产生后造成的经济损失比。

对于风险经济损失的估计，要综合考虑人员伤亡和直接财产损失，转化成统一的评估数据，进行风险损失估计，该数据记为经济损失比。经济损失比的范围如下（在划分经济损失矩阵范围时，认为人身安全比直接财产损失更重要）具体如表6.4所示。

经济损失矩阵　　表6.4

直接经济损失（万元）	人员伤亡			
	人员死亡（含失踪）人数<3人或重伤人数<10	3≤人员死亡（含失踪）人数<10人或10≤重伤人数<50	10≤人员死亡（含失踪）人数<30人或50≤重伤人数<100	人员死亡（含失踪）人数≥30人或重伤人数≥100
经济损失＜10	0～0.1%	2.0%～4.0%	20.0%～30.0%	60.0%～70.0%
10≤经济损失＜50	0.1%～0.2%	4.0%～6.0%	30.0%～40.0%	70.0%～80.0%
50≤经济损失＜500	0.5%～1.0%	6.0%～10.0%	40.0%～50.0%	80.0%～90.0%
经济损失≥500	1.0%～2.0%	10.0%～20.0%	50.0%～60.0%	90.0%～100%

通过模糊成本重要度，查阅风险等级标准，可得各底事件的风险等级，依据最大隶属度原则得到总体风险等级，具体如表6.5所示。

风险等级标准　　表6.5

模糊成本重要度I（10^{-4}）	风险等级
$I \geqslant 50$	Ⅳ级，极高风险
$25 \leqslant I < 50$	Ⅲ级，高度风险
$10 \leqslant I < 25$	Ⅱ级，中度风险
$0 \leqslant I < 10$	Ⅰ级，低度风险

5.风险事故模糊概率的获取

在风险评估时，采用专家评分的方法，专家们习惯使用“小”“较大”等程度词来表达自身对事件发生概率的看法与评断，应用{小、较小、中等、较大、大}等语言程度词来表示“故障发生概率”，如图6.9所示。

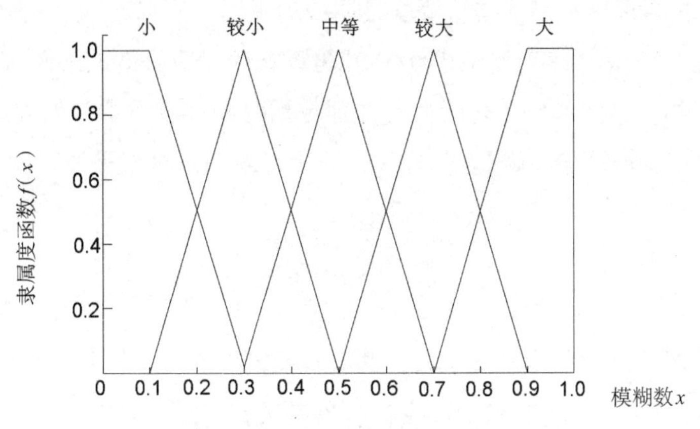

图6.9　代表自然语言的模糊数

同时对语言进行精细化表达，可提高概率采集的准确性，给出概率数值范围，将风险概率均匀分为五档，具体如表6.6所示。

风险概率判断标准　　表6.6

语言评价	很低	较低	中等	较高	很高
数值范围	$0.2 \geqslant p > 0$	$0.4 \geqslant p > 0.2$	$0.6 \geqslant p > 0.4$	$0.8 \geqslant p > 0.6$	$1.0 \geqslant p > 0.8$

风险影响等级是按照风险发生后，其产生的影响程度分为五档，具体如表6.7所示。

风险影响评价标准　　表6.7

语言评价	可忽略	较小	中等	较大	严重
数值范围	$0.2\geqslant q>0$	$0.4\geqslant q>0.2$	$0.6\geqslant q>0.4$	$0.8\geqslant q>0.6$	$1.0\geqslant q>0.8$

风险程度等级是评判风险大小的指标，包括单个风险因素的风险程度等级和项目整体风险程度等级，将所程度的大小分为五档，具体如表6.8所示。

风险程度评价标准　　表6.8

语言评价	微小风险	较小风险	一般风险	较大风险	重大风险
数值范围	$p\times q\leqslant 0.04$	$0.16\geqslant p\times q>0.04$	$0.36\geqslant p\times q>0.16$	$0.64\geqslant p\times q>0.36$	$p\times q>0.64$

在通过专家评分法得到风险发生概率的语言程度词以后，将这些程度词转化为模糊数，再综合专家的权重系数以及上述文中关于模糊概率的运算公式，便可得到加权平均模糊概率。

6.专家权重获取

总承包项目风险模糊成本重要度是调查的主题，故根据这个主题设计了关于上述扎根理论识别出的18项风险因素的出现概率和出现后造成的经济损失做相关内容的调查问卷。运用加权平均法得出处理数据时的计算权重来处理原始评估数据，会使结果数据变得更加准确。其中，第r等级专家的计算权重为：

$$\omega_r=\frac{v_r}{\sum_{r=1}^{r}(m_r\times v_r)} \tag{6.15}$$

设反馈调研问卷的专家数为m，共有N项风险事故，第i名专家的计算权重为ω_i，且对第j项风险事故的出现产生概率判断为p'_{ij}，那么最终经过计算权重的累加得到第j项风险事故的出现概率为：$p'_j=\sum_{i=1}^{m}(\omega_i\times p'_{ij})$，再对$j$项的数据取等腰三角模糊数，则第$j$项的模糊概率为：

$$\begin{aligned}p_j&=\sum_{i=1}^{m}\omega_i\times(m_{ij}-a_{ij},m_{ij},m_{ij}+b_{ij})\\&=\left(\sum_{i=1}^{m}\omega_i\times m_{ij}-\sum_{i=1}^{m}a_{ij},\sum_{i=1}^{m}\omega_i\times m_{ij},\sum_{i=1}^{m}\omega_i\times m_{ij}+\sum_{i=1}^{m}b_{ij}\right)\end{aligned} \tag{6.16}$$

第四节　基于博弈论的轨道交通总承包项目风险分担

轨道交通总承包项目的风险复杂，唯有正确识别出风险因素，合适的进行风险分担，才能更好地对风险进行管理与控制。根据上文通过扎根理论方法识别出的轨道交通总承包项目的风险因素以及通过三角模糊故障树对风险的评估之后，再对风险构建博弈模型然后进行分担，判断出由业主和总承包商各自所要承担的风险。

一、博弈论概述

博弈论是决策者在一定条件下，根据他人可能的行为，选择和比较自己的行为和对策，以达到预定的目标，从而选择对自己最有利或更有利的对策并加以实施的过程。讨论的博弈问题是一个基于“个体行为理性”的“非合作博弈”。所谓“个人行为理性”，是指一个人的行为总是以实现自己的利益为唯一目标，除非有必要实现自己的利益，否则不会考虑其他个人或社会的利益的决策原则。“非合作博弈”是指博弈双方之间不可能存在约束性协议，即博弈双方不能公开“串通”和“串通”。

运用博弈论，将风险分担过程按预期结果分为静态博弈与动态博弈两个层次。利用静态博弈，可以识别出业主和总承包商各自承担的或不承担的或共同承担的风险。利用动态博弈模型，得到双方共同承担的风险分担率。在运用博弈论进行风险分担时，假设在对轨道交通总承包项目的风险进行分担时，业主与总承包商都是理性的，即在面对风险分担问题都追求利益最大化。从博弈论的角度出发，对于风险分担是主体业主和总包商之间的非合作博弈。

二、静态博弈分析

对于风险分担的博弈，这里项目决策者就是轨道交通总承包项目的业主和总承包商，即i=（1，2），承担某一风险的收益y_i，同时需要支付承担成本c_i，承担风险的净收益为$R_i=y_i-c_i$，k_i为业主和总承包商承担风险的比例。

对于某一风险，当业主和总承包商都选择承担时，其产生的收益为：

$$R=k_1p_1+k_2p_2=k_1(y_1-c_1)+k_2(y_2-c_2) \tag{6.17}$$

其他可同理得出。业主和总承包商之间非合作博弈的静态博弈支付矩阵如表6.9所示，业主和总承包商之间均衡分析结果如表6.10所示。

静态博弈支付矩阵　　表6.9

业主＼总承包商	承担	不承担
承担	（y_1-c_1，y_2-c_2）	（y_1-c_1，0）
不承担	（0，y_2-c_2）	（0，0）

风险博弈分析集合　　表6.10

战略合集	满意度	
	y_1-c_1	y_2-c_2
（承担，承担）	>0	>0
（承担，不承担）	>0	<0
（不承担，承担）	<0	>0
（不承担，不承担）	<0	<0

整体效用为正值作为前提下，业主和总承包商是否参与风险分担由各自的效用决定，具体情况讨论如表6.11所示。

风险分担分析表　　表6.11

业主	总承包商	风险j分担结果
$y_1-c_1>0$	$y_2-c_2<0$	业主来承担
$y_1-c_1<0$	$y_2-c_2>0$	总承包商来承担
$y_1-c_1<0$	$y_2-c_2<0$	双方都不承担，移交其他机构
$y_1-c_1>0$	$y_2-c_2>0$	共同承担
$y_1-c_1=0$	$y_2-c_2=0$	承担也可不承担

三、动态博弈分析

有静态博弈得出各自需要承担的风险，对于共担的风险要进一步运用动态博弈分析。设P_i、Q_i分别代表业主和总承包商在i次谈判中的分担比例。引入双方谈判时付出的成本和代价谈判损耗系数σ_i（i=1，2）。相较而言业主谈判的损耗系数比总承包商大。对于总承包轨道交通建设项目总承包商较业主要弱势，故由业主先提出风险分担比例。

首先业主提出业主承担风险比例为k_1，总承包商的风险比例为$1-k_1$，当总承包商对业主提出的分担比例不再提出异议，那么这场博弈结束，结果为：

业主的分担比例为：

$$P_1=k_1 \tag{6.18}$$

总承包商的分担比例为：

$$Q_1=1-k_1 \tag{6.19}$$

若总承包商对博弈结果不接受，则进行二次谈判，这次由总承包商重新提出风险分担比例。此时业主分担的比例为k_2，总承包商的比例即为$1-k_2$，如果业主部门对分担结果不反对，那么博弈结束。此时会产生因为第一回合博弈失败而增加的损耗费用，即要添上损耗系数，这个时候得到的分担比例要比理论上应承担的要小。结果为：

业主的分担比例为：

$$P_2=\sigma_1 k_2 \tag{6.20}$$

总承包商的分担比例为：

$$Q_2=\sigma_2(1-k_2) \tag{6.21}$$

若业主对博弈结果不接受，就进行三次谈判，这时由业主第二次重新提出风险分担比例。此时业主承担比例为k_3，总承包商比例为$1-k_3$，如果总承包商对分担结果不反对，那么博弈结束，同理要添上损耗系数，分担比例依旧比理论上的要小，结果为：

业主的分担比例为：

$$P_3=\sigma_1^2 k_3 \tag{6.22}$$

总承包商的分担比例为：

$$Q_3=\sigma_2^2(1-k_3) \tag{6.23}$$

若总承包商再次对博弈结果不接受，那么进行四次谈判，周而复始重复谈判直至意见统一（图6.10）。

Shaked和Sutton在1984年提出的如下理论：对于这种讨价还价样式的博弈，其最终博弈谈判得到的结果都是相同的。对共同承担的风险分担比例的谈判在第三次谈判时会强行实现意见统一，而在此时，总承包商因为损耗费用的原因得到的实际比例要小于第二次所想要的预期结果，所以在接下来的谈判中，要会有强烈的意向结束谈判并进入下一轮，想要自己得到的预期结果是最有利于自己的，其对策应该是$P_2=P_3$，即$\sigma_1 k_2=\sigma_1^2 k_3$，可得：

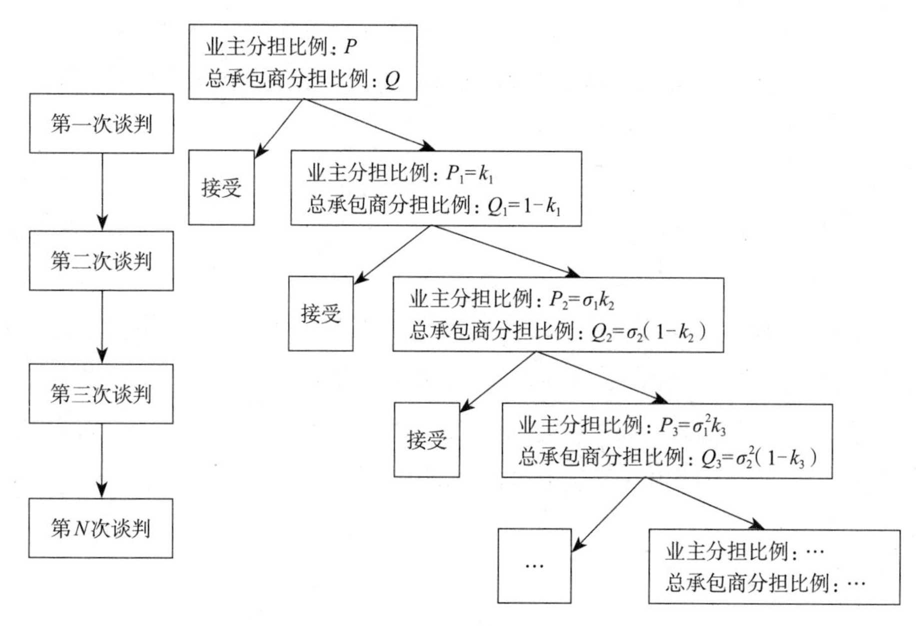

图6.10　讨价还价模型博弈树

$$k_2=\sigma_1 k_3 \tag{6.24}$$

同理，因为损耗，再第二次的博弈结果，业主的预期也要小于第一次，为了减少损耗，使得自己承担风险最有利于自己，尽量在第一次博弈后就结束，故业主的对策应为$Q_1=Q_2$，即$1-k_1=\sigma_2(1-k_2)$，可得：

$$k_1=1-\sigma_2+\sigma_2 k_2 \tag{6.25}$$

将式(6.24)代入式(6.25)，可得：

$$k_1=1-\sigma_2+\sigma_1\sigma_2 k_3 \tag{6.26}$$

由于这是一个没有结束尽头的讨价还价博弈，其最终结果都是无差别的。

由此可得：

$$k_3=k_1=1-\sigma_2+\sigma_1\sigma_2 k_3 \tag{6.27}$$

可得：

$$k^*=(1-\sigma_2)/(1-\sigma_1\sigma_2) \tag{6.28}$$

所以其最终分担结果为：

业主承担风险的比例为：

$$P=(1-\sigma_2)/(1-\sigma_1\sigma_2) \tag{6.29}$$

总承包商承担风险的比例为：

$$Q=1-P=\sigma_2(1-\sigma_1)/(1-\sigma_1\sigma_2) \tag{6.30}$$

时间、机会、谈判成本都关乎谈判损耗系数的大小。因此设定：

业主的损耗系数为：

$$\sigma_1=1/(1+r_1) \tag{6.31}$$

总承包商的损耗系数为：

$$\sigma_2=1/(1+r_2) \tag{6.32}$$

其中r_1和r_2分别表示业主和总承包商风险收益率。

将r_1和r_2代入，可以得到：

业主承担风险的比例为：

$$P_3=(r_2+r_1r_2)/(r_1+r_2+r_1r_2) \tag{6.33}$$

总承包商承担风险的比例为：

$$Q_3=r_1/(r_1+r_2+r_1r_2) \tag{6.34}$$

第五节　轨道交通总承包项目造价风险管理案例

一、项目概况

工程承包范围包括某轨道交通项目的施工图设计、设备采购、建筑安装工程（含绿化、拆拆、疏流交通等前期准备工作），长为43.2公里，总价为208.297亿元，从2019年至2022年中总天数为2101天是计划开工到竣工时间。该路线的地上地下环境都很复杂。侧穿建筑群基础将近107处。其中57个区间隧道与建筑物的木桩相撞，还会穿过铁路、高架桥、水库。工程实施困难大、风险高。

本工程采用合同是在《建设项目工程总承包合同（示范文本）》GF-2011-0216的基础上加以编制的。合同文件构成及优先顺序为：

（1）合同补充协议；

（2）合同协议书；

（3）专用合同条款；

（4）通用合同条款；

（5）发包人要求；

（6）技术条件；

（7）图纸；

（8）已标价工程量清单；

（9）招标文件及其澄清补充文件及其他补充资料；

（10）投标文件及其澄清补充文件及其他补充资料；

（11）合同附件。

在合同订立及履行过程中形成的与合同有关的文件均构成合同文件组成部分，并根据其所属的合同文件类别确定优先解释顺序。

风险存在于合同的每一项之中，也有重复出现的，故挑选合同中部分主要条款基于扎根理论进行风险识别分析，具体识别结果结果如图6.11所示。

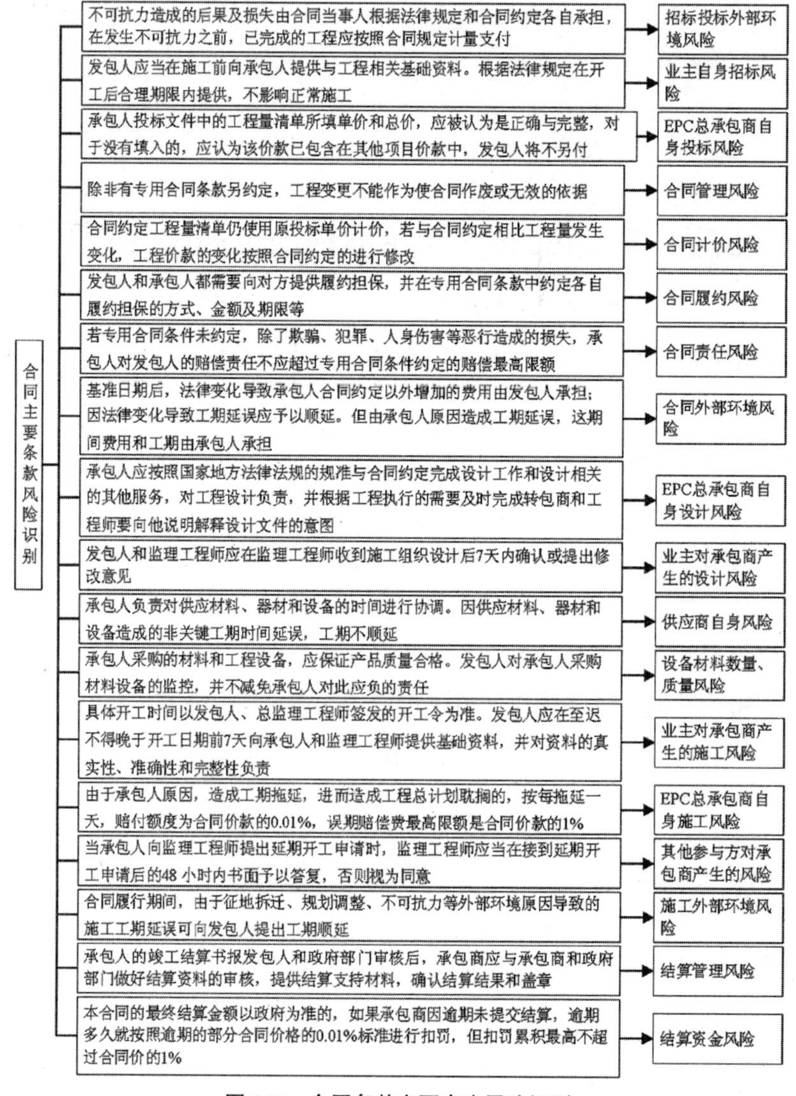

图6.11　合同条款主要内容风险识别

二、项目风险分析

1.项目风险评估分析

在案例研究中，选择与工程相关的各方工作人员以及在高校工作多年、具有丰富理论经验的老师等共20人，组成项目风险评估专家小组，对风险进行识别和评估，具体情况如表6.12所示。

专家小组信息统计　　表6.12

类别	特征	人数	百分比（%）
性别	男	17	85
	女	3	15
年龄	30～40周岁	2	10
	40周岁以上	18	90
学历	大专及以下	5	25
	本科及以上	15	75
职位	项目经理	2	10
	工程师	6	30
	技术员	7	35
	相关专业高校学者	5	25

专家的计算权重构成情况如表6.13所示。

调研专家的构成　　表6.13

等级r	专家人数m_r	计算系数v_r	计算权重ω_r
1	3	1.0	0.058140
2	9	0.9	0.052326
3	5	0.8	0.046512
4	3	0.7	0.040698

根据项目建设的实际情况并考虑到指标体系建立的科学全面性、独立系统性以及实用可操作性等原则，专家小组一致认为扎根理论所识别的风险因素可用于构建本次项目中的风险评价指标体系。因此，根据前文的扎根理论对模式下轨道交通项目的各阶段风险进行定性分析归纳总结的18项风险指标因素如下：①招标投标

外部环境风险；②业主自身招标风险；③总承包商自身投标风险；④合同管理风险；⑤合同计价风险；⑥合同履约风险；⑦合同责任风险；⑧合同外部环境风险；⑨总承包商自身设计风险；⑩业主对承包商产生的设计风险；⑪供应商自身风险；⑫设备材料数量、质量风险；⑬业主对承包商产生的施工风险；⑭总承包商自身施工风险；⑮其他参与方对承包商产生的风险；⑯施工外部环境风险；⑰结算管理风险；⑱结算资金风险。

根据专家调查，得到项目各阶段风险的概率估计值求平均值，按照上文的三角模糊故障树的运算法则转化为等腰三角模糊数，设隶属度函数中的模糊中值为风险发生概率的平均值，且模糊区间为±10%，对应于式（6.11）也就是$a_i=b_i=10\%$，$i=1\sim18$。拟根据模糊成本重要度计算得出的风险模糊概率和造成的经济损失比如表6.14所示。

各风险的模糊概率和经济损失比 **表6.14**

风险因素	出现产生概率（%）		不出现产生概率（%）		经济损失比（%）
	均值	模糊区间a=b	均值	模糊区间a=b	
f_1	7.134	10.0	92.866	10.0	4.92
f_2	9.632	10.0	90.368	10.0	3.87
f_3	11.012	10.0	88.988	10.0	2.16
f_4	22.516	10.0	77.484	10.0	2.61
f_5	17.743	10.0	82.257	10.0	5.93
f_6	18.319	10.0	81.681	10.0	1.71
f_7	9.071	10.0	90.929	10.0	5.16
f_8	7.614	10.0	92.386	10.0	4.34
f_9	23.714	10.0	76.286	10.0	4.58
f_{10}	20.411	10.0	79.589	10.0	4.89
f_{11}	8.012	10.0	91.988	10.0	2.44
f_{12}	15.618	10.0	84.382	10.0	3.36
f_{13}	21.847	10.0	78.153	10.0	4.97
f_{14}	24.624	10.0	75.376	10.0	5.20
f_{15}	13.812	10.0	86.188	10.0	2.43
f_{16}	8.684	10.0	91.316	10.0	5.15
f_{17}	19.451	10.0	80.549	10.0	3.03
f_{18}	16.521	10.0	83.479	10.0	4.85

当考虑全部风险都会发生时的情况，由式（6.11）运算法则，得出顶事件的模糊概率P_F，以及根据中值法计算出的顶事件模糊概率P_F的中值m_{Te}，如图6.12所示。若不考虑风险f_1，即在模糊故障树中不思量“招投标外部环境风险”时，顶事件的出现产生概率为：

$$P_{1F}=1-\prod_{J=2}^{18}\overline{P}_j \tag{6.35}$$

以此类推，便可以求不考虑某一个风险f_1时的顶事件的中值m_{Te}，如图6.13所示。同理可求得分别不考虑风险$f_2\sim f_{18}$的情况下，顶事件的中值$m_{T2e}\sim m_{T18e}$。计算过程如公式（6.36）所示：

$$S_{Tj}=m_{Te}-m_{Tje} \tag{6.36}$$

$$\begin{aligned}m_{Te}=1-&(1-p_1)\times(1-p_2)\times(1-p_3)\times(1-p_4)\times(1-p_5)\times(1-p_6)\times(1-p_7)\\&\times(1-p_8)\times(1-p_9)\times(1-p_{10})\times(1-p_{11})\times(1-p_{12})\times(1-p_{13})\\&\times(1-p_{14})\times(1-p_{15})\times(1-p_{16})\times(1-p_{17})\times(1-p_{18})\end{aligned}$$

$$\begin{aligned}m_{T1e}=1-&(1-0)\times(1-p_2)\times(1-p_3)\times(1-p_4)\times(1-p_5)\times(1-p_6)\times(1-p_7)\\&\times(1-p_8)\times(1-p_9)\times(1-p_{10})\times(1-p_{11})\times(1-p_{12})\times(1-p_{13})\times(1-p_{14})\\&\times(1-p_{15})\times(1-p_{16})\times(1-p_{17})\times(1-p_{18})\end{aligned}$$

在得到每个风险的m_{Te}和m_{Tje}后，通过式（6.14）求得第j项风险（j=1～18）的模糊概率重要度S_{Tj}，进而求得第j项风险的模糊成本重要度，结果如表6.15所示。

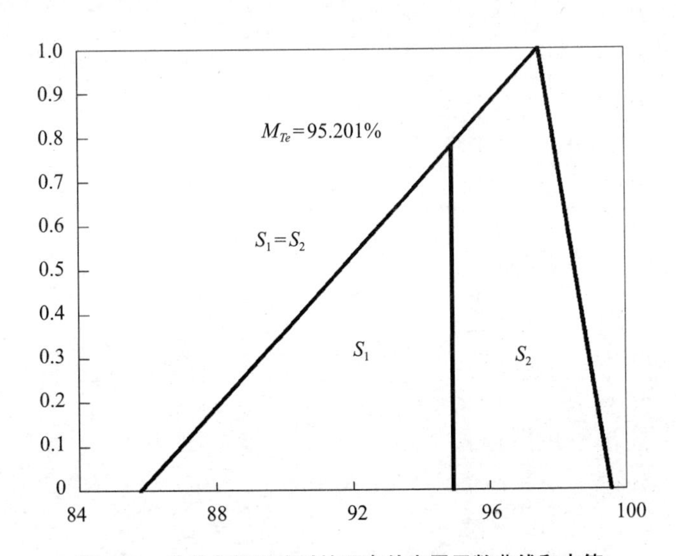

图6.12　考虑全部风险时的顶事件隶属函数曲线和中值

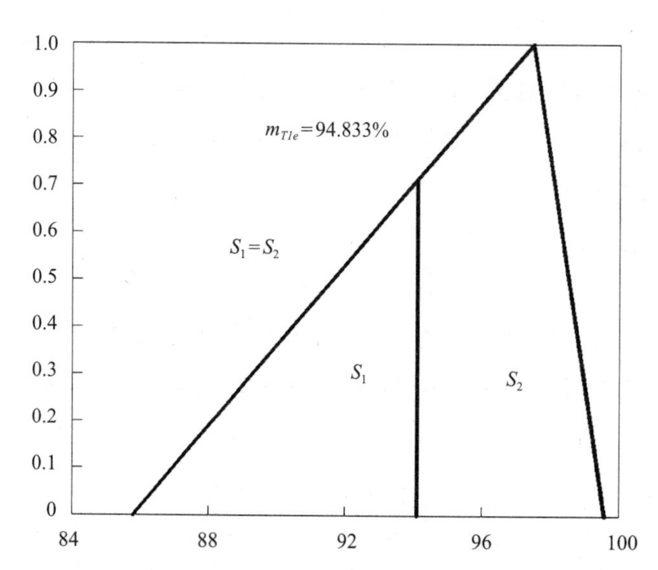

图6.13　不考虑招标投标外部环境风险顶事件隶属函数曲线和中值

三角模糊数故障树法概率和成本重要度　　表6.15

风险因素	m_{Tje}	模糊概率重要度S_{Tj}		模糊成本重要度I_j		经济损失比
		数值（%）	排序	数值（10^{-4}）	排序	c_j（%）
f_1	94.833	0.368	18	1.811	15	4.92
f_2	94.690	0.511	13	1.977	12	3.87
f_3	94.608	0.593	12	1.282	17	2.16
f_4	93.807	1.394	3	3.638	7	2.61
f_5	94.166	1.035	8	6.135	3	5.93
f_6	94.125	1.076	7	1.839	14	1.71
f_7	94.723	0.478	14	2.467	10	5.16
f_8	94.806	0.395	17	1.714	16	4.34
f_9	93.710	1.491	2	6.829	2	4.58
f_{10}	93.971	1.230	5	6.015	4	4.89
f_{11}	94.784	0.417	16	1.019	18	2.44
f_{12}	94.313	0.888	10	2.982	9	3.36
f_{13}	93.860	1.341	4	5.664	5	4.22
f_{14}	93.634	1.567	1	8.149	1	5.20
f_{15}	94.433	0.768	11	1.867	13	2.43
f_{16}	94.745	0.456	15	2.348	11	5.15
f_{17}	94.043	1.158	6	3.509	8	3.03
f_{18}	94.252	0.949	9	4.603	6	4.85

通过分析表6.15，可以得出以下结论：

从对整个总承包建设项目风险出现产生的影响程度和造成的经济损失综合考虑（表6.15），最值得注意和看重的两项依次为：“总承包商自身施工风险”和“总承包商自身设计风险”，这两项风险的模糊成本重要度指标比其他风险要大得多，所以是从投资损失、费用角度来看两个风险是最值得注意解决的。

（1）由模糊概率重要度排序可以看出，在项目实施过程中，发、承包双方虽都面临许多风险，但大部分风险都给了总承包商，这是总承包模式的特点，在这一特点之下可能会导致项目因风险不对等而诱发投资发生过多的不必要损失，所以，对风险要进行合理分担。通过合同中的约定分配好每一项可能会产生的风险，有利于增大投资的有效性、控制性以及建设市场公平性。

（2）“招标投标外部环境风险”“合同外部环境风险”“施工外部环境风险”等风险因素，发生概率较低，但是一旦发生将造成严重的经济损失。

2.总承包轨道交通项目风险分担分析

静态博弈是对风险的进行初步分担。通过市场调查与专家分析计算得出每个风险的承担成本和预期收益。其中，风险成本包含调查成本、机会成本、激励成本；预期收益有因承担风险获得相关的利益以及有关政府会对风险发生后进行的补偿政策等。整体效用收益的计算方法是，假设业主的各种承担成本和为x万元，其预期收益为y万元，则其对该风险的满意度为$y-x$万元。总承包商的承担成本为n万元，其预期收益为m万元，其对该风险的满意度为$m-n$万元。具体风险分担结果如表6.16所示。

风险分担表　　表6.16

风险一级指标	风险二级指标	风险三级指标	风险满意度	分担结果
AB01EPC项目招标投标阶段风险	B01招标投标外部环境风险	A01经济风险	(>0，>0)	共同承担
		A02政治风险	(>0，>0)	共同承担
		A03自然风险	(>0，>0)	共同承担
	B02业主自身招标风险	A04业主管理风险	(>0，<0)	业主承担
		A05业主要求准确性风险	(>0，<0)	业主承担
		A06业主履约风险	(>0，<0)	业主承担
		A07业主资料完整性风险	(>0，<0)	业主承担
	B03EPC总承包商自身投标风险	A08承包商专业能力风险	(<0，>0)	总承包商承担
		A09措施项目计价风险	(<0，>0)	总承包商承担
		A10垫资承包及融资风险	(<0，>0)	总承包商承担

续表

风险一级指标	风险二级指标	风险三级指标	风险满意度	分担结果
AB01EPC项目招标投标阶段风险	B03EPC总承包商自身投标风险	A11技术风险	(<0，>0)	总承包商承担
		A12承包商履约风险	(<0，>0)	总承包商承担
AB02EPC项目合同阶段风险	B04合同管理风险	A13合同条款自身不足风险	(>0，<0)	业主承担
		A14合同制定人员能力不足风险	(>0，<0)	业主承担
		A15合同漏项风险	(>0，<0)	业主承担
	B05合同计价风险	A16工程量清单、定额风险	(<0，>0)	总承包商承担
	B06合同履约风险	A17履约风险	(>0，>0)	共同承担
	B07合同责任风险	A18合同责任总额争执风险	(>0，>0)	共同承担
	B08合同外部环境风险	A19法律、政策风险	(>0，<0)	业主承担
		A20不可抗力风险	(>0，>0)	共同承担
		A21技术经济环境风险	(<0，>0)	总承包商承担
AB03项目设计阶段风险	B09总承包商自身设计风险	A22设计管理风险	(<0，>0)	总承包商承担
		A23设计人员风险	(<0，>0)	总承包商承担
		A24设计接口管理风险	(<0，>0)	总承包商承担
		A25设计沟通协调风险	(<0，>0)	总承包商承担
		A26设计变更风险	(>0，>0)	共同承担
		A27设计深度风险	(<0，>0)	总承包商承担
	B10业主对承包商产生的设计风险	A28业主信息风险	(>0，<0)	业主承担
		A29业主效率风险	(>0，<0)	业主承担
AB04项目采购阶段风险	B11供应商自身风险	A30供应商资质与信誉风险	(<0，>0)	总承包商承担
		A31供货进度风险	(<0，>0)	总承包商承担
	B12设备材料数量、质量风险	A32设备材料库存风险	(<0，>0)	总承包商承担
		A33设备材料质量风险	(<0，>0)	总承包商承担
AB05项目施工阶段风险	B13业主对承包商产生的施工风险	A34业主不合理行为风险	(>0，<0)	业主承担
		A35业主履约风险	(>0，<0)	业主承担
	B14总承包商自身施工风险	A36设计给施工带来的风险	(<0，>0)	总承包商承担
		A37施工质量风险	(<0，>0)	总承包商承担
		A38施工安全风险	(<0，>0)	总承包商承担
		A39施工工期风险	(<0，>0)	总承包商承担
		A40施工管理风险	(<0，>0)	总承包商承担
	B15其他参与方对承包商产生的风险	A41勘察不当风险	(<0，>0)	总承包商承担
		A42监理单位风险	(<0，>0)	总承包商承担
		A43分包商风险	(<0，>0)	总承包商承担

续表

风险一级指标	风险二级指标	风险三级指标	风险满意度	分担结果
AB05项目施工阶段风险	B16施工外部环境风险	A44施工环境风险	(>0，>0)	共同承担
AB06项目结算阶段风险	B17结算管理风险	A45结算资料风险	(>0，>0)	共同承担
		A46结算人员工作技能风险	(>0，>0)	共同承担
		A47结算单位选择的风险	(>0，>0)	共同承担
	B18结算资金风险	A48签证及洽商费用风险	(>0，>0)	共同承担
		A49变更价款风险	(>0，>0)	共同承担

对于需要共同承担的风险，需要通过动态博弈来明确各自双方主体的分担比例。通过对专家面谈以及问卷调查的方式，得到风险收益率，进而得到双方主体在讨价还价的博弈中谈判损耗系数。再根据公式（6.33）和（6.34），可得业主和总承包商分担需要共同承担的风险比例。

通过静态博弈和动态博弈分析，确定最终的风险分担结果，明确了总承包商需要承担的35项风险，包括单独承担的23项风险，共同承担的12项风险，由此可知在总承包项目中，总承包商需要承担大部分的风险，这些风险还是贯穿在总承包项目从立项到竣工全过程中任何一个阶段，而业主承担的风险要比总承包商要少得多，且需要承担的风险大部分潜伏在项目实施的前期策划阶段，而不是工程整个阶段。

三、总承包轨道交通项目风险应对策略

在整个总承包项目合同中，风险可能遍布在每项条款中，无处不在。轨道交通建设项目也因为其自身的特点，风险较一般模式下项目要大。要有针对性、有效性地对总承包项目可能存在着的风险进行预防，采取相应的策略，减少风险发生的概率，确保建筑工程的顺利进行。

1.经济风险的控制对策

由于轨道交通建设项目周期长，项目在实施过程中可能会接触到很多的资金交易，提前市调、了解建筑市场信息可方便应对施工阶段的经济市场变化。加强投资管理和融资标准，完善投资管理体系，关注国内外经济形势，通过合同谈判提高外汇比率，认真做好价格更新，加快工期，减少市场价格波动以及通过膨胀带来的损失。

2.技术风险的控制对策

轨道交通建设项目施工工艺复杂、技术要求高，投标过程中，评估施工单位的技术水平，确保施工技术标准达到项目要求的高度，并应要求各项目设计者、建设承包商及设备供应商等提供相应技术保障，转移项目技术风险。为了规避技术风险，从技术可行性、施工计划的合理性、项目预算的可行性等方面提供专家指导意见，同时就控制项目的技术风险提供建议。

3.合同风险的控制对策

对于轨道交通建设项目的总价合同形式，其风险主要发生合同条文的编制和管理中，要降低合同中存在的风险就要在项目建设前期仔细详研合同、对未来合同中可能会出现的风险进行预测评估、加强对合同的管理、增加关于风险应对的教育和培训。

4.组织管理风险的控制对策

让项目经理签订保密协议、组织好各方工作人员分配好工作分工合作、各司其职。在工程组织管理风险控制中加强对设计、采购、施工三者的协调、优化设计、合理安排设备材料入场、确保施工进度。管理好项目范围、时间与费用之间的关系，规避因管理不当而出现费用超标的问题。同时参考多种不同类型项目的管理体系，从中总结出适合轨道交通项目的管理体系，在实施过程中也可以不断总结经验，及时对其进行改进，引进或开发合适的项目管理软件以便快速方便进行组织管理。

5.招标风险的控制对策

轨道交通建设项目在招标投标时要采取公开招标的方式认真选择分供商和合作单位，综合考虑其经验、技术、质量，货比三家，择优选取。建立一个完备完善的适用于轨道交通EPC建设项目招标的法律法规与流程。

6.设计风险的控制对策

在轨道交通建设项目设计中要正确把握和理解合同，在满足轨道交通建设安全和使用功能满足的前提下，根据合同的要求，满足客户的柔性需求，优化设计。同时要高度重视设计工作，认真研究设计条款和技术规范，培养各项目部的设计能力和理念，减少设计变更，提出限额设计。设计人员要善于沟通，能够配合其他工作人员的工作，能够负责设计全过程，参与设计，审核图纸，与审批部门建立良好关系。

7.采购风险的控制对策

在轨道交通建设项目招标采购过程中，接收方分析供应商是否能在交货期内履行合同，并对自己违约负责，同时确保供应商有关于设备材料运输过程的保险。项目实施供应商管理制度，采用押金、罚款和索赔等措施，对供应商进行管理与考核，保证了及时供料。同时，在上级公司协调下，成立区域级配件库，保证特殊配件的需求。

8.施工风险的控制对策

在轨道交通建设项目实施过程中，承包商要把控好工程整体进度，尤其是关键路径和关键工程，对工程实施情况进行主动性与可变性的监测，迅速调整方案，有效保障工程进度施工延误，减少经济损失，在工程质量管理方面，完善技术培训制度，认真研究施工图纸，严格检查现场材料，规范施工过程，在施工全过程中渗透统筹管理的概念，建立管理机制，要确保工程的整体质量。

由于轨道交通建设项目其本身工程特性以及总承包模式的特性，这让本来就承担大部分建设风险的总承包商面临更高的风险。但风险是把双刃剑，在面临高风险挑战的同时也能获得高收益，这就要求加强风险管理意识，洞悉风险和管控风险，将风险这把双刃剑尽可能的转向对自己有利的一面。

第六节　总承包模式下轨道交通项目造价风险防范

通过对各项风险因素的分析，得出各风险因素对项目造价的影响程度，并确定出影响最大的主要风险因素。然后根据得出的结果，有针对性地对各风险因素可能造成的不利影响进行防范与控制，为项目进一步的顺利实施以及科学完成投资控制目标提供保障。

一、设计变更及集成管理

（一）设计变更控制

设计变更产生的原因有许多，包括业主新的变更指令、对建筑的新要求等，如果业主有新意图或者修改项目计划、削减预算等要求时，则必须进行项目变更。

1.设计变更的内涵与分类

设计变更是指保证和提高工程质量而进行的完善工程设计、纠正设计错误以及为满足现场施工条件而对原设计进行修改的工作，对于工程总承包项目而言，设计变更是指轨道交通项目在建设过程中对初步设计批复以后的设计文件的修改。需要注意的是，设计变更和设计优化的界限较为模糊，FIDIC等国际工程合同中鲜见设计优化的表述，国内的行业管理办法中将设计优化纳入设计变更的范畴，作为设计变更的一种类型。如何有效区分设计优化与设计变更，对于市场主体的责权利具有较大影响，需要在合同中进行较为清晰的约定。

根据工程项目的参建各方，可大致将设计变更分为业主原因引起的设计变更、设计原因引起的设计变更、施工原因引起的设计变更以及设备、材料供应原因引起的设计变更四大类。

1）业主原因引起的设计变更

业主原因引起的设计变更主要是由于前期项目范围和合同范围识别不清晰、工作不够细致导致的，工程具体实施过程中，业主方才能识别到合同范围的缺陷和问题，从而导致设计变更。这要求业主方在项目前期必须对项目功能需求、设计范围、设计规范等方面有整体和清晰的把控。

2）设计原因引起的设计变更

设计原因引起的设计变更主要有两种情况：第一种情况是合同签订后在施工图设计阶段的设计变更。本阶段对工程范围、工程造价等影响比较大的设计优化应经过业主方同意。业主方聘请专业的设计审核团队，对本阶段比较大的设计优化进行专业化审核和审批，对施工图设计过程进行全面控制和协调管理。第二种情况是施工阶段开始后，发现设计图纸有错误、漏项等造成的设计变更。在这种情况下，应有专业设计人员或承包商设计管理人员提出，形成书面文件，并报送给业主方。

3）施工原因引起的设计变更

在施工过程中，可能由于施工方对于施工图纸理解有偏差，或者由于现场实际地质等情况发生变化，在施工过程中，也可能发生各种变更。业主方应尽量选派工作得力的设计审核人员常驻施工现场，以便及时发现设计问题并及时和承包商进行沟通并上报，尽量减少施工过程中设计变更并及时有效处理施工过程中出现的设计变更。

4）设备、材料供应原因引起的设计变更

如果在设计阶段，设计人员未对项目情况进行深入有效的调研和实地踏勘，往往也会导致设备材料供应原因引起一些设计变更。这就要求有专门团队去进行实地调研，建立健全设备材料采购的短名单，并及时将设备材料情况反馈给设计团队，确保设计团队在实施项目设计时充分考虑到设备材料因素。

2. 工程总承包项目设计变更的独特性

工程总承包工作内容没有相应的设计图纸，合同中的业主要求取代了施工合同中的图纸和规范，业主对项目的这种抽象要求，以及合同双方对于项目仅有文字约定而无图纸约定的事实，常常导致总承包商的承包范围难以确定，业主对总承包商设计文件的一些修改意见，往往被业主视为符合工程预期目的的设计优化而不是设计变更，合同价格往往不能被允许改变。这就要求总承包商能够充分理解业主提出的项目建设意图，并依据业主对功能、设计准则等的基本要求，以及业主提供的事先勘测考察现场情况的基本资料和数据来完成设计任务，设计图纸得到业主批准后，总承包商再确定工程实施方案，编制施工计划并完成整个工程。

在工程总承包合同中，确定合同价款的依据是业主的项目要求和初步设计图纸，而不是签约后总承包方完成的施工图设计。虽然《政府投资条例》中要求建设单位对初步设计文件的真实性负责，但是如果建设单位在招标文件中要求总承包单位在投标时对设计文件中存在的错误或者缺陷等进行复核，如果不能及时发现其中的问题，则产生的不利影响由总承包人承担，此时，变更后的施工图纸是否对业主的项目要求进行了实质性变更，如进行了实质性变更，总承包方有权提出索赔。若总承包方仅以施工图纸对初步设计图纸做了修改为由要求索赔，未必然会得到支持。

3. 设计变更的控制

无论什么因素引起的变更，均由提出单位提出变更方案，建设技术管理部门、监理单位、设计单位共同进行技术评审，对技术方案评审通过的变更，由建设投资管理部门预估发生的费用，然后根据额度权限报公司批准，批准后发出设计变更通知，从而保证设计变更从方案到费用的全程监控。白图施工在整个工程中是不允许的，只有按程序签字盖章施工蓝图方可作为施工依据。若因施工现场确实需要，必须由项目主管部门（子公司）组织设计、施工、监理等各相关单位对白图进行会审，且白图需有设计、设计总体的签字，并以会审的会议纪要作为依据暂时先行实施，规定时间内必须提供完整的工程变更施工蓝图。

经批准的工程变更费用可作为工程变更补充合同约定的暂估合同价，暂估合同价仅作为工程进度款支付的依据，不作为结算依据，最终结算金额以政府审计为准。

（二）设计集成管理

总承包模式下设计管理呈现的集成化主要体现在纵向的集成管理与横向的集成管理：

1.设计的纵向集成管理

主要表现为接口管理，指的是设计与上游业主和下游采购、施工的工作之间的管理，将设计与前期业主所提供的项目目标与后期的采购、施工进行综合考虑。

1）设计阶段

设计人员应仔细研究业主的预期目标、功能要求，明确设计方向，同时与业主做好接口管理，让业主参与各里程碑设计准备阶段，保证最初的设计是基于业主期望的目标上开展。

2）后续阶段

执行设计与后续采购、施工的集成管理。

（1）首先，设计部加强与采购部的工作联系，专业设计时按设计进度要求编制设备、材料清单供采购部门使用，响应大宗材料、关键设备的供货需求，确保采购进度和项目总进度。

（2）其次，将可施工性理论融入具体设计的全过程，让具有丰富经验和知识的施工专业代表会同采购人员代表参与设计工作，多方共同协作由价值工程优选材料设备、设计方案，提高设计的可施工性与可采购性，避免造成不必要的重复工作，减少误工、返工导致的额外浪费。另一方面，施工管理人员参与全过程设计不仅满足设计的可施工性，而且能使其在项目施工前已对图纸内容具有相当程度的认识，明确设计理念，在施工准备过程中将省去大量涉及熟悉图纸、提出疑问、解决问题的时间，能明显加快项目实施进度，实现了设计和施工的工作协同。

2.设计的横向集成管理

主要表现为全方位管理，包括内部集成管理与外部集成管理：

（1）内部集成管理，主要是专业人员之间的集成管理，即各专业设计人员之间以及设计与造价、采购和施工等人员之间的集成管理，如设计部门发出的变更信息应及时送达造价方、采购方、施工方，各方尽早做出响应，确保项目实施顺畅。

（2）外部集成管理，主要是设计部门与业主、总包商、分包商及供应商之间的管理，如设计部门将各里程碑的设计结果及时向项目总部汇报，会同项目业主、分包等有关各方共同讨论、评价该阶段设计成果的可实施性，同时各方人员可向设计提出改进意见或疑问，明确设计意图，更准确地将设计理念贯彻到后续工作中。

做好设计的横向管理加强各专业、各部门以及不同利益主体的信息交流和反馈，减少各专业、各部门、各方之间的冲突，使信息成为整个项目贯穿始终的主线，精准、及时控制项目全过程造价。

二、设计优化管理

设计的优化工作对于控制EPC/DB建设项目工程造价更具实际可操作性意义，设计优化集成限额设计与价值工程的两种原理，即将两者进行集成运用以实现设计全局优化。限额设计主要是从经济角度达到工程造价的控制，而价值工程是从技术与经济两个方面来综合考虑方案的优化与优选，实现工程造价合理科学控制。设计优化在于强调节省成本，要正确考虑技术与经济的制约关系，将限额设计与价值工程紧密结合是进行设计阶段造价集成控制的科学手段，有利于经济与技术的统一。

设计优化应尽可能提前，对于含大量设备采购的工程总承包项目，如果设计优化在采购阶段发生，则不仅需要修改设计图纸，还可能因修改设备参数等原因导致重新采购；如果设计优化在施工分包合同签订后发生，则施工分包单位可以以设计变更为由向工程总承包单位主张相关索赔。此外，在设计优化时须尽可能考虑现场的施工情况，以减少在施工过程因设计变更引起分包商的索赔。

1.限额设计

限额设计，即根据项目批准的估算额进行后续的初步设计和相应的设计概算，如复杂项目需技术设计时用设计概算控制技术设计和相应的修正概算，按照批准的设计概算或修正概算进行施工图设计和相应的预算，即用估算限制概算、概算限制预算，且做好变更的严格控制或将变更提前解决，确保工程总目标不被突破。限额设计要求在给定的投资额度内实现预定的功能和项目效益的最大化，限额设计实质上是项目总造价目标分阶段控制的过程，每个阶段均按照制定目标、目标分解、制定计划、实施计划、对比分析、纠偏、信息反馈、效果评价的逻辑顺序进行。

由于政府投资项目实行设计概算审批制，《政府投资条例》等法规政策对于设计概算允许调整的情形做出了明确的限制，限额设计对于项目的投资管控具有前期统领作用。限额设计工作主要是将限额分配给各单项工程，继而再分配给各单位工程，一直分配到各专业工程，通过层层分配，层层限额，使建设资金全部得到落实。限额目标的合理确定与科学分配是开展限额设计的主要途径。

（1）合理确定投资限额。科学合理的设定最高限额，避免设定限额过高或偏低而造成EPC/DB项目后续阶段造价控制失去科学依据。通常根据可行性研究报告编制的投资估算作为初步设计限额的控制标准，但是这需要以科学合理的投资估算为基础，并且应扣除其中包含的预备费。对于总承包人而言，总包商应根据发包人提出的功能需求，在方案设计或初步设计的图纸上，深入开展可行性研究，尽可能细化设计方案，全面分析预测各种潜在风险，合理考虑预期利润，结合总承包合同价确定工程项目设计限额。通常情况下，合理考虑企业的预期利润和可能的风险损失费，结合总承包合同总价来确定EPC/DB项目限额设计的最高值，通常可将EPC/DB合同总价的工程费用除去企业的期望利润和风险费作为设计的限额目标。

（2）科学分配限额目标。在确定合理的EPC/DB工程总造价的最高限额后，根据限额设计总指标进行限额分解，即编制EPC/DB项目限额设计指标分配表并下达限额设计任务，作为各专业开展初步设计的造价控制基准，向各专业负责人下达限额设计任务，要求各专业设计小组明确各专业限额设计的目标、内容与要求，根据限额设计分配指标进入单项工程或单位工程的具体设计工作，将设计控制在分配的限额指标内，并在设计全过程中，采用价值工程的方法进行方案的优化以达到技术与经济的最佳结合，图6.14即为EPC/DB项目限额设计的主要工作流程示意图。

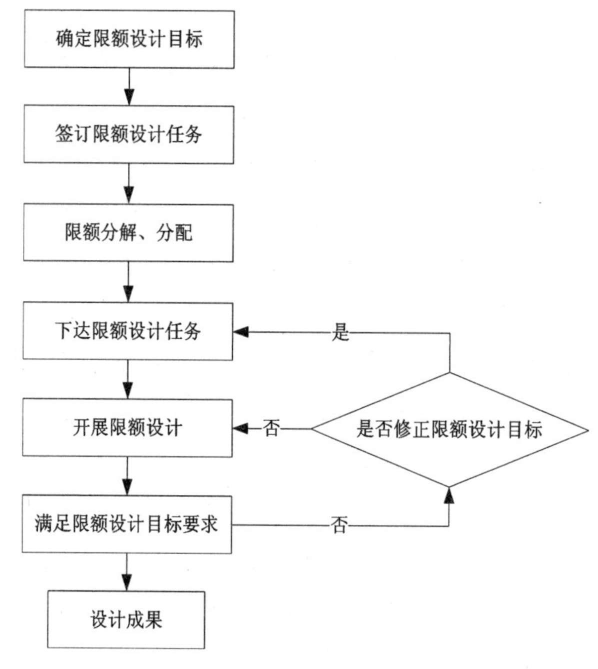

图6.14　EPC/DB项目限额设计的主要工作流程

EPC/DB模式下的限额设计贯穿设计阶段的全过程，纵向上形成初步设计限额，技术设计限额，施工图设计限额，达到设计阶段工程造价层层控制的目的；横向上以经济责任加强设计内部各专业人员的管理，加强设计人员与造价、施工等各专业人员之间的沟通与交流，使限额分配更科学、合理。

在限额设计过程中，造价人员和设计人员应相互配合，加强沟通，造价人员应及时对每个阶段设计成果进行经济分析，以查核设计成果符合限额要求且通过信息反馈以验证限额设计指标的合理性，如初步设计完成后，造价人员及时对初步设计方案进行概算编制，若出现超出限额指标应及时反馈到设计部门，组织多方共同探讨设计方案的改进或限额指标的修正，但通常情况下，经确定的设计最高限额是不能随意修改的。同时，专业施工图设计完成后，造价人员及时开展预算编制，以验证是否超出概算指标，基于限额设计的工程造价管理的示意图如图6.15所示。

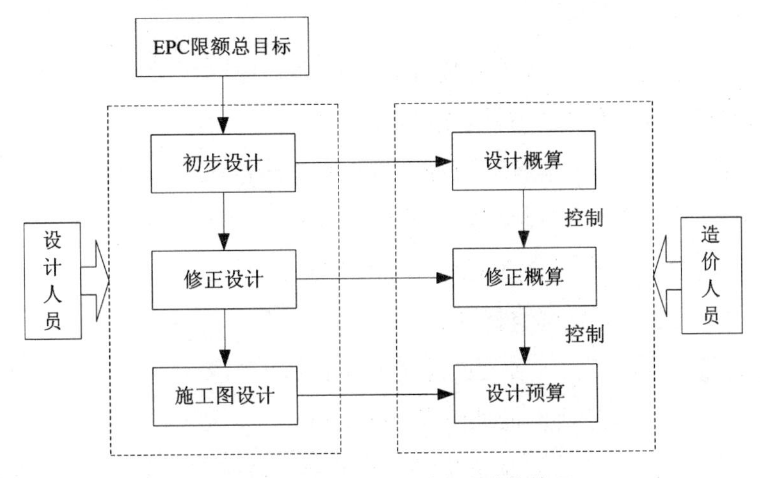

图6.15　基于限额设计的工程造价管理

限额设计的运作可看作是EPC/DB项目总造价目标分阶段控制的过程，也是造价人员和设计人员密切合作的过程，在每个阶段都按照确定目标、分解目标、制定计划、实施计划、比较分析、执行纠偏、信息反馈、实施评价的循环过程来开展限额设计。然而，限额设计不能过分地强调“限制”的重要性，要在设计阶段做好工程造价的控制还需要借助其他科学有效的方法“价值工程”来优化设计。对于EPC/DB总承包项目来说，设计部门应综合集成限额设计与价值工程两种方法，将方案的技术和经济的合理性基于项目全寿命周期来权衡，统筹考虑项目后期运营维护阶段费用支出，确保所建项目全寿命周期费用的降低。限额设计从宏观上为各阶段设计工作制定科学限额目标，而价值工程从微观上为各专业设计人员实现优化设计目的。因此，EPC/DB模式下设计部门基于价值工程的限额设计更能折射出现代工程造价管理的科学理念。

2.价值工程

价值工程的理念是指在技术和管理活动过程中，正确对待功能与成本之间的关系，正确处理功能与成本之间的矛盾，以追求价值为目标的一种工作思维方式。关于价值工程的定义有多种，原国家标准《价值工程基本术语和一般工作程序》GB 8223—1987这样定义价值工程："通过各相关领域的协作，对所研究对象的功能与费用进行系统分析，不断创新，旨在提高所研究对象价值的思想方法和管理技术。价值工程的目的就是以'对象的最低寿命周期成本，可靠地实现使用者所需功能，以获取最佳的综合效益'"。EPC/DB项目优化设计通常在初步设计和施工图设计阶段进行。在初步设计阶段运用价值工程优化设计方案应重点做好以下几方面的工作：

（1）合理确定建设标准；

（2）优化总平面布置，减少占地面积，提高土地利用效率，合理布置功能分区，合理安排建（构）筑物、物料运输路线和方式；

（3）优化工艺设计，缩短工艺流程，科学配置设备；

（4）优化公用、辅助及环境保护设施设计方案。

施工图设计优化工作应重点关注以下几个方面：

（1）进一步论证并确定建设标准；

（2）复核并细化初步设计确定的总平面布置、工艺流程、主要设备选型、公用和辅助设施设计方案，分析论证进一步优化的可能性；

（3）建筑物（构）筑物设计应考虑项目所在地习惯做法，运用模块化设计思想，选用标准和通用图集；

（4）因地制宜选择施工材料；

（5）统筹考虑施工能力和施工方法；

（6）合理采用预制构件和工厂化生产的成品及半成品。

施工总承包模式下，设计变更和设计优化均由发包人主导，设计优化一般发生于施工开始前，而施工开始后的"优化"则属于设计变更的范畴，将影响施工总承包单位的实体权利。但在工程总承包模式下，设计优化和设计变更的联系则更为紧密，发包人将工程的设计、施工等"一揽子"工作全部交付给工程总承包单位实施，设计优化和设计变更的责任主体均在工程总承包单位，且可能贯穿设计和施工的整个流程，工程总承包单位通过设计优化，以最经济的手段完成发包人的各种要求。

同时，对于采用工程总承包模式的轨道交通项目，还应着重强化以下几点：

（1）增强业主对设计的监督能力。在正式施工之前，业主需要初步审查施工图纸，加强与各个单位之间的交流和沟通，做好专业技术的衔接，有效降低设计中存在的安全问题。对于设计合同，业主要对限制条款加以重视，并予以修改，一旦超出额定费用，要利用合同效用对其进行限制。

（2）重视设备方案比选。合理选择设备，可以使有限的投资发挥最大的技术经济效益。设备选型应遵循生产适用、技术先进、经济合理的原则，考虑生产率、工艺图、可靠性、可维修性、经济性、安全性、环境保护性等因素进行设备选型。要充分考虑主要设备之间、主要设备与辅助设备之间的能力相互配套等因素，从而可以降低设备接口费用。

（3）造价咨询服务提前介入优化设计方案。提前要求造价咨询服务团队在设计阶段及时提供相应的成本测算和经济指标，对不同方案进行及时造价比较，供设计人员参考，并全程跟踪，提供支持，干预设计中存在的不必要的浪费，达到控制投资，优化设计的目的。

（4）合理运用BIM技术。通过BIM技术的应用，提高设计质量，减少施工变更及签证，缩短设计、施工周期，从而很好地控制项目设计、建造过程中因不可控因素带来的成本增加。

若发包人、设计单位和监理单位提出的设计优化导致删减工作时，依据责任归因理论，需要承担对该类删减工作的风险责任。在没有其他替代性工作的情况下，承包人可以向发包人要求补偿被删减工作的利润。若承包人提出的设计优化虽然导致了工作删减，但其最终结果是工程成本的节约和项目工期的缩短，承包人有权与发包人共享设计优化为项目增加的效益，故可向发包人提出利润补偿。

三、实行工程担保

工程担保是指在工程建设活动中，由保证人向合同一方当事人（受益人）提供的，保证合同另一方当事人（被保证人）履行合同义务的担保行为，在被保证人不履行合同义务时，由保证人代为履行或承担代偿责任。工程担保是转移、分担、防范和化解工程风险的重要措施，是市场信用体系的主要支撑，是保障工程质量安全的有效手段。2019年6月20日，住房和城乡建设部联合国家发展改革委等五部委发布《关于加快推进房屋建筑和市政基础设施工程实行工程担保制度的指导意见》（建市〔2019〕68号）（以下简称“指导意见”），鼓励以保函代替保证金，将工程担保与信用体系结合，信用状况良好的建筑企业可以降低担保费用、简化担保程序，甚至可以凭借良好企业信用而无须出具保函，旨在进一步优化营商环境，强化事中事后监管，保障工程建设各方主体合法权益。

1.指导意见对建筑市场各方主体的影响

（1）对建设单位的影响。在招标投标法实施条例第六十六条规定：“招标人超过本条例规定的比例收取投标保证金、履约保证金或者不按照规定退还投标保证金及银行同期存款利息的，由有关行政监督部门责令改正，可以处5万元以下的罚款；给他人造成损失的，依法承担赔偿责任”。但是因为损失认定难、索赔程序复杂、维权不经济等原因难以调动担保申请人的维权积极性，导致在实际中执行的很少。在《指导意见》中明确：“招标人到期不按规定退还投标保证金及银行同期存款利息或投标保函的，应作为不良行为记入信用记录”，丰富了承包人的维权方式，增大了维权的可能，无形中增加了威慑效力，建设单位对此应高度重视。

（2）对施工企业的影响。当前建筑业增速减缓、行业竞争异常激烈、利润率处于低位、行业监管越来越规范，资金趋紧是行业普遍现状。现阶段各类保证金的存在给施工企业带来很多困扰。一是各类保证金增加企业的负担。施工企业为了承接工程项目需交纳各种投标保证金、履约保证金、工程质量保证金、农民工工资支付保证金，大大地增加了企业的资金压力。施工企业为了生存和发展通常有很多在建工程项目，各式各样的保证金导致施工企业大量流动资金被占用，而且时间跨度很长。推行工程担保有利于缓解施工企业资金压力。

（3）对咨询单位的影响。指导意见支持工程担保保证人与全过程工程咨询、工程监理单位开展深度合作，创新工程监管和化解工程风险模式。对于咨询单位来说一是扩大了承接业务的范围和对其能力业绩也提出了更高的标准，二是对派驻现场的总监理工程师、专业监理工程师等其他监理人员专业水平和综合素质提出了更高的要求，尤其是在实行工程担保、防范工程风险、切实维护各方主体权益等方面。

2.担保的形式

担保的形式有物权担保和非物权担保。物权担保常有的方式有抵押、质押、留置，由于存在担保标的的价值评估认定难等诸多不利因素，在实际操作层面较少采用。非物权担保常以第三方的保证书（比如银行出具的投标保函、履约保函、质量保函），或钱款给付（比如投保人缴付的投标保证金、履约保证金、质量保证金）的形式出现，易于实施，在工程担保中常被采用。此处仅介绍工程款支付担保和工程履约担保。

1）工程款支付担保

工程款支付担保是指保证人为保证发包人履行建设工程合同约定的工程款支付

义务，向承包人提供的担保。承包人为工程款支付担保的债权人，发包人为工程款支付担保的债务人。

工程款支付担保的担保金额应当与工程履约担保的担保金额相等。工程款支付担保的担保金额不得超过建设工程合同总价款10%。在承包人履行合同义务前，发包人先行支付相应工程款的，发包人可不对该部分工程款支付提供工程款支付担保。

工程款支付担保的有效期应当在担保文件中明确约定。担保文件约定的工程款支付有效期的截止时间为发包人根据建设工程合同的约定，完成了除工程质量保修金以外的全部工程结算款项支付之日起30～180天。

2）工程履约担保

工程履约担保是指保证人为保证承包人履行建设工程合同约定的义务，向发包人提供的担保。发包人为工程履约担保的债权人，承包人为工程履约担保的债务人。

履约担保的目的就是保证发包人与承包人签订的施工合同的顺利完成保证承包人承担合同义务去实施并完成某项工程。承包人应遵守双方所签订的合同规定，按合同的真实含义和意图正确履行承包人一方在合同中的义务和责任。一旦出现承包人施工过程中任意中断工程，不按规定施工或中途毁约，保证人必须采取各种措施保证合同的履行，赔偿发包人的损失，直到达到保证金额为止。承包人应在收到中标函规定时间内向发包人提交履约担保，并向工程师送一份副本。工程履约担保的有效期应当在担保文件中明确约定。担保文件约定的履约有效期的截止期间为建设工程合同约定的工程竣工验收合格之日后30～180天。

3.工程担保实务

宏观而言，目前存在的主要问题在于：①担保人市场尚未形成。目前担保人市场尚未形成完整的服务体系，竞争力不足，存在手续烦琐、流程过长、形式单一、银行承担大部分份额等不正常现象，亟须培育一批数量相当、资质条件符合要求的担保人，形成具有一定竞争力的担保人市场；②担保机构专业性不强。担保公司的专业性、实力和服务质量能否名副其实和物有所值，将是担保制度实施的重要条件。工程担保是一门融合了工程管理、金融保险和法律法规等多门学科，专业性、技术性和系统性很强的智力密集型行业，需要非常全面的知识和人才储备。

微观而言，目前存在的主要问题在于：①建设工程的担保费用虽然说可计入工程造价，但是目前缺少明确的政策文件支持；②由于保证人提供的保证方式应当是连带责任保证，工程担保保函应为不可撤销保函，在保函约定的有效期届满之前，除因主合同终止执行外，保证人、被保证人和受益人都不得以任何理由撤保。银行或金融机构等第三方担保机构对外出具保函，一般都有自己的管理制度和格式要求，因为各方角色和站位不同，对保函的行文表意难免存在分歧。

除出现以下情况发包人应根据合同规定有权获得的金额外，发包人不应对履约担保提出索赔：

（1）承包人未能按上段所述的要求延长履约担保的有效期，这时发包人可以索赔履约担保的全部金额。

（2）承包人未能在商定或确定后规定时间内，将承包人同意的，或按照发包人的索赔、争端和仲裁的规定确定的承包人应付金额支付给发包人。

（3）承包人未能在收到发包人要求纠正违约的通知后规定时间内进行纠正。

（4）发包人有权终止合同的情况，不论是否已发出终止通知。发包人应保障和保持使承包人免受因发包人根据履约担保提出的超出发包人有权索赔范围的索赔引起的所有损害赔偿费、损失和开支，包括法律费用和开支的伤害。

履约保函中的独立保函有以下三个特点：独立保函不可撤销、独立保函的效力独立存在、见索即付。《最高人民法院关于审理独立保函纠纷案件若干问题的规定》（法释〔2016〕24号）第三条规定，保函具有下列情形之一，当事人主张保函性质为独立保函的，人民法院应予支持，但保函未载明据以付款的单据和最高金额的除外：①保函载明见索即付；②保函载明适用国际商会《见索即付保函统一规则》等独立保函交易示范规则；③根据保函文本内容，开立人的付款义务独立于基础交易关系及保函申请法律关系，其仅承担相符交单的付款责任。当事人以独立保函记载了对应的基础交易为由，主张该保函性质为一般保证或连带保证的，人民法院不予支持。当事人主张独立保函适用担保法关于一般保证或连带保证规定的，人民法院不予支持。第六条规定，受益人提交的单据与独立保函条款之间、单据与单据之间表面相符，受益人请求开立人依据独立保函承担付款责任的，人民法院应予支持。开立人以基础交易关系或独立保函申请关系对付款义务提出抗辩的，人民法院不予支持，但有本规定第十二条情形的除外。第十二条规定，具有下列情形之一的，人民法院应当认定构成独立保函欺诈：①受益人与保函申请人或其他人串通，虚构基础交易的；②受益人提交的第三方单据系伪造或内容虚假的；③法院判决或仲裁裁决认定基础交易债务人没有付款或赔偿责任的；④受益人确认基础交易债务已得到完全履行或者确认独立保函载明的付款到期事件并未发生的；⑤受益人明知其没有付款请求权仍滥用该权利的其他情形。

四、重视质量安全等要素对造价的影响

1.严格控制设计范围和建设标准

设计质量的好坏，直接关系到项目功能的质量和完整性，也关系到项目建设的顺利实施和投产后的长期稳定运行，它是项目内在质量的集中体现，也是工程投资控制的基础。

（1）总承包的设计必须严格遵照已经批准的初步（方案）设计开展详细设计，不准私自降低和提高设计标准，调整设计标准时，必须报发包人履行审批手续，核准后，方可实施。

（2）施工图设计完成后，在总包单位自查的基础上，发包人要组织开展综合图纸会审（也可委托有相应甲级资质、具备同类装置设计和审查管理经验的第三方），主要包括符合性审查、工艺要求会审和施工条件会审三部分；特别要把重点放在符合性审查上，目的是审查施工图设计是否按照批准的初步设计确定的原则和内容进行，有无与初步设计不一致或重大修改，保证设计实现发包人要求的功能与建设标准。

（3）加强施工过程中的设计变更管理。凡是超出批复的初步设计范围的增减工程内容、改变工艺、修改建设标准，必须经发包人审查同意，方可实施。

2.严格控制总承包商采购质量

（1）总承包商的设备、材料供货商原则上须经发包人审查认定。

（2）总承包商采购项目设备及关键材料时，要组织供货商、发包人、专业设计、监理等相关人员进行技术交流，签订技术协议后方可组织采购。

（3）关键材料和特殊材料，在总承包商正常的检验和试验基础上，发包人要聘请具有专业资质的第三方检验试验单位，对材料的重要指标进行抽样检验和试验，确保进场材料质量合格率达到100%。

3.对环保成本采取全过程的动态管理

轨道交通项目施工过程中，对生态环境和周边居民的生活环境不可避免地会造成一定影响。如何将这种不利影响降到最低，需要建设方、监理单位和施工企业的共同合作，对环保成本形成自上而下，事前、事中和事后全过程的动态成本管理体系，建设方统一标准，严格检查施工现场污水排放、扬尘防治、渣土运输、噪声控制等高发问题，高标准、严要求，做好环保工作。监理单位监督检查，施工企业负

责环保防治措施的落实和自查，形成项目长效合理的环保机制，以避免环保成本的超支。

五、采用全过程一体化造价集成管理体系

1.总承包模式下全过程一体化造价集成管理的需求分析

发包方是建筑业发展的动力，是建设领域的主导者。其目标、行为方式对建设过程和管理模式有实质性的影响，其需求的变化是建设工程项目全寿命周期一体化管理的市场驱动力。主要表现在：

（1）发包方要求具有完备的使用功能，以迅速实现投资目的；

（2）发包方希望建造成本降低、质量提高，建造过程的不确定性降低和透明度增加；

（3）发包方希望面对较少的承包方，由一个或较少的承包方承担项目全部建设责任，以减少发包方的具体管理工作，消除项目组织责任体系中的盲区，把自己的工作重点放在产品市场、融资等战略问题上；

（4）发包方要求承包方提供全过程的服务、保持管理的连续性，希望承包方与项目的最终效益相关，以消除承包方的短期行为，减少项目风险，调动各参与方的积极性；

（5）发包方需要一个对工程最终功能全面负责的承包方，以保证工程责任体系的完备性和工程功能的可靠性，要求承包方提供设计、施工、供应和试运行维护全过程的服务。

2.全过程一体化造价集成管理的意义

随着轨道交通项目功能日趋复杂，技术要求日渐提高，发包方应当具有较高的专业技能，能够在项目实施过程中做出正确的决策；同时，发包方既不代替专业化的项目投资管理工作，又不放弃对项目实施的监督和控制，使得项目能够按照发包方的要求高效率的开展。由于轨道交通项目的策划、设计、采购、施工、竣工验收和试运行是一个有机整体，有其合理的寿命周期，有客观需要的项目阶段与专业，就产生了对全过程全方位进行系统化、一体化集成管理的需求。有必要建立一种新型的项目造价集成管理模式，使得：

（1）发包方与项目投资管理方组成项目团队，以团队形式进行项目投资管理工作，在充分利用专业项目投资管理公司进行项目投资管理工作的同时，又不放弃对

项目的监督和控制，确保项目能够按照发包方的要求高效率的开展；

(2) 项目投资管理方参与项目前期决策，提高前期策划的科学性；

(3) 取得项目各参与方目标的一致，形成类似于战略联盟的合伙制关系，为取得共同的长远利益克服短期行为，减少项目实施过程中的争执和冲突，实现技术和知识的互补，提高建设工程项目投资管理效益；

(4) 实现建设工程项目全生命期各阶段的一体化，使各阶段有效衔接，减小各阶段界面的能量损失；

(5) 建立项目投资信息一体化平台，实现项目各参与方和各阶段之间的投资信息共享。

3. 全过程一体化造价集成管理体系的内涵及特点

1) 全过程一体化造价集成管理体系的内涵

1969年，美国系统工程学者霍尔（A.D.Hall）提出的“三维结构体系”是解决规模较大、结构复杂、因素众多的大型复杂工程组织与管理问题的思想方法，其核心内容是最优化。该体系以工程建设全过程的基本时序关系为时间维，以集成投资控制保证体系为知识维，以促进管理体系持续改进的增值型工程内部审计为逻辑维，以一体化组织形式和信息化平台实现协同工作。通过组织集成、过程集成和信息集成，突破常规投资管理体系各模块、各过程的孤立状态，以立体交织的系统形式来构建投资控制体系中诸要素的相互作用，实现管理体系的紧密耦合和被管理系统的Pareto改善，确保建设中组织、过程、目标、责任体系的连续性和一致性。

2) 全过程一体化造价集成管理体系的主要特点

(1) 集成性。将涉及众多外部相关审计的协调与对接、多个咨询公司的成果监管，使得全过程一体化造价集成管理模式具有高度的集成性。

(2) 全过程、全覆盖及闭环性。不仅服务于项目前期和项目实施阶段，在项目的资产移交、竣工财务决算、后期审核的协调和配合等方面也发挥着传统咨询模式难以企及的作用。从由资金的申请至资金的完全转固，贯穿始终，真正体现全过程的同时使服务模式具有闭环性。

(3) 组织一体化。咨询服务人员纳入建设单位投资控制部门编制，与内部审计部门协同工作，组织上与建设方融为一体。同时是具有独立运营性的第三方，能够保证项目前期、实施及移交后投资控制的专业、持续和稳定性。

4. 全过程一体化集成管理投资体系的主要优势

(1) 发挥咨询服务方长期积累的投资控制经验的同时，建设方又不失去对项目的决策控制权，同时帮助建设方及时学习到咨询服务方的专业能力和隐性知识；

（2）可以有效解决界面损失，解决投资信息不对称的问题，有利于执业责任的单一化，强化咨询服务方的执业责任；

（3）通过建立信息一体化平台和各过程合理衔接，实现信息和重要资源的共享，充分利用组织与自组织的作用满足复杂性管理的需要，有助于实现综合集成管理主体基于利益共享、风险共担原则的利益协调。

该三维管理体系能够摆脱常规投资管理体系各模块、各过程的孤立状态，保证从系统上以立体交织的形式来构建投资控制体系中诸要素的相互作用，使投资控制体系成为有机整体，实现紧密耦合。该体系重视不同信息之间的协同，如定性信息与定量信息之间，数据、信息与专家经验、知识之间，以及不同主体、不同建设阶段的信息之间，通过信息之间的协同提高组织的管理能力。

本章小结

在简要阐述总承包项目风险管理流程的基础上，运用扎根理论方法进行多级编码全面地对轨道交通项目风险进行归纳识别，识别出关于风险的6个核心范畴：项目招投标风险、项目合同风险、项目设计风险、项目采购风险、项目施工风险、项目结算风险，以及18个次要范畴和49个初步范畴，并对这些范畴构建风险评价指标体系以及进行初步风险分析和阐释；结合某轨道交通项目的实例，运用三角模糊数故障树法对识别出的风险进行重要程度排序与分析评估，并构建博弈双方主体为总承包商与业主的风险分担模型，明确双方各自需要承担的风险，提出相应的风险应对措施。最后，从设计变更及集成管理、设计优化管理、实行工程担保、重视质量安全等要素对造价的影响、采用全过程一体化造价集成管理体系等方面探讨了造价风险防范的策略。

第七章

总承包模式下轨道交通项目造价管理相关问题

做好轨道交通项目造价管理实务，除了前述章节的内容外，与项目的进度管理水平、工程咨询服务质量、BIM技术的运用程度以及企业内外部审计环境等密切相关。由于造价是时间的函数，造价的精细化管理需要以科学的工期索赔为基础，而工期索赔则不仅仅是判定是否按合同工期竣工为主要因素。由于建设单位的管理能力和精力所限，委托工程咨询方进行造价咨询服务是一种常态，但是如何科学选择、有效管控咨询方提供高质量的咨询服务在建筑市场不够规范的情况下显得尤为重要。BIM技术是助推造价管理更上一层次的重要工具，但是目前业界对其认识和运用尚需深入推进。审计不仅仅是造价管理效果的有效约束，也应是提高造价管理水平的有效推手，基于治理视角的审计功能实现有助于协同做好造价管理工作。

第一节　总承包模式下轨道交通项目工期索赔

一、工程总承包模式下常见的发包人违约责任

在总承包模式下的轨道交通项目中，引起工期索赔的起因很多。通过归纳总结可知，EPC总承包模式下轨道交通项目中，常见的发包人违约责任包括：

（1）发包人未能在EPC总承包合同约定的期限内提供应由业主提供的基础资料。

（2）发包人未能在EPC总承包合同约定的期限内进行设计审查。

（3）发包人未能在合同约定的期限内支付工程进度款及其他应支付的相应款项等。

（4）发包人发出临时通知，要求总承包商处理文物，使总承包商造成经济损失或工期延误。

（5）发包人未做好拆迁安置等前期工作，延误了总承包商的进场时间。

（6）发包人发出临时通知，要求工程变更等。

（7）发包人未能在规定期限内履行EPC总承包合同中约定的其他责任和义务。

（8）发包人发出临时通知，要求停工或复工时，应由业主承担主要责任。

发包人应赔偿因上述违约行为给总承包人造成的费用损失，并应将竣工日期合理顺延。

DB总承包模式下轨道交通项目中，发包人应承担的风险大于EPC总承包模式。其常见的业主违约责任除上述列举的七类，还包括：

（1）发包人的初步设计与实际情况不符，且这种问题是一个有经验的总承包商无法及时发现的。

（2）发包人提供的发包人要求、基准资料等有错误（EPC和DB合同中约定的应由业主提供的基准资料范围不同），且这种错误是一个有经验的总承包商无法及时发现的。

（3）发包人未在DB总承包合同约定的期限内提供应由业主提供的材料、设备、临时设施等，或业主临时变更交付时间、地点，或提供的规格、质量等不符合要求。

（4）发包人未在DB总承包合同约定的期限内审核总承包商的技术性文件。

二、常见工期索赔分析方法的对比

网络计划技术是一种科学的合同管理方法，在工程索赔方面有较大作用。动态网络分析法是现今计算工期索赔中应用最多的方法。实际与计划对比法、计划影响分析法、影响事件剔除法、时间影响分析法四种方法均是在网络计划图上加减延误事件并进行网络更新，从而得出延误事件的责任。

四种基于网络计划的工期索赔计算方法的总结与对比如表7.1、表7.2所示。

四种基于网络计划的工期索赔计算方法的对比 表7.1

编号	方法	含义	优点	缺点
1	实际与计划对比法	将实际进度与计划进度进行比较，从而得到关键路线上的工期延误	该方法成本较低，操作简易	只考虑关键路线上的工期延误，对同期延误缺乏合理分析
2	计划影响分析法	将延误事件加入计划进度，并逐个判定每一事件的工期延误影响	操作简单，所有工期延误事件都单独分析，详尽公平	未考虑关键路线的变化情况以及同期延误，不符合实际
3	影响事件剔除法	将实际进度与剔除了延误事件的总工期进行比较，判定该延误事件的工期延误影响	以实际进度为计算基准，易于理解	对关键路线的变化反应不足，对同期延误事件的处理效果不佳
4	时间影响分析法	按照延误事件的发生顺序进行分析，各延误事件发生的时刻与该事件结束后的总工期差别即其工期延误影响	考虑了工程项目的实际进度，不会得出极端的或投机性的结论	同期延误问题考虑的不够充分，最终的分担责任将大于实际延误

分析对比可知，以上四种方法可用于普通延误事件的分析，但对于同期延误事件的分析效果不佳，不能直接采用。

工期索赔常用分析方法对比表 表7.2

编号	分析方法	分析依据（进度计划类型）				分析手段	方法难易程度	可信度
		原始进度计划	调整进度计划	实际数据更新计划	实际进度计划			
1	实际与计划对比法	√			√	观察	容易	低
2	计划影响分析法	√	√			插入	中等	较低
3	影响事件剔除法	√	√		√	扣除	中等	较高
4	时间影响分析法	√	√	√	√	插入	困难	高

三、同期延误事件的索赔处理方法对比与改进

1.常见同期延误事件处理原则与对比

一般来说，在普通项目中常见的处理复杂工期延误事件的原则包括：

（1）初始拖延原则

初始拖延原则指的是在同一时段内发生两个或两个以上工期拖延事件，且每个事件涉及的责任方不同时，首先要确定哪个拖延事件最先发生，即确定初始责任者，而其他并发的拖延者不必就工期延误承担责任。根据这一处理原则，可以确定简单的同期延误情况发生时的责任者，但拥有一定的局限性。如果最先发生的工程拖延事件涉及多个责任者，且责任者应承担的责任复杂而不明确时，初始拖延原则显然无法适用。另外，有些导致工程拖延的不同事件或影响因素之间并不是完全独立的，可能存在一定的内部联系，初始拖延原则并没有考虑它们可能存在的交互影响，直接让初始责任者承担全部责任显然是不公平的。

（2）不利于承包商原则

不利于承包商原则指的是在多干扰事件交叉时段内，在同一时段内发生两个或两个以上工期拖延事件，且涉及的责任方不同时，只要相关责任方涉及总承包商，则不管是否有其他参与方的原因，一律由总承包商承担工程延期责任。英国上诉法院于2018年7月30日在North Midland Building Limited诉Cyden Homes Limited（2018）案的裁判中支持了同期延误条款的效力，双方签订的修订条款规定，计算工期顺延时，由承包商和业主造成的同期延误不应得到工期延长，这体现

了不利于承包商原则。但不利于总承包人原则显然违背了公平原则，虽然它容易操作，但与一般的工程总承包合同相抵触，可行性很低，一般的工期延误事件不会采用这种处理原则。

（3）按比例分摊责任的原则

按比例分摊责任的原则指的是在同一时段内发生两个或两个以上工期拖延事件，当涉及的责任方不同时，可以根据相关资料按照业主和总承包商各自应承担的责任比例进行分摊，总承包商可以将事件导致的工期延误的总时长乘以相应的责任比例因子，从而得到合理的工期顺延时长。按比例分摊责任显然体现了公平原则，但责任比例的确定是此原则的难点，这导致了这种方法的操作性和可行性很低。

（4）工期从宽、费用从严原则

工期从宽、费用从严原则指的是在同一时段内发生两个或两个以上工期拖延事件，当事件涉及的责任方不同时，工期延误的责任全部由业主承担，即业主在给总承包商批准工期顺延时的条件放宽。而费用损失的责任由总承包商承担。在英国De Beers UK Limited诉Atos Origin IT Services案中也体现了这一原则。

四种常用原则的对比如表7.3所示。

常用工期延误事件处理原则对比 表7.3

序号	原则	优点	缺点
1	初始拖延	操作简单	不适用于复杂情况，缺乏公平性
2	不利于承包商	操作简单	违背公平原则，可行性低
3	按比例分摊责任	可以处理复杂情形	可操作性低
4	工期从宽、费用从严	操作简单	在工期索赔中对业主缺乏公平性

2.同期延误的责任划分

在同期延误事件工期延误中，对于不同性质线路同期延误事件来说，作用于关键线路的同期延误事件是导致工期延误最主要的原因，因而在划分责任时，承担责任的应该是作用于关键线路的责任方。而对于相同性质线路同期延误来说，由于项目的实际情况较为复杂，应选择合适的方法处理同期延误事件，明确责任归属，合理划分责任比例，使同期延误事件涉及各责任者根据合理的比例分摊责任。

同期延误事件工期延误的责任划分流程如图7.1所示。

3.同期延误事件工期索赔处理方法的改进

工程总承包模式下轨道交通项目的工期索赔具有索赔事件高发性和索赔情形复

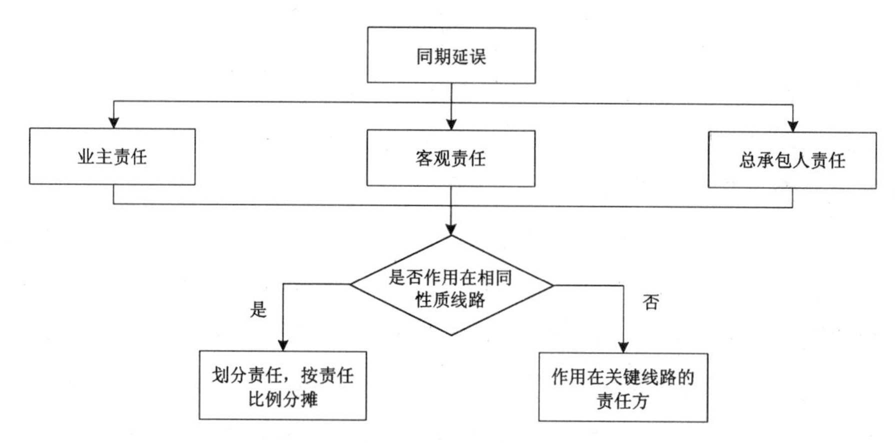

图7.1　同期延误事件工期延误分析流程

杂性特征。针对复杂的同期延误事件，采用单一的事件处理原则并不能满足轨道交通项目的需要。事件高发性和情形复杂性特征要求总承包商在处理同期延误事件时，要能够处理复杂的情况。从这一角度考虑，按比例分摊责任原则显然更适用。

按比例分摊责任原则是根据各同期延误事件对工期延误的影响程度进行责任分摊并承担相应责任。它相较于其他的责任划分方法更体现了公平性原则，且能够处理更复杂的情形。但该处理原则的缺点在于责任比例的确定没有统一明确的标准，这限制了按比例分摊责任原则的可操作性。在实际工程实践中，尤其是复杂性更高的轨道交通总承包项目，若在责任比例的确定方面存在很大的局限性，将加大总承包商的操作难度。

要解决这一问题，可以对已有的处理原则进行改进，以适应工程总承包模式下轨道交通项目工期索赔的需要。可以基于博弈论的责任比例博弈谈判策略，通过博弈谈判以最低的谈判成本取得业主和总承包商都能接受的比例因子，使责任比例数据化、准确化、合理化。

在分析工程总承包模式下轨道交通项目中发生同期延误事件导致工期延误时，首先运用实际和计划对比法计算得到同期延误事件导致的工期延误总天数D，然后在按比例分摊责任原则的基础上，总承包商根据项目相关资料向业主提出期望责任比例因子进行博弈谈判，按照业主和总承包商最终谈判得到的各自应承担的责任比例对D进行分摊，总承包商将同期延误事件导致的工期延误总天数D乘以相应的责任比例因子r，得到合理的工期顺延时长。总承包商的责任比例因子r由业主和总承包商进行博弈谈判得到。即：

$$\text{工期顺延时长}=D\times r$$

博弈谈判作为一种科学的索赔策略，能给总承包商带来更大的经济收益。而融合博弈谈判的改进处理方法不仅可以处理复杂的同期延误事件，其可操作性也大大提高，对工程总承包模式下轨道交通项目的工期索赔处理适用性更强。

四、工程赶工费用索赔处理

轨道交通建设工程具有建设规模大、施工条件复杂、施工周期长、受地质条件和自然环境影响大等特点，在施工过程中受地质条件变化、重大设计变更、政策调整和发包人要求提前完工等因素影响，不可避免存在施工初期窝工和后期赶工情况，由此产生的赶工索赔非常普遍，且往往费用构成复杂、金额巨大、时间长、影响大，处理非常困难，发包人、承包人、监理和造价咨询机构等各方对赶工费补偿的计算方法和处理方式往往存在分歧。因此，如何正确处理赶工费用索赔对保证参建方利益和控制工程投资具有重要意义。

1.赶工索赔的法规依据

参考工程管理实践并依据相关法规，发包人压缩的工期天数不得超过定额工期的30%。为保证工程质量和安全，当赶工天数超过定额工期一定比例时，发包人应对施工方案的可行性进行专家论证并做好赶工费用的资金保障。相关法律文件均对赶工事项做了明确规定。譬如《中华人民共和国民法典》中规定："发包人未按照约定的时间和要求提供原材料、设备、场地、资金、技术资料的，承包人可以顺延工程日期，并有权要求赔偿停工、窝工等损失"；《建设工程施工合同（示范文本）》GF—2017—0201中对发包人责任的工期延误和承包人顺延合同工期的条款也有约定。但在工程实际中，非承包人责任的工期延误产生的顺延工期申请往往难以获批，为此承包人需进行赶工并依据合同约定提出赶工索赔。

2.赶工索赔费用的构成及索赔处理分析

赶工索赔费用一般为应由发包人承担的承包人实际到位超过投标承诺资源部分的进退场费及经审批增加的措施费，即承包人在赶工期间实际发生的较常规施工增加的费用。依据工程造价构成内容及计价特点，一般可分为总价项目费用及单价项目费用。

1）总价项目

工程量清单中以总价计价的项目，一般现行国家计量规范中无工程量计算规则，以总价（或计算基础乘费率）体现。按费用性质可分为合同总价项目和变更新增总价项目。合同总价项目可依据合同约定处理；变更新增总价项目费用的分类及索赔处理原则如表7.4所示。

变更新增总价项目费用分类及索赔处理原则　　表7.4

序号	种类	处理原则
1	新增人员进退场费、大型机械设备进退场费及安拆费	参照批准的施工方案并结合项目实际情况，确定必须增加的人员、设备数量及相应费用
2	增加周转性材料投入的费用	周转性材料增加费=∑实际投入的各种周转性材料费−∑按原施工进度完成合同内容所投入的各种周转性材料费
3	增加的主要施工措施费用，如临时道路、临时电源、临时设施、支护及防护措施等	按实际投入计算费用

2）单价项目

工程量清单中以单价计价的项目，可以根据工程图纸和工程量计算规则计量，参照已标价的工程量清单综合单价计价。但赶工期间项目的成本消耗与原合同单价及定额测定单价必然存在差异，主要体现在：①人工费，承包人在赶工期间紧急组织的劳动力市场价格高于合同价格，同时因现场工作面等因素造成工效降低；②材料费，除周转材料和新增材料（如混凝土添加剂等）外，该项费用与常态施工变化不大，在工程实践中承包人一般不作补偿要求；③机械费，承包人通过租赁或新购等方式确保机械数量，同时因工作面交叉作业等因素致使机械降效，并存在机械设备超负荷运转而产生加速折旧和因设备利用率降低产生的闲置问题。同时，由于赶工期间增加管理人员投入，现场安全文明施工措施投入量加大，资源投入量短期的加大也可能相应带来财务费用的上升，进而影响单价项目的其他组价费率的确定。

在工程实践中，赶工索赔的总价项目根据实际工程量，参照合同计价原则进行结算，该类费用较易达成一致意见。由于赶工事件原因复杂、持续时间长、没有统一标准界定责任并区分降效费用，所以在单价项目中人工、机械降效的认定与处理上是难点。

3.赶工费用索赔处理及预防规避策略建议

在工程实践中，赶工索赔不可避免，但要积极预防、主动规避、规范处理。就此，本课题从发包人的视角提出如下策略建议。

1）规范索赔处理流程

赶工事件发生时，根据合同约定规范处理程序，这既是发、承包双方的履约要求，也是有效控制赶工成本、预防签证失实的管理手段。

（1）赶工方案和计划的申报管理。赶工意味着承包人采取加大资源投入、增加工作面、调整工序等措施而进行的有计划、高强度的施工。因此，承包人需根据工期计划和质量管理规定事前申报赶工方案、赶工进度计划表等资料，其中赶工施工进度表须明确赶工范围、期限和起止点以及各工作之间的顺序及关系。

为保证承包人赶工实际费用的需求，发包人应根据对赶工措施费用的测算和工程量的计量及时支付相关费用，保证赶工目标工期的实现，同时严控因赶工提出的财务费用索赔。

（2）赶工索赔时限管理。赶工造成承包人完成合同工程量的成本增加。承包人应在合同规定时限内申报索赔意向书，监理、发包人也须依约按时审批。

（3）赶工记录管理。赶工期间，应做施工索赔记录。监理应每日做好监理记录（书面和影像），检查并签字确认实际发生的索赔事件。索赔事件的全过程清晰记录，可为后续费用处理提供翔实的参考资料，也可有效遏制索赔无限扩大化，预防舞弊。

（4）重视索赔报告的费用计算。递交索赔意向书后的28天内，承包人应向监理递交索赔报告，并需附索赔数额账单明细和计算依据等。如果索赔事件继续发生，承包人应按监理人要求的间隔时限递交列出累计索赔金额的中期账单明细和计算依据，并在索赔事件结束后28天内提交最终索赔报告。

2）重视发包人咨询顾问团队建设，建立预控机制

发包人应借助设计、监理、造价咨询、法律、审计团队的专业支持，从决策和执行层面重视咨询顾问团队的作用，提高决策水平。

（1）在决策层面，坚持按照能力标准选聘专业技术顾问，重视前期咨询工作质量，给予前期工作充分预算和时间保障，用相对较少的专业咨询成本来规避后续高昂的赶工成本。

（2）在执行层面重视专业顾问的现场工作，建立“隔离墙”管理制度，以充分发挥专业顾问独立、客观的咨询、评估作用，实现咨询工作与现场管理工作一体化。

（3）建立合同争议评审和沟通机制。首先由监理组织发承包双方就赶工费用依据合同进行协商，对争议内容出具监理意见；其次，咨询团队各方就相关问题和监理意见出具咨询意见，综合各方意见后形成初步解决方案；最后与承包人进行协商、谈判，达成一致意见。

（4）充分发挥内审的监督、评价和预警作用。内部审计或其委托的外部审计能够事中介入，就问题的解决提出审计专业意见。

3）完善标准合同版本，建立赶工费用计算事前合同约定制度

赶工费用计算方法要符合合同约定的原则和方法；由于合理的工期是保证工程质量与安全、降低建设成本的必要条件，国家和行业合同范本对赶工的约定均比较审慎，大多只有简单的原则约定，因此赶工费用的计算需从实际出发。

在工程实践中，赶工费用的计算有实物量总费用法、修正单价法、生产强度计算法、施工降效系数法、典型单价法和约定酬金法等。由于索赔项目实际情况不同，须因时、因地制宜，否则可能产生同一项目因计算方法不同而补偿结果大相径庭。

第二节　工程咨询服务质量管理

一、我国工程咨询服务存在的问题

工程咨询是高智力的专业服务工作，对工程全寿命期目标的实现有重要影响，我国的工程咨询业长期受计划经济时期的影响，工程咨询业务未能与国际工程咨询惯例接轨，还没有形成国际上统一的综合性的工程咨询业，而是分为投资咨询、招标代理、造价咨询（投资监理）、勘察设计、建设监理、全过程工程咨询等。

1.咨询服务的科学性与公正性不足

目前有些咨询服务（比如工程招标代理）单位提供咨询服务时往往流于表面化的程序性操作，不注重咨询服务的质量，缺乏服务的专业性和科学性，没有很深入的结合项目具体特点和委托方的要求提供有针对性、严谨性和科学性的服务方案，没有从提高委托方价值的角度来考虑问题，脱离了由设立的“第三方”提供专业化服务的初衷。同时，由于受到许多委托方的人为因素影响，缺少独立公正的工作环境，严重影响了整个社会对当前招标行业从业人员的整体素质和形象认同，也不利于工程咨询行业的科学健康发展。

2.咨询服务的生命周期过于狭隘

目前，工程咨询服务多数仅仅着眼于项目的局部，不能很好地从项目整体利益出发综合考量。比如招标代理仅仅局限在招标投标阶段，一旦选中中标人，认为其使命已经结束，对其咨询服务生命周期的理解过于狭隘。比如招标代理业务对建设项目的影响绝不仅仅是招标投标阶段，而是贯穿于项目实施的全过程，目前咨询服务的范围存在被人为割裂的现象，招标环节对项目的全局性影响没有很好

地体现出来。

3.咨询服务质量与取费相关性不大

目前，我国工程咨询服务费是按照中标价采用差额定率累进的计费方式，未将激励机制引入委托代理合同的报酬支付中，没有依据咨询服务考核评价结果进行奖惩。由于最终给付的是固定报酬，不能有效激励咨询单位做出对招标人价值最大化的努力，不能真正体现其服务价值。同时，咨询服务水平的高低取决于提供咨询服务的人员，而目前提供咨询服务的质量与个人收益相关性不大，应建立与项目咨询服务质量有关的个人绩效考核评价机制，实现对咨询服务质量的及时、科学的评价，强化个人执业水平在咨询服务中的作用，体现优质优价，形成咨询服务的良性循环。

对于全过程工程咨询服务的酬金，建设单位应当根据工程项目的规模和复杂程度，工程咨询的服务范围、内容和期限等与工程咨询企业协商确定服务酬金。虽然国家发展改革委联合住房和城乡建设部印发的《关于推进全过程工程咨询服务发展的指导意见》(发改投资规〔2019〕515号）规定，全过程工程咨询服务酬金可在项目投资中列支，也可根据所包含的专项服务（投资咨询、招标代理、勘察、设计、监理、项目管理等）在项目投资中列支的费用进行支付。全过程工程咨询服务酬金既可按各专项服务费用叠加后再增加相应统筹管理费用计取，也可按人工成本加酬金方式计取。鼓励投资者或建设单位根据咨询服务节约的投资额对咨询单位予以奖励，但是目前仍然缺乏切实可行的各方市场主体认可的操作方案。

4.咨询服务质量动态信息披露不足

目前，行业单纯的企业资质标准中并没有有关咨询服务质量的条件，资质等级的划分仅仅是最低的入门条件，仅有的资质等级管理不能很好地满足发包人专业化、个性化选择的要求。通过建立咨询服务质量评价机制和信息平台，记入咨询单位及其执业人员的业务档案，供社会查询，向招标人传递咨询单位真实的质量信誉信息，为建立以咨询服务质量为导向的选择机制打下基础，也为行政监管提供依据，从而通过社会监督和市场选择促使咨询单位提供科学优质服务。

二、加强工程咨询服务质量评价

质量评价是激励与约束的前提和基础，有效的激励机制需要与科学的质量评价制度紧密结合。而选择合适的评价主体，设置科学合理的指标体系、方法及标准，对工程咨询服务质量（以下简称“咨询服务质量”）进行科学评价，这些都可向委托人传递其提供咨询服务质量和业绩信誉的有效信息，是激励工程咨询单位提高咨询服务能力的内在驱动力，是运用市场手段规范工程咨询单位咨询服务行为的一种有效途径，从而引导市场竞争更加趋向公平合理。目前，国家及各地区出台的建设工程咨询服务不良行为认定标准，主要反映的是对其是否违犯法律法规这个层面的评价，是否提供专业性、科学性、严谨性的服务，是否为委托方增加价值等方面评价方法，具有很大的局限性。

以施工总承包项目招标代理咨询服务为例，构建工程咨询服务质量评价的体系和方法，以对其他咨询服务质量评价提供借鉴。

1.基于项目利益相关者的评价主体识别

招标代理单位受发包方的委托从事招标代理业务，维护发包方的利益无可非议，但招标投标制度要求招标代理单位具有专业性的同时要具有独立性和公正性。项目利益相关者对项目是否满意应该作为判定项目成功的标准。所以，对招标代理咨询服务质量的评价主体不应仅仅局限在发包方（招标人），而应充分选择受招标代理业务影响的利益相关者，该利益相关者的科学合理评价对于促进招标代理单位提高咨询服务水平、实现持续健康发展具有重要作用。利用“是否存在交易合同关系”和“与企业的利益关系及影响程度”两种分类标准，对招标代理项目的利益相关者进行识别，并细分成直接利益相关者和间接利益相关者两类，其中招标人、资格审查委员会（若采用资格预审）、投标人、评标委员会和中标人为直接利益相关者，政府相关机构、监理人、审计人是间接利益相关者。由于不同评价主体参与的时间和深度不同，对评价指标是否参与评价以及所占的权重大小，均应充分考虑发包方对咨询服务的要求，以及根据不同项目的独特性来定。

2.咨询服务质量评价指标体系的建立

评价指标体系应能够比较全面、合理、客观地评价招标代理咨询服务质量，结合工程招标代理单位的服务内容和咨询服务存在的四个问题，在对大量与工程招标代理相关文献总结归纳的基础上，以采用资格预审为例，设计了调查问卷，采用网络调查的方式向招标投标监管部门、发包方、招标代理单位、评标专家、投标人、监理人、审计人等发放200份调查问卷，回收有效问卷136份。经过统计分析，剔除得票不足50%的指标，保留得票超过50%的指标，最终选取2项符合性指标、2项保证性指标、6项响应性指标和1项增值性指标构成评价指标体系，建立了评价模型。结合实践中存在的主要问题，细化了各指标重点评价的内容，为不同的评价主体对各指标做出客观的评价提供指引，为做出科学合理的评价打下基础。评价指标体系及各指标重点评价内容如表7.5所示。

评价指标体系及各指标重点评价内容 表7.5

目标层	准则层（一级指标）	指标层（二级指标）	指标评价重点
咨询服务质量评价指标体系A	符合性指标B_1	法律法规C_1	是否与《建筑法》《招标投标法》《招标投标法实施条例》等法律法规的内容相冲突
		行业标准、规范C_2	与《资格预审文件》、系列《标准文件》中必须原文引用的内容相吻合的程度
	保证性指标B_2	企业资质及质量管理体系C_3	企业资质是否符合相应项目的规模标准和发包方的要求，内部质量管理体系是否建立、完善，是否可行
		项目团队C_4	组织结构形式是否满足工作需要、技术负责人和专业人员是否有相应的执业资格等证书、是否具有类似项目的业绩，团队成员有无不良执业记录等
	响应性指标B_3	招标工作组织水平C_5	提供服务的态度，组织的及时性、科学性，有无违反职业道德事件发生
		招标文件C_6	招标方案是否合理、可行，内容是否完备、清晰、科学
		合同条款C_7	逻辑严密、内容完备、针对性和可操作性强
		工程量清单及招标控制价C_8	工程量清单完整和准确，项目特征描述完备清晰、招标控制价编写科学合理
		资格审查的方法与标准C_9	方法符合市场特点和项目实际特征，标准科学、公正
		评标标准与方法C_{10}	是否科学、合理、公正(倾向性的条款)，对重大偏差、低于成本价的判定方法科学有效
	增值性指标B_4	合理化建议C_{11}	完全响应委托方要求的基础上，所提出的创造性建议对项目的有益影响程度

3.不同评价主体对评价指标的选择性评价

对咨询服务的质量评价贯穿于招标投标阶段到竣工验收结算阶段，随着项目实施的逐渐深入，拟定的合同条件等是否合理才逐步显现出来，为增加评价的科学性，不同的评价主体应根据不同的时间阶段和业务特点对不同的指标进行评价。借鉴责任分配矩阵的方法对主要评价主体参与的评价指标进行了识别，建立了主要评价主体及评价指标矩阵表，如表7.6所示。根据评价意见不仅可以做出对招标代理单位的总体评价，还可以为招标代理单位内部根据不同评价主体对不同指标的评价意见对咨询服务人员的执业能力和水平进行评判提供依据。需要特别指出的是，虽然监理人、审计人参与的时间较晚，但是招标阶段的工作质量对于合同实施阶段具有的直接影响需要其对各类指标参与评价。

主要评价主体及评价指标矩阵表　　表7.6

	符合性指标B_1		保证性指标B_2		响应性指标B_3						增值性指标B_4
	法律法规C_1	行业标准、规范C_2	企业资质及质量管理体系C_3	项目团队C_4	招标工作组织水平C_5	招标文件C_6	合同条款C_7	工程量清单及招标控制价C_8	资格审查的方法与标准C_9	评标标准与方法C_{10}	合理化建议C_{11}
政府部门	▲	▲									
招标人	▲	▲	▲	▲	▲	▲	▲	▲	▲	▲	▲
投（中）标人	▲	▲			▲	▲	▲	▲	▲	▲	
评标委员会	▲	▲	▲	▲	▲	▲	▲	▲	▲	▲	
监理人	▲	▲		▲		▲	▲	▲	▲	▲	▲
审计人	▲	▲		▲		▲	▲	▲	▲	▲	▲

说明：表中标注▲符号的表示该评价主体参与该指标的评价

三、全过程工程咨询的实施

《国务院办公厅关于促进建筑业持续健康发展的意见》（国办发〔2017〕19号）指明确要培育全过程工程咨询，鼓励投资咨询、勘察、设计、监理、招标代理、造价等企业采取联合经营、并购重组等方式发展全过程工程咨询。通过将项目策划、工程设计、招标、造价咨询、工程监理、项目管理等咨询服务作为整体统一管理，形成具有连续性、系统、集成化的全过程工程咨询管理系统。通过多种咨询服务的组合，实现对工程咨询服务进行集成化管理，提高业主的管理效率，有利于工程全寿命期的可靠、安全和高效率运行，资源节约、费用优化，促进工程全寿命价值的实现。

1.全过程工程咨询服务机构的选择

选择专业化、高水平的全过程工程咨询，能够降低业务管理成本，最终提高工程效率和效益，其招标过程中评标方法要区别于施工招标。

（1）避免价格恶性竞争。因工程咨询合同在签订前难以对工作范围、交付对象要求、管理工作数量和质量水平进行全面安排、描述和客观评估，难以形成价格竞争的条件。

（2）业主关注咨询机构的声誉、过去工程业绩、相关项目团队的工程经验的同时，还应关注咨询服务单位的诚信状况、与业主的诚信合作等。依据过去经验和相关能力进行选择具有一定的科学性，但同时又存在很大的局限性。因为工程咨询服务需要业主不同程度的参与，需要高度的信任，过去的能力并非意味着能与当前的业主进行很好的合作。

2.全过程工程咨询的组织模式

业主在选择不同的组织模式时须考虑：项目资金来源；业主自身的管理能力；项目的复杂程度，项目类型；市场中全过程工程咨询企业的能力等。常见的全过程工程咨询的实施方式有：

（1）采用一体化全过程工程咨询提供商，以某一家企业作为集成化服务提供商。

（2）采用联合体形式，多家工程咨询机构基于项目签订联营合同，以一家作为牵头企业。

（3）采购局部解决方案，由业主或业主委托的一家咨询单位负责总体协调，由多家咨询单位分别承担各自的咨询服务。

四、工程咨询质量的管控措施

为提高工程咨询质量，建设单位可从协调管控与过程监督问题、合同评审与支付的前提条件问题、激励问题、构建信任关系四个方面进行咨询质量控制。

1.建设单位要对咨询工作进行协调管控和监督

工程咨询业务涉及不同属性，不同工程咨询服务的组合将影响管控方式的差异性，应区别采用差异化的管控方式：①纯咨询性工作，如仅为决策服务，要对业主提出的问题给出答案，如投资咨询、可行性研究等，咨询服务性工作应承担相应的法律责任；②纯职能性工作，如监理、造价咨询、招标代理、技术服务等，职能管理工作应承担相应的法律责任；③咨询和职能性工作，如项目管理等。咨询单位应根据一般工程实践惯例编制咨询服务计划，经批准后实施并定期接受业主单位的监督检查。应根据咨询服务进度计划设置关键性控制节点，以实现单位业主对于咨询服务的过程监督。

2.强化咨询合同评审工作

合同中应明确各单位的责任范围，在合同中设置关键性控制节点。服务成果的交付及审查是支付的前提条件，合同中应对此项条款加以补充。要在专用条款中约定全过程工程咨询服务成果文件的内容等，并报建设单位审查同意，审查的具体标准应符合法律规定、技术标准要求及合同约定。

3.建立合理的奖励机制

可采用“基本酬金+合理化建议奖励”的模式，对咨询工程师进行激励。应结合服务内容、业主需求及项目特点选择支付方式。其中，对于基本酬金的计取，业内现有三种常用模式：即根据市场收费惯例计取各项咨询费并叠加的“单项收费模式”、按工程总概算一定费率计取咨询费用的“总价费率模式”及根据咨询人员资质经验及项目因素等共同确定每工日收费标准的“人工工时费模式”。

4.构建业主与全过程工程咨询服务机构的信任关系

业主对于全过程工程咨询服务机构要充分信任，尽可能全面授权，尽量避免再采用第三方监督全过程工程咨询服务机构的行为，追求伙伴关系和团队精神。与全过程工程咨询服务机构保持持续业务关系，不仅使双方互相熟悉，而且顾及后续的业务关系、强调声誉约束。

第三节　基于治理视角的全过程投资内部审计

一、基于治理视角的工程审计定位与价值取向

中国审计理论由传统的经济监督论，到免疫系统论再到现在的企业治理论，呈现出不断深入、完善和升华的过程。经济监督论认为政府审计的本质是经济监督、控制的工具，审计的主要目标是监督财政收支的真实性、合法性和有效性；免疫系统论认为政府审计的本质是经济社会的“免疫系统”，审计的主要目标是预防、揭露和抵御经济社会运行中的重大问题，提出建设性意见；企业治理论则认为审计的本质是企业治理的重要组成部分，目标更为广泛，要求审计主动参与企业治理。

1.基于治理视角的工程审计定位

企业治理具有的管理、提供服务和推动科学发展的内涵对工程审计提出了新的要求，审计应着眼于对工程管理的可持续性影响，审计从质量、造价甚至建设方案

等方面的建设性和服务性建议仅作为建设单位的参考。基于企业治理所包含的提供服务和推动科学发展的内涵分析，政府审计监督是手段，服务才是目的。

2.基于治理视角的工程审计价值取向

审计应该从提高工程价值的角度出发来考虑问题。工程审计除行使监督职能外，还应渗透进其他治理主体的管理过程，提出独立性、综合性和专业性的改进建议，使得审计工作在实践中能够更充分地发挥建设性作用，工程审计中仅强调监督性是不够的，还应具备科学性、预防性和服务性的价值取向。

1）提高审计专业水平促进工程审计的预防性

工程审计是一项专业性很强的工作，具有审计内容多、工作周期长、责任风险大、审计方法复杂以及质量要求高等特点，目前审计人员的数量和专业水平满足不了项目多元化、个性化的要求。要实现审计服务于企业治理，要求工程审计要从帮助审计对象完善制度、改善管理、增进绩效出发，审计部门必须发挥专业水平、总结工程审计中的常规问题，发布审计风险提示清单，针对被审计单位或审计事项已存在或潜在的问题、风险等及时提出改进对策，提出建设性意见，对问题再次发生起到预防作用。

2）运用主动审计方式实现企业治理的服务性

审计应着眼于帮助管理部门提高工程管理水平、增加价值和实现项目目标。企业治理的控制、管理、服务等职能要求工程审计由原先的被动审计转向更为主动的审计，在监督审查审计对象的同时，还要引导审计对象的行为并帮助其改善与提高，更好地为行业提供公共服务。

二、内部审计工作内容

1.项目决策和审批、设计阶段的审计内容

审计关注的是兴建该项目的必要性、可行性。要查看项目的项目建议书，检查项目调查报告是否经过充分论证、建设地点及当地的自然条件和社会条件、环保约束条件，市场调查及市场预测中数据获取方式的适当性及合理性、项目建设的资金筹措方式、检查财务估算中成本项目是否完整、对历史价格、实际价格、内部价格及成本水平的真实性进行测试。以确认可行性研究报告真实性；投资估算和资金筹措的安排是否合理；检查投资估算是否准确；重点内容有无违反决策程序及决策失误的情况等。报经批准的初步设计方案和概算是否符合经批准的可行性研究报告及估算；初步设计深度是否符合规定；有无因设计深度不足而造成投资失控的风险。

2.招标投标阶段审计内容

审查和评价招标投标环节的内部控制及风险管理的适当性、合法性和有效性；招标投标资料依据的充分性和可靠性；招标投标程序及其结果的真实性、合法性和公正性，以及工程发包的合法性和有效性等。检查是否建立了招标投标的内部控制制度，执行是否有效；检查招标项目是否具备相关法规和制度中规定的必要条件；招标投标的程序和方式是否符合有关法规和制度的规定；是否存在规避招标投标的违规操作；检查是否公开发布招标公告、招标公告中的信息是否全面、准确；检查是否存在因有意违反招标投标程序的时间规定而导致的串标风险。

检查招标文件的内容是否合法、合规，是否全面、准确地表述招标项目的实际状况；检查招标文件是否全面、准确的表述招标人的实质性要求；检查施工现场的实际状况是否符合招标文件的规定；检查投标保函的额度和送达时间是否符合招标文件的规定；有无存在将废标作为有效标的问题。

检查开标的程序是否符合相关法规的规定；检查评标标准是否公正，是否存在对某一投标人有利而对其他投标人不利的条款；检查与中标人签订的合同是否有悖于招标文件的实质性内容。

3.合同履行阶段审计内容

合同管理审计是指对项目建设过程中各专项合同内容及各项管理工作质量及绩效进行的审查和评价。合同管理审计的目标主要包括：审查和评价合同管理环节的内部控制及风险管理的适当性、合法性和有效性；合同管理资料依据的充分性和可靠性；合同的签订、履行、变更、终止的真实性、合法性以及合同对整个项目投资的效益性。

合同履约的审计：检查是否全面、真实地履行合同；检查合同履行中的差异及产生差异的原因；检查有无违约行为及其处理结果是否符合有关规定；检查审查和评价建设项目实施过程中的工作进度、施工质量方面管理环节内部控制及风险管理的适当性、合法性和有效性；检查工程管理资料依据的充分性和可靠性；检查建设项目工程进度、质量和投资控制的真实性、合法性和有效性等。

4.投资控制管理审计内容

工程投资控制审计是指对建设项目全部成本的真实性、合法性进行的审查和评价。主要包括：检查工程价格结算与实际完成的投资额的真实性、合法性，是否突破批准概算；检查是否存在虚列工程、套取资金、弄虚作假、高估冒算的行为等。

三、基于治理视角的工程审计重点事项识别

1.轨道交通项目工程审计重点

1）建设程序文件

项目建设程序文件的审核是整个项目审计的基础性工作。主要审核工程建设立项报建、招标投标、合同管理、施工过程和竣工验收、结算审查是否按基本建设程序的法律法规执行。

2）质量控制制度

“投资审计要把工程质量放在比资金使用更重要的地位”，审计应关注城市轨道交通工程质量和安全问题。首先，审计设计质量，从工程设计变更入手，结合施工单位索赔资料，分析变更原因，找出是否存在因设计质量问题所产生工程变更，增加工程投资的问题。其次，审查质量管理体系是否完整、管理制度是否完善、施工工艺是否符合标准及规范要求、使用材料的出厂质保资料是否齐全、进场材料试验检验结果是否合格等内容。

3）工程量

核定工程量是工程竣工结算审计的关键，应重点审核：①投资比例较大的分项工程，如电气安装设备、智能与控制系统等；②容易混淆或出漏洞的项目；③容易重复列项的项目；④容易重复计算的项目，对于无图纸的项目要深入现场核实，必要时可采用现场丈量实测的方法。

4）单价及工程价款

计价原则是否符合合同约定；无变更清单子目的综合单价是否与合同清单一致，所有合价是否正确；变更项目如果清单中没有相同或类似子目的，其组价是否合理。查看合同措施费需要调整的情况。

5）设计变更

按照建设单位的工程变更管理办法，审查变更及签证程序的合规性。

6）工程签证及索赔

工程签证一般情况下需要业主、监理、施工单位三方共同签字、盖章才能生效，缺少任何一方都属于不规范的签证，不能直接作为结算的依据。

审核分析索赔的原因，看索赔的条件是否成立；审核索赔的程序，界定索赔行为；审查索赔证据的真实性、合法性、完整性；审查索赔计算的正确性；建设工

程索赔审计要时刻围绕工程合同来进行，凡是作为合同文件组成部分的所有资料都是工程索赔和结算的依据，更是审计的依据。

7）审查隐蔽工程验收记录

隐蔽工程验收记录中记载的内容是可以反映出该项工程是否符合设计及质量要求。有些建设项目中隐蔽工程没有验收记录，到竣工结算时，施工企业才找有关人员后补记录，然后列入结算。有的甚至没有发生也列入结算。因此，在审核隐蔽工程的价款时，一定要严格审查验收记录手续的完整性、合法性。

8）重点关注安防工程审计

城市轨道交通的安防工作难度较大，对城市轨道交通审计，应按照有关《城市轨道交通安全防范系统技术要求》，对视频安防监控系统应当审查监控系统总体、监控系统的基本功能是否符合要求，入侵报警系统应当审查系统总体、系统的基本功能、人工紧急报警功能、高压电子脉冲围栏式周界入侵探测系统是否符合要求等予以重点关注。

2.基于治理视角的工程审计重点事项识别

目前的工程审计没有涵盖对建设项目实施有重要影响的关键环节，往往是侧重合规合法性审计，没有充分发挥审计的科学合理性，与建设项目的综合性、科学性要求不一致。基于管理服务、推动科学发展的理念，通过对多个典型工程项目的审计案例的调查分析，与现代项目管理的研究结论结合，识别出基于治理视角的工程审计的重要环节和内容，共包括4个阶段12个事项，如表7.7所示。

基于治理视角的工程审计事项及工作要点 **表7.7**

阶段	重要事项	审计工作要点
设计阶段	设计图纸审计、设计概算审计	是否运用价值工程原理和限额设计方法进行设计优化
发承包阶段	招标文件（侧重合同条件和招标工程量清单、评标方法和标准等）的审计、招标控制价的审计	应紧密结合工程量清单计价规范，审计招标文件的科学性，合同的完备性、科学性和可操作性，对合同的专用条款、合同附件等重点审核。招标控制价中有无漏项、错项，项目特征描述是否具体、风险约定是否清晰合理等
施工阶段	内部管理制度审计、工程质量审计、工程变更与现场签证审计、工程计量与价款支付审计、工程索赔审计	是否具有完善可操作性的内部管理制度，是否严格按照合同约定进行了合同管理、办理了相关事项
竣工结算阶段	竣工验收的审计、竣工结算资料的审计、竣工结算的审计	系统整理项目所出现的问题，给出总体审计结论，为其他项目提供审计预警基础

虽然决策阶段的审计工作对于实现良好的投资效果与效率具有重要意义，但限于目前决策阶段的审计侧重于程序性审计，建设工程工程量清单计价模式下实施阶段的工程审计侧重设计阶段、发承包阶段、施工阶段和竣工结算阶段。由于合同文件是工程管理的基础，合同是不同参与方履行职责的依据，对项目实施全过程具有全局性的决定性影响，所以，审计部门应高度重视发承包阶段的审计管理服务。

四、基于治理视角的工程审计实现路径

1.树立工程审计管理服务理念，促进审计角色到位

理念是行为的先导，工程审计除合规性审计以外，也着重于合理性与科学性的审计，把审计重点放在如何发挥工程审计推动提高企业工程管理水平和投资效益上。在发挥审计免疫系统功能的基础上，发布具有操作性的准则和指南，强化工程审计的建设性引领作用，在确保资金安全的基础上，以价值增值为理念，发挥一定的咨询服务功能。

2.建立工程审计风险预警机制，提高建设管理水平

风险导向审计要求以项目风险评估为基础，结合在审计中积累的经验，识别关键控制点和控制薄弱点，进行项目分类系统性评价，揭示系统性问题和风险，为建设管理部门提高管理水平提供咨询。将审计重心前移，通过发承包阶段的合同拟定环节将各种可能遇到的风险（比如合同价款确定、调整的内容和方法、工程款支付和违约处罚等）提前进行合理分担，使项目实施阶段的审计工作有据可依。建立预警机制可实现信息的超前反馈，及时提供警示、防范风险。实现必要审计信息的实时动态跟踪和监督，实时发布风险预警点，出具风险预警报告。对审计过程中发现的问题，形成审计建议书供有关部门参考。

3.建立工程审计动态协同机制，增强审计专业能力

审计部门需要与相关部门的协调配合，重视项目实施过程管理，搭建建设、设计、监理、施工等核心参与方及其主管部门等都能参与的沟通平台，逐步建立完善的与相关单位之间的沟通机制，实时、动态地了解相关信息和风险预警机制的运行情况，准确把握审计介入的时间和环节，才能提高工程审计的科学性和及时性。同时，审计内容应包括质量、进度等方面，而不仅仅是造价。

第四节　总承包项目造价信息化管理

在信息技术高速演进的时代，云计算、大数据、物联网、移动互联网、人工智能等技术不断演进、变革，数据将成为重要的战略资源。随着我国建设项目管理领域的发展，项目管理信息化也已基本走上网络化、智能化、动态化的发展道路。

一、BIM技术价值及应用

BIM技术是信息化在建筑业的重要体现。作为一种参数化的模型，BIM自创建开始就包含了各种建筑的参数信息。整个工程项目的建设过程实际上也是一个创建建筑信息、利用信息模型的过程。在这个过程中，BIM提供了一个良好的信息平台，可以供建设项目的各参与方应用于全寿命周期的各个阶段。

建设项目造价管理作为整个建设工程项目中业主最为重视的一项工作，结合工程总承包模式的特点，在全寿命周期各个阶段都起着重要作用。造价管理工作不仅包括建设项目投资决策阶段对项目进行投资估算，也包括项目初步设计时的设计概算、施工图预算、最后竣工结算以及运营维护费用的管理等。而在传统的造价管理模式中，由于造价数据的流失以及信息交流障碍等问题，造成了很多建设项目的成本高出预期、造价管理中各种控制措施执行效率低下。在这种情况下，BIM技术和全寿命周期理论的应用，使得建设工程造价管理信息在全寿命周期中始终保持数字化的形式，保证各个参与方都能实现信息共享，以信息化的方法解决了以往造价管理中信息不对称的问题。

（一）BIM的特性

1.三维可视化表达模型

BIM技术对于建筑产业而言，就视觉表达面，从传统二维进步到了三维技术。工程项目团队成员可以尽早发现问题并进行讨论，业主亦可使用三维立体模型与建筑师沟通其有无满足需求，BIM也使不同专业的工程人员更容易了解整体设计。

2.参数式设计

参数式设计是BIM技术与传统设计的核心差异。BIM技术操作的对象不再是点、线、面这些简单的几何关系，而是墙、门、窗等具有参数的建筑构件。BIM技术包含构件的几何定义、关联数据规则，构件有属于自己的参数、关联性信息。参数式设计不止增进了视觉上的表达，后续也可以依照其参数原则进行应用分析，如数量计算、光照分析、能源分析等。

3.数据具有一致性

BIM技术提供关联性设计。如果在模型中新增或变更对象，整个建筑模型档案信息皆会连动，可以保障出图的一致性、数量计算的可靠性。工程遇到设计变更时可以快速做出反应。

4.应用于全生命周期

BIM技术不只是传统的CAD设计辅助工具，它可用于建筑全生命周期。从规划设计到最后的运营维护，均可应用BIM模型进行管理。

（二）BIM技术的优势

1. BIM 数据库中信息的时效性强

BIM技术可以将建筑物的所有信息转化为参数化的三维模型，当建设工程项目发生变更或者材料的市场价格产生波动时，只需要在BIM模型中调整相应的信息，整个数据库就会发生相应的调整，在项目的整个生命周期中数据库会处于动态平衡。数据库中的信息包含了建筑构件的工程量、建筑材料的市场价格、建设项目的设计变更以及变更前后的变化等。基于BIM技术的数据库可以将全寿命周期造价管理中与投资决策、设计、实施、竣工验收、运营维护等相关的全部数据进行存储。在建设项目实施的过程中，可根据要求设定参数范围，即可得到所需工程数据。BIM模型提高了造价管理过程中的数据准确性，项目管理水平也相应提升，从而改变了传统造价管理中与市场发展不协调的问题。

2.方便实现造价数据的共享

造价数据资料对于其他类似工程项目的投资估算等工作有着极大的参考价值。在传统的工程造价管理模式中，项目完成有关的工程造价管理后，造价数据通常都是以纸质形式存档或以Excel表格、Word文档等电子格式保存在硬盘中。无论采用哪种形式保存，它们都是孤立存在。而这些数据在工程结束后，在遇到类似情况需要调用时，很难快速有效的提供参考资料。一个项目在建设过程中将产生大量数据，在造价管理过程中能够及时、迅速、准确地找到需要的数据有着十分重要的现实意义。BIM技术可以将所有数据整合到同一个数据库中，形成可以共享的BIM

数据库。利用BIM参数化模型结合网络技术可以通过数据库对这些资料进行详细地汇总与保存，不仅调取时方便快捷，而且项目任何参与方更新的数据都会被其他参与者共享，保证输出的数据具有时效性。

企业根据工程项目历史资料的不断积累而形成BIM数据库，然后在造价管理过程中结合相关的标准，快速参考历史数据资料形成拟建项目的BIM模型，迅速形成相关数据报表，而不需要再耗费大量时间对这些报表进行定期核对。一个企业如果能把历史项目数据积累起来，建立自己的BIM数据库和造价指标库，企业内部员工在编制新项目的造价文件时更方便调取经验数据，借鉴相似工程的技术经济指标，从而使报价更加准确。因此，基于BIM的造价信息管理一体化平台能够更好地实现数据的共享与交流。另外，借助于造价软件的自动计算和自动扣减功能，预算员可以不用花大量时间记忆工程量计算规则，快速掌握其中的精髓，也减少了人员流动带来的损失。

3.合理制定资源计划，实现造价精细化控制

在BIM出现之前，工程师只能按照以往的经验对工程量进行估算后，再对人员、设备及材料进行分配，具有明显的主观性。而现在，建设项目管理人员能够使用BIM模型的数据库，对资金使用、工程进度等做出合理的安排。利用BIM参数化的三维模型，将基本单元构件赋予时间及成本维度，可以在同一模型中完成施工进度的动态可视化操作，随时得到不同时期、不同阶段、不同空间的建筑工程项目实际工程量。造价人员根据数据库中人、材、机的价格信息和已经发生的实际成本等内容进行成本分析和管理，项目经理可以根据这些信息更加合理地安排资金和人工以及材料与施工机械的使用，从而整体掌握项目资金使用情况，进行项目进度安排，对资源进行合理分配。这改变了传统造价管理中项目经理根据经验制定资源分配计划和施工进度计划而导致的资源不合理分配、工程延期以及人员窝工的问题，实现精细化管理。

4.使工程量计算更加准确

工程量计算经历了人工统计工程量套定额和现在的软件计算阶段。人工统计工程量套定额阶段所有工作都是人工完成，对造价人员有较高的要求，同时也无法保证造价数据的准确性。后来随着计算机技术的发展，出现了神机妙算、兴安得力、广联达等算量计价软件，这些软件虽然可以直接套取定额并计算造价，但是建立模型、统计工程量等工作仍然需要人工完成，不能使造价人员真正从统计工程量的繁重工作中解脱出来。当今，随着信息技术的不断发展，依靠人工算量很难适应建设项目的实际需要，所以必须调整工程量计算方式。

基于BIM技术的自动化算量是通过参数化模型，依据一定的空间关系和相应的运算规则，在建立的三维模型中完成对工程量中构件扣减规则的调整，模型将依据构建的计算规则进行工程量，这样可以更加准确的计算构件的工程量。造价人员可以从重复琐碎繁杂的工程量计算中解放，从而有时间和精力去从事如询价、风险评估、组价等更有价值的工作，不仅降低了可能由于人工计算产生的错误，而且便于精细化管理。BIM的自动化算量功能可使工程量计算工作摆脱人为因素的影响，得到更加客观的数据。无论是规则或者不规则构件，均可利用所建立的三维模型进行实体扣减计算。

5.实现过程管理

在建设项目进行前期决策的过程中，可以利用BIM模型的可视化特性模拟项目进程，为建设单位提供依据。根据BIM模型，在投资估算的过程中可以依据与建设项目类似的工程的相关信息，如该区域的人工费、材料价格、机械租赁或者购买价格等数据，或者通过已完项目相关造价指标，进行即将进行建设项目的投资估算，能够为投资更准确的参考。

在运用BIM技术的条件下，在设计完成之后的模型审核过程中，可以利用碰撞检测、模拟化施工等功能在设计阶段就能发现问题，减少设计变更的出现。当模型发生变化需要调整时，只需要调整项目模型中的相关参数信息，相对应的变更工程量就会自动计算汇总，同时与之关联的造价也会发生变化，这样可以使项目管理人员更清晰准确地查看设计与经济的变化情况。

造价管理中，最重要的工作是成本控制。进行多算对比动态控制，有利于及时发现问题，进行偏差纠正，这有利于造价管理目标的实现。要实现成本管控目标需要从时间、建筑区域和施工工序三个维度进行对比分析。传统造价管理要求造价管理人员能够快速准确地对建设工程项目的实际完成工程量和各种计价相关数据进行拆分、汇总。依靠传统的造价管理必然耗费大量的人力物力。而在基于BIM的参数化模型中，以构件为基本单元，每个单元都被参数化，对各个构件按照一定规则进行统一编码，然后将施工进度、施工工序、建筑构件的区域结构等信息储存在构件中，在数据库的支撑下可以快速地进行组价，实现任意阶段、任意时间、任意区域内成本快速、准确而有效的分析比较。

（三）BIM技术的应用

1. BIM在项目信息化管理中的应用

利用BIM模型以工程进度为主线、投资管理为核心，实现工程项目总控精细化管理，能从根本上解决项目全生命周期各阶段信息的断层问题，全面提高项目信息化管理水平。它的具体应用可以总结为以下几点：

（1）以全咨业务内容为导向，内置默认的全咨管理的组织结构、工作流程、工作内容，实现全咨工作指引和实施指导。

（2）以合同管理为基础，结合项目进度进行全流程项目资金动态管控。

（3）实施项目计划管理。BIM可以用于设置项目计划事项及里程碑管控，根据当前项目进展情况对时间进行设置。全过程BIM模型可留存，管理成果能够体现在模型上，从而实现咨询工作可视化。

（4）管控平台灵活的模块化设置可以适应各种全咨组合，包括全过程造价、监理、投资策划等，1+N+X的组合可灵活配置咨询方案，与BIM模型既可深度链接协同配置，亦可实现无BIM模型下的咨询信息集成。

（5）为公司积累全咨管控经验、资料，形成完整的电子档案，使数字资产一目了然、永不丢失。通过工作内容设置及固化表单，可以形成项目模板，供其他类似项目使用。

（6）各级领导可以用手机App便捷了解项目各项工作进展情况，从而实现咨询业务与项目进展的项目级和企业级的实时监控；驻场人员用手机App可快速采集施工现场情况，实施现场监控，完成咨询同步及信息集成。

2. BIM在成本管控中的应用

应用BIM技术能更好地进行成本管控，防范投资失控风险，主要体现在以下几个方面：

（1）成本的快速精准核算。BIM模型中不仅包含了二维图纸中的信息，也包含了二维图纸中没有的材料等信息。一个BIM模型可以汇总整套二维图纸的大量信息，BIM算量软件通过识别模型中的各种构件模型的几何物理信息，对各种构件的信息进行汇总和统计，这种基于BIM的算量方法简化了算量工作，减少了人为原因造成的计算错误，也大大节约了人力的工作量。

（2）预算工程量动态查询与统计。在BIM模型中加入预算信息，模型可直接生成所需构件的名称、数量和尺寸等明细表信息。在BIM设计模型出现变更时，该变更将自动反映到相关的明细表中，从而使预算工程量与构件信息随之变化。这种动态变化便于预算工程量的动态查询与统计。

（3）实际工程量动态查询与统计。系统根据计划进度和实际进度信息，可以动态计算任意建造节点在任意时间段内的每日计划工程量、计划工程量累计、每日实际工程量、实际工程量累计，帮助施工管理者实时掌握工程量的计划进度和实际进度。

（4）改善变更管理。在施工过程中，工程变更经常会引起项目工程量的变动及项目进度的变动，这些问题可能造成实际施工成本与计划成本出现差异，为了控制变更对项目成本产生的影响，在发生工程变更时，可以使用BIM-5D技术进行变更调整，整个模型中与之关联的信息都会自动更新。而且由于BIM模型的共享协同能力，各参与方之间交换信息工作的流程大大简化，从而实现变更后工程量的快速计算，准确确定变更费用，减少成本浪费，有序管理变更造价工作。

（5）实现限额领料。在管理多专业和多系统数据时，采用BIM软件可快速、精确地计算施工中各类材料的消耗量。相关人员通过BIM信息共享平台对数据进行审核，下达限额领料单，实现限额领料。

（6）快速结算工程进度款。由于BIM模型可将工程数据以建筑构件为载体进行存储、分析，所以利用BIM模型可快速完成工程量拆分。且BIM模型可以根据施工现场进度及时更新数据库，因此利用BIM技术可实时、精确地汇总某一阶段的工程量，快速编写该阶段的工程计量申报表。建设单位可以通过BIM共享平台迅速审核其数据的准确性，提高工程进度款的结算效率，减少时间成本。

二、总承包项目信息化技术应用

1.基于大数据的项目成本分析与控制信息技术

1）技术内容

基于大数据的项目成本分析与控制信息技术，是利用项目成本管理信息化和大数据技术更科学和有效的提升工程项目成本管理水平和管控能力的技术。通过建立大数据分析模型，充分利用项目成本管理信息系统积累的海量业务数据，按业务板块、地区、重大工程等维度进行分类、汇总，对“工、料、机”等核心成本要素进行分析，挖掘出关键成本管控指标并利用其进行成本控制，从而实现工程项目成本管理的过程管控和风险预警。

（1）项目成本管理信息化主要技术内容。

项目成本管理信息化技术是要建设包含收入管理、成本管理、资金管理和报表分析等功能模块的项目成本管理信息系统。

收入管理模块应包括业主合同、验工计价、完成产值和变更索赔管理等功能，实现业主合同收入、验工收入、实际完成产值和变更索赔收入等数据的采集。

成本管理模块应包括价格库、责任成本预算、劳务分包、专业分包、机械设备、物资管理、其他成本和现场经费管理等功能，具有按总控数量对“工、料、机”的业务发生数量进行限制，按各机构、片区和项目限价对“工、料、机”采购价格进行管控的能力，能够编制预算成本和采集劳务、物资、机械、其他、现场经费等实际成本数据。

资金管理模块应包括债务支付集中审批、支付比例变更、财务凭证管理等功能，具有对项目部资金支付的金额和对象进行管控的能力，实现应付和实付资金数据的采集。

报表分析应包括“工、料、机”等各类业务台账和常规业务报表，并具备对劳务、物资、机械和周转料的核算功能，能够实时反映施工项目的总体经营状态。

（2）成本业务大数据分析技术的主要技术内容。

建立项目成本关键指标关联分析模型。

实现对“工、料、机”等工程项目成本业务数据按业务板块、地理区域、组织架构和重大工程项目等分类的汇总和对比分析，找出工程项目成本管理的薄弱环节。

实现工程项目成本管理价格、数量、变更索赔等关键要素的趋势分析和预警。

采用数据挖掘技术形成成本管理的“量、价、费”等关键指标，通过对关键指标的控制，实现成本的过程管控和风险预警。

应具备与其他系统进行集成的能力。

2）技术指标

采用大数据采集技术，建立项目成本数据采集模型，收集成本管理系统中存储的海量成本业务数据。

采用数据挖掘技术，建立价格指标关联分析模型，以地区、业务板块和业务发生时点为主要维度，结合政策调整、价格变化等相关社会经济指标，对劳务、物资和机械等成本价格进行挖掘，提取适合各项目的劳务分包单价、物资采购价格、机械租赁单价等数据，并输出到成本管理系统中作为项目成本的控制指标。

采用可视化分析技术，建立项目成本分析模型，从收入与产值、预算成本与实际成本、预计利润与实际利润等多个角度对项目成本进行对比分析，对成本指标进行趋势分析和预警。

采用分布式系统架构设计，降低并发量提高系统可用性和稳定性。采用B/S和C/S模式相结合的技术，Web端实现业务单据的流转审批，使用离线客户端实现数据的便捷、快速处理。

通过系统的权限控制体系限定用户的操作权限和可访问的对象。系统应具备身份鉴别、访问控制、会话安全、数据安全、资源控制、日志与审计等功能，防止信息在传输过程中被抓包窜改。

2.基于云计算的电子商务采购技术

1）技术内容

基于云计算的电子商务采购技术是指通过云计算技术与电子商务模式的结合，搭建基于云服务的电子商务采购平台，针对工程项目的采购寻源业务，统一采购资源，实现企业集约化、电子化采购，创新工程采购的商业模式。平台功能主要包括：采购计划管理、互联网采购寻源、材料电子商城、订单送货管理、供应商管理、采购数据中心等。通过平台应用，可聚合项目采购需求，优化采购流程，提高采购效率，降低工程采购成本，实现阳光采购，提高企业经济效益。

采购计划管理：系统可根据各项目提交的采购计划，实现自动统计和汇总，下发形成采购任务。

互联网采购寻源：采购方可通过聚合多项目采购需求，自动发布需求公告，并获取多家报价进行优选，供应商可进行在线报名响应。

材料电子商城：采购方可以针对项目大宗材料、设备进行分类查询，并直接下单。供应商可通过移动终端设备获取订单信息，进行供货。

订单送货管理：供应商可根据物资送货要求，进行物流发货，并可以通过移动端记录物流情况。采购方可通过移动端实时查询到货情况。

供应商管理：提供合格供应商的审核和注册功能，并对企业基本信息、产品信息及价格信息进行维护。采购方可根据供货行为对供应商进行评价，形成供应商评价记录。

采购数据中心：提供材料设备基本信息库、市场价格信息库、供应商评价信息库等的查询服务。通过采购业务数据的积累，对以上各信息库进行实时自动更新。

2）技术指标

通过搭建云基础服务平台，实现系统负载均衡、多机互备、数据同步及资源弹性调度等机制。

具备符合要求的安全认证、权限管理等功能，同时提供工作流引擎，实现流程的可配置化及与表单的可集成化。

应提供规范统一的材料设备分类与编码体系、供应商编码体系和供应商评价体系。

可通过统一信用代码校验及手机号码校验，确认企业及用户信息的一致性和真实性。云平台需通过数字签名系统验证用户登录信息，对用户账户信息及投标价格信息进行加密存储，通过系统日志自动记录采购行为，以提高系统安全性及法律保障。

应支持移动终端设备实现供应商查询、在线下单、采购订单跟踪查询等应用。

应实现与项目管理系统需求计划、采购合同的对接，以及与企业OA系统的采购审批流程对接。

还应提供与其他相关业务系统的标准数据接口。

本章小结

工程造价、质量、进度是工程建设管理的三大核心要素，科学的进度管理是造价精细化管理的前提，在系统总结工程总承包模式下常见的发包人违约责任的基础上，深入对比分析了四种基于网络计划的工期索赔计算方法，尤其是将实践中市场主体较为困惑的同期延误事件的索赔处理方法进行了对比并提出了改进建议，重点分析了赶工索赔费用的构成及索赔处理，提出了预防规避策略建议。在分析我国工程咨询服务存在的问题的基础上，明确参与咨询服务质量评价主体和建立评价指标体系，提出了建设单位改进工程咨询质量的管控措施。论述了基于治理视角的工程审计定位与价值取向，较为系统地阐述了内部审计工作内容、重点审计事项及工作要点，构建了基于治理视角的工程审计实现路径。合理运用信息化技术为造价管理赋能是未来发展的必然趋势，本章简要分析了BIM技术价值，简要介绍了基于大数据的项目成本分析与控制信息技术、基于云计算的电子商务采购技术，以期对有关市场主体起到一定的借鉴作用。

参考文献

[1] 政府投资条例[EB/OL].（2019-05-05）. http：//www.gov.cn/zhengce/content/2019-05/05/content_5388798.htm.

[2] 赵振宇，姚健波.全过程工程咨询服务管理体系构建[J].建筑经济，2021（3）：1-4.

[3] 孙继德，傅家雯，等.工程总承包和全过程工程咨询的结合探讨[J].建筑经济，2018（12）：5-9.

[4] 广东省住房和城乡建设厅.关于房屋建筑和市政基础设施工程施工过程结算的若干指导意见[EB/OL]. http：//zfcxjst.gd.gov.cn/xxgk/wjtz/content/post_2515153.html.

[5] 最高人民法院民事审判第一庭.建设工程施工合同司法解释（二）理解与适用[M].北京：人民法院出版社，2019.

[6] 邬砚.建设工程合同纠纷254个裁判规则深度解析[M].北京：法律出版社，2019.

[7] 孙凌志，杭晓亚，孟尚臻.建设工程价款过程结算研究[J].建筑经济，2015（9）：61-63.

[8] 全国造价工程师职业资格考试培训教材编审委员会.建设工程造价管理[M].北京：中国计划出版社，2019.

[9] 王卓甫，丁继勇.工程总承包管理理论与实务[M].北京：中国水利水电出版社，2014.

[10] 龚志勇，马新宇，等.工程项目招标标段划分的分析[J].招标采购管理，2015（12）：49-52.

[11] 李庆梅.工程标段划分研究[J].建筑经济，2011（6）：75-77.

[12] 谭忠杰，宋阳.EPC模式下的合同价款确定方式分析[J].建筑经济，2019，40（3）：50-53.

[13] 孙婷.最高投标限价审计常见问题及对策措施[J].中国内部审计，2015（8）：73-76.

[14] 朱小明.招标控制价编制办法[J].工程造价管理，2013（1）：32-35.

[15] 建设工程工程量清单计价规范编制组.建设工程工程量清单计价规范宣贯辅导教材[S].北京：中国计划出版社，2008.

[16] 孙凌志.新清单规范热点问题研究[J].建筑经济，2014（3）：5-9.

[17] 龙达恒信工程咨询有限公司.建设工程典型案例经济指标[M].北京：中国建筑工业出版社，2017.

[18] 严玲，李建苹.招标工程量清单中措施项目缺项的风险责任及价款调整条件研究[J].建筑经济，2013（11）：45-48.

[19] 严玲，王飞，等.工程量清单计价模式下施工方案对措施项目的影响研究[J].工程管理学报，2014，28（5）：93-97.

[20] 严玲，陈丽娜.工程量清单计价下总价包干措施项目的价款调整问题研究[J].工程管理学报，2013，27(6)：92-96.

[21] 宗恒恒，李金玲.新清单计价模式下工程量偏差对措施项目费的影响[J]. Engineering Cost Management，2016(5)：23-26.

[22] 中华人民共和国住房和城乡建设部.建设工程工程量清单计价规范[S].北京：中国计划出版社，2013.

[23] 中华人民共和国住房和城乡建设部.建设工程施工合同(示范文本)(GF—2017—0201)[S].北京：中国建筑工业出版社，2017.

[24] 王卓甫，丁继勇.工程总承包管理理论与实务[M].北京：中国水利水电出版社，2014.

[25] 曾玉华，黄勇飞.工程总承包模式下的“发包人要求”[J].中国勘察设计，2021(3)：50-53.

[26] 孙凌志，朱萌萌，等.增值税下非经营性建设项目投资控制研究[J].建筑经济，2018(5)：49-52.

[27] 住房和城乡建设厅.福建省房屋建筑和市政基础设施工程总承包模拟清单计价与计量规则(2020年版)[EB/OL].(2020-01-12). http：//www.zjszj.com/detail/3010.html.

[28] 郑弦.设计施工总承包招标评标指标体系研究[D].武汉：武汉理工大学，2013.

[29] 中华人民共和国国家发展和改革委员会.关于印发简明标准施工招标文件和标准设计施工总承包招标文件的通知(发改法规〔2011〕3018号)[EB/OL].(2012-01-09). https：//www.ndrc.gov.cn/xxgk/zcfb/tz/201201/t20120109_964368.html.

[30] 住房和城乡建设部，国家发展改革委员会.房屋建筑和市政基础设施项目工程总承包管理办法(建市规〔2019〕12号)[EB/OL].(2019-12-31). http：//www.gov.cn/zhengce/zhengceku/2019-12/31/content_5465928.htm.

[31] 吕文学，徐青杨，杨倩.国际工程承包中的隐性风险转移方式分析[J].国际经济合作，2007(10)：54-57.

[32] 贾宏俊，孙凌志，等.建设工程暂估价计价风险与争议研究[J].建筑经济，2019，40(4)：69-72.

[33] 孙凌志，刘芳.新时期工程造价疑难问题与典型案例解析[M].北京：中国建筑工业出版社，2019.

[34] 张帅军，陈勇强.2017年版FIDIC系列合同条件基本支付问题解析[J].国际经济合作，2018：78-82.

[35] 田威.FIDIC合同条件实用技巧(第二版)[M].北京：中国建筑工业出版社，2002.

[36] 住房城乡建设部.建设项目工程总承包合同示范文本(试行)GF—2011—0216[EB/OL].(2011-09-07). http：//www.mohurd.gov.cn/wjfb/201110/t20111018_206653.html.

[37] 李想.EPC工程总承包项目在国内的造价管理[D].北京：对外经济贸易大学，2015.

[38] 张江波.EPC项目造价管理[M].西安：西安交通大学出版社，2018.

[39] 诸小玲.城轨交通线路建设招标采购标段划分的研究[J].现代城市轨道交通，2015(4)：62-64.

[40] 吴振全.多标段招标条件下定标问题研究[J].建筑经济，2014，35(12)：22-24.

[41] 张智慧，何倩儒.高速公路标段划分对工程造价的影响[J].清华大学学报(自然科学版)，2010(50)：830-833.

[42] 张贵宝，王奕欣，等.高速公路项目大标段划分规模研究[J].工程经济.2017(27)：34-37.

[43] 刘振光.工程标段划分对造价的影响-从界面矛盾的角度分析[J].中国工程咨询，2010(5)：23-24.

[44] 李庆梅.工程标段划分研究[J].建筑经济，2011(S1)：205-207.

[45] 钟乾宙.工程总承包项目造价控制研究[D].南宁：广西大学，2018.

[46] 蔡佳汝.EPC模式下工程造价集成管理研究[D].成都：西华大学，2014.

[47] 刘进.EPC模式下我国国际建筑工程投资风险管理成效研究[D].厦门：华侨大学，2012.

[48] 魏鸿娟.EPC模式下业主投资控制系统的理论及其应用研究[D].长沙：湖南大学，2013.

[49] 边立军.EPC项目造价管理与控制方法研究[D].成都：西南交通大学，2012.

[50] 冯甲林.EPC总承包模式下的工程造价管理[J].工程建设与设计，2018(8)：223-224.

[51] 黄祥.青岛地铁某线路工程造价风险控制策略研究[D].青岛：青岛理工大学，2018.

[52] 严鹏.公共工程业主在工程总承包模式下的项目投资管控框架优化[J].建筑经济，2018，39(10)：81-85.

[53] 黄洪金.层次分析和模糊综合评价方法在公共政策评价中的应用研究[D].武汉：华中师范大学，2014.

[54] 刘云超.基于AHP-模糊综合评价法的矿产资源评价项目绩效评价研究[D].昆明：昆明理工大学，2017.

[55] 蒋萌.工程总承包模式下动态联盟的激励机制研究[D].南京：南京工业大学，2012.

[56] 唐文哲.国际EPC水电项目设计激励机理[J].清华大学学报(自然科学版)，2016，56(4)：354-359.

[57] 岳新晖.城市轨道交通建设项目的全过程造价控制措施[J].产业创新研究，2019(2)：118-119.

[58] 汪丽.基于价值工程的项目成本控制研究[J].建筑经济，2018，39(9)：48-51.

[59] 财政部、国家税务总局.营业税改征增值税试点实施办法[EB/OL].(2016-03-23). http://www.chinatax.gov.cn/n810219/n810744/n2048831/c2051820/content.html.

[60] 财政部、国家税务总局.关于建筑服务等营改增试点政策的通知[EB/OL].(2017-07-11). http://www.chinatax.gov.cn/n810341/n810755/c2696204/content.html.

[61] 中国建筑业协会.建筑业营改增实施指南[M].北京：中国建筑工业出版社，2016.

[62] 仲俊诚.国际电力工程项目总承包的风险管理研究[D].南京：东南大学，2015.

[63] 陶绍钧.海外铁路工程总承包项目风险识别与分析研究[D].成都：西南交通大学，2010.

[64] 吴碧波，张伟.EPC模式下工程造价控制风险分析及应对措施[J].电建之声，2019：30-31.

[65] 乐清辉.城市轨道交通工程投资控制和工程造价管理的探讨[J].低碳经济，2018：215-316.

[66] 何敏.城市轨道交通工程造价全过程的集成化管理分析[J].建筑管理，2018，45(15)：51-52.

[67] 肖逸，城市轨道交通工程设计阶段投资控制研究[D].广州：广州大学，2015.

[68] 肖红亮，彭朵花，张慧杰.工程咨询机构开展全过程工程咨询的策略研究[J].中国工程咨询，2019(4)：39-42.
[69] 王国富.城市轨道交通工程投资分析与控制探讨[J].铁路工程造价管理，2013，28(1)：12-18.
[70] 张晓丽，齐虎.浅谈工程量清单与招标控制价的审核要点[J].价值工程，2018，37(35)：43-45.
[71] 沈忠姝.基于案例的大型公共场馆全过程造价咨询服务重点及价值分析[J].建设监理，2018(5)：63-65.
[72] 中华人民共和国国务院.中华人民共和国招标投标法实施条例[M].北京：中国法制出版社，2012.
[73] 魏鸿娟.EPC模式下业主投资控制系统的理论及其应用研究[D].长沙：湖南大学，2013.
[74] 中华人民共和国住房和城乡建设部.住房和城乡建设部等部门关于加快推进房屋建筑和市政基础设施工程实行工程担保制度的指导意见[EB/OL].(2019-06-20). http：//www.mohurd.gov.cn/wjfb/201907/t20190716_241144.html.
[75] 冉鹏.地铁施工风险量化及工程保险费率厘定研究[D].南昌：华东交通大学，2018.
[76] 严玲，张思睿.基于交易特征的全过程工程咨询合同研究[J].建筑经济，2019，40(8)：48-54.
[77] 王平.建筑信息模型(BIM)概论[M].北京：中国建材工业出版社，2018.
[78] 乔燕飞.基于BIM技术的建设项目工程造价风险研究[J].河北水利，2019(6)：42-43.
[79] 贾霁娟.基于BIM技术的工程造价风险研究[J].山西建筑，2019，45(14)：173-174.
[80] 中国建设工程造价管理协会.中国工程造价咨询行业发展报告(2014版)[M].北京：中国建筑工业出版社，2015.
[81] 方俊，翁陈程，刘维佳，等.以执业行为和执业质量为核心的工程造价咨询企业诚信体系建设[J].工程造价管理，2015(2)：7-10.
[82] 李俊杰，邓晓梅，余晓莹.中国建筑市场诚信机制选择分析——以工程招标代理机构实证为例[J].技术经济与管理研究，2014(9)：12-15.
[83] 何伯森.工程项目管理的国际惯例[M].北京：中国建筑工业出版社，2007.
[84] 于斌.施工组织设计的法律地位[J].施工技术，2014(6)：504-509.
[85] 最高人民法院民事审判第一庭.最高人民法院建设工程施工合同司法解释(二)理解与适用[M].北京：中国建筑工业出版社，2019.
[86] 国务院.保障农民工工资支付条例[EB/OL].(2019-12-30). http：//www.gov.cn/zhengce/content/2020-01/07/content_5467278.html.